班主任教导力

黄爱华　戴诗银 ◎ 主编

图书在版编目（CIP）数据

班主任教导力/黄爱华，戴诗银主编. —南京：
江苏凤凰教育出版社，2017.11
ISBN 978-7-5499-3825-4

Ⅰ.①班… Ⅱ.①黄…②戴… Ⅲ.①班主任工作
Ⅳ.①G451.6

中国版本图书馆 CIP 数据核字（2014）第 032178 号

书　　名	班主任教导力
作　　者	黄爱华　戴诗银
责任编辑	雷利军　祁篆萍
出版发行	江苏凤凰教育出版社（南京市湖南路 1 号 A 楼　邮编 210009）
苏教网址	http://www.1088.com.cn
照　　排	润星之源文化有限公司
印　　刷	三河市九洲财鑫印刷有限公司
厂　　址	河北省三河市灵山大口
开　　本	787 毫米×1092 毫米　1/16
印　　张	16.75
字　　数	283 千字
版　　次	2017 年 11 月第 1 版　2017 年 11 月第 1 次印刷
书　　号	ISBN 978-7-5499-3825-4
定　　价	38.00 元
网店地址	http://jsfhjycbs.tmall.com
邮购电话	025-85406265，85400774　短信　02585420909
E - mail	jsep@vip.163.com
盗版举报	025-83658579

苏教版图书若有印装错误可向承印厂调换
提供盗版线索者给予重奖

目　　录

第一章　班级管理创新
　　——"软""硬"兼施，情理兼备 …………………………… 1
一、班主任班级管理创新概述 …………………………………… 4
　（一）班主任班级管理创新的重要意义 ………………………… 6
　（二）班主任班级管理创新的基本内容 ………………………… 7
　（三）个别班主任班级管理创新不到位的原因 ……………… 10
二、班主任班级管理创新案例及养成策略 …………………… 12
　（一）常规管理在细节上寻突破 ……………………………… 12
　（二）管理创新要在"严而有度"上做文章 ………………… 19
　（三）有的放矢，爱是关键 …………………………………… 26

第二章　班级文化创新
　　——筑底蕴，擅引领 ………………………………………… 33
一、班主任班级文化创新概述 ………………………………… 37
　（一）班主任班级文化创新的重要意义 ……………………… 39
　（二）班主任班级文化创新的基本内容 ……………………… 42
　（三）个别班主任班级文化创新不到位的原因 ……………… 44
二、班主任班级文化创新案例及养成策略 …………………… 46
　（一）精心培育精神文化，优化学生班级意识 ……………… 46
　（二）营造自律氛围，完成"人治"到"自治"的转变 ……… 52

第三章　班级活动创新
——重互动，重参与 ·· 67

一、班主任班级活动创新概述 ·· 70
　　（一）班主任班级活动创新的重要意义 ···························· 72
　　（二）班主任班级活动创新的基本内容 ···························· 73
　　（三）个别班主任班级活动创新不到位的原因 ···················· 76
二、班主任班级活动创新案例及养成策略 ···························· 77
　　（一）注重教育性，提高学生正确认知水平 ······················ 77
　　（二）加强针对性，有的放矢地消除学生的不良情绪 ············ 81
　　（三）以名师为榜样，让班级活动卓有成效 ······················ 88

第四章　转化后进生创新
——以爱开心锁，以激励促改变 ·································· 99

一、班主任转化后进生创新概述 ······································ 102
　　（一）班主任转化后进生创新的重要意义 ························ 104
　　（二）班主任转化后进生创新的基本内容 ························ 106
　　（三）个别班主任转化后进生创新不到位的原因 ················ 108
二、班主任转化后进生创新案例及养成策略 ························ 110
　　（一）给留守学生以温暖，让他们不再孤独 ···················· 110
　　（二）给随迁学生以安全感，让他们融入班集体 ················ 116
　　（三）给网瘾学生以寄托，让他们的精神得到安慰 ·············· 123

第五章　班会课内容创新
——摒弃"老陈旧"，追求"新奇特" ···························· 129

一、班主任班会课内容创新概述 ······································ 131
　　（一）班主任班会课内容创新的重要意义 ························ 136
　　（二）班主任班会课内容创新的基本内容 ························ 137
　　（三）个别班主任班会课内容创新不到位的原因 ················ 140

二、班主任班会课内容创新案例及养成策略 …………………… 142
　　（一）班会媒介多元化，用新奇的视界抓住学生 …………… 142
　　（二）摒弃枯燥乏味，用多种方法为班会课创高效 ………… 149
　　（三）全员参与，突出学生主体性 …………………………… 158

第六章　家长会形式创新
　　——用情联家校，用心聚合力 ………………………………… 163

一、班主任家长会形式创新概述 …………………………………… 166
　　（一）班主任家长会形式创新的重要意义 …………………… 168
　　（二）班主任家长会形式创新的基本内容 …………………… 169
　　（三）个别班主任家长会形式创新不到位的原因 …………… 174
二、班主任家长会形式创新案例及养成策略 ……………………… 176
　　（一）多方参与形成合力，意在注重实效 …………………… 176
　　（二）构建家长会大舞台，把更多正能量聚拢过来 ………… 185

第七章　与科任教师协作创新
　　——多尊重，广协商，齐共管 ………………………………… 193

一、班主任与科任教师协作创新概述 ……………………………… 196
　　（一）班主任与科任教师协作创新的重要意义 ……………… 199
　　（二）班主任与科任教师协作创新的基本内容 ……………… 201
　　（三）个别班主任与科任教师协作创新不到位的原因 ……… 204
二、班主任与科任教师协作创新案例及养成策略 ………………… 205
　　（一）尊重在前，让科任教师感受感动 ……………………… 205
　　（二）做学生思想工作，给科任教师营造良好施教环境 …… 211
　　（三）主动沟通，联合科任教师为学生减负 ………………… 215

第八章 自身发展行为创新
——重基础，擅科研 ········ 221

一、班主任自身发展行为创新概述 ········ 224
  （一）班主任自身发展行为创新的重要意义 ········ 227
  （二）班主任自身发展行为创新的基本内容 ········ 229
  （三）个别班主任自身发展行为创新不到位的原因 ········ 234
二、班主任自身发展行为创新案例及养成策略 ········ 237
  （一）提升思想素养，修炼崇高师德 ········ 237
  （二）搞好职业规划，奠定坚实从教基础 ········ 244

参考文献 ········ 253

第一章 班级管理创新
"软""硬"兼施,情理兼备

班级管理是班主任根据一定的目的和要求,采用一定的手段和措施,带领全班学生对班级中的各种资源进行计划、组织、协调、控制,以实现教育目标的组织活动过程。它是一种有目的、有计划、有步骤的社会活动,其根本目的是为了实现教育目标,使学生得到充分的、全面的发展。班主任是班级工作的直接管理者和第一责任人,因此,提升班主任班级管理的创新能力,成为切实加强班主任的教导力,让班主任的工作高效能开展起来的关键。

第一章 班级管理创新

"软""硬"兼施，情理兼备

上小学的女儿生病了，高烧得很厉害。作为妈妈的张老师很想好好陪伴、照顾孩子，但作为一个临近中考的班级的班主任，她却没法离开班级，只能把孩子送到姥姥家，请姥姥帮忙照顾，自己则含泪赶去学校，因为她知道，此时的班级管理一刻也松懈不得。

世界上权利最小的是班主任，但最繁忙的也是班主任。班主任的繁忙是具体的，他们每天要处理、过问、负责的事情有很多，仅以一天为例，班主任要做的班级管理工作就包括以下一些方面。

（1）每天早上检查学生的出勤情况，如有学生缺席，要及时与家长取得联系或进行家庭访问，搞清原因。同时要检查学生的着装仪表情况是否符合学校要求，如不符合，要及时进行教育。

（2）督促学生认真参加广播操和升旗仪式。

（3）检查班级卫生清洁情况，了解值日生工作。

（4）观察班级公物保管状况，发现损坏及时调查、教育和处理。

（5）检查课代表收交作业情况。

（6）每天观察班级学生出席和上课情况，掌握班级学风的进展和变化。

（7）检查学生眼保健操以及学生课间文明休息的状况。

（8）注意和处理好班级偶发事件。

（9）随时发现班中的先进事迹或不良现象，及时进行表扬或批评教育。

（10）认真上好班会课，督促学生认真收听学校教育广播。

（11）关心学生用餐情况，督促学生遵守用餐规定，注意保持环境整洁。

（12）离开教室时，检查班级卫生情况以及"四关"（水、电、门、窗）工作。

班主任工作的繁忙由此可见一斑。班主任是班级工作的直接管理者和第

一责任人,是搞好班级管理工作的关键和核心,也是全班学生能否全面健康发展的重要因素。因此,提升班主任班级管理的创新能力,成为切实加强班主任的教导力,让班主任的工作高效能开展起来的关键。

一、班主任班级管理创新概述

班主任在实际工作中要全面负责一个班的学生的思想、学习、健康和生活,既是一个班级的组织者、领导者和教育者,也是一个班级中全体任课教师教学、教育工作的协调者。班主任在学校教育和管理中起着非常重要的作用。进行班级管理是班主任最重要的一项工作。对班主任而言,班级管理的好坏直接关系到学生的生活、学习和教学质量,因此,任何班主任都会把班级管理放在极其重要的地位。

班级管理是班主任根据一定的目的和要求,采用一定的手段和措施,带领全班学生对班级中的各种资源进行计划、组织、协调、控制,以实现教育目标的组织活动过程。它是一种有目的、有计划、有步骤的社会活动,其根本目的是为了实现教育目标,使学生得到充分的、全面的发展。班级管理的对象是班级中的各种管理资源,主要是学生,班级管理主要是对学生的管理;班级管理的主要手段有计划、组织、协调、控制。班级管理是一种组织活动过程,它体现了班主任和学生之间的双向活动,是一种互动的关系,参与者是班主任与学生双方。班主任的管理与学生(班委会)的管理合起来,是班级管理的主要构成形式。

班级的常规管理体现在多个方面,班主任不能急于求成,而要因人而异,给学生适当的活动空间,发展学生的个性,因势利导,激活其灵感,做到既要管也要放松。在实际的教学工作中,班主任应把班级的教育工作和班级的管理工作辩证统一起来进行,做到管与教相结合。

班主任对学生既要坚持正面引导,耐心教育,寓教育于学习中,寓教于乐,使学生于学习中受教育,又要依据学校的各项规章制度要求学生,约束其行为,实行严格的管理教育,只有这样才能获得教育的实际效果。

没有严格要求的管理,是放任自流的管理,过于严格、无仁慈之心的管理是粗暴武断的管理。班主任应将严格要求与仁慈相结合。

爱是基础，是动力。要想学生把他们成长中的苦恼、生活中的曲折、学习中的困惑以及成功后的喜悦倾诉给班主任，班主任就必须用一颗真诚的爱心去关爱学生，让学生觉得班主任值得信任，可以倾诉。班主任只有深入学生的内心深处，成为他们的知心朋友，才可能把握学生的个性特征，了解学生的心理特点，感知学生的冷暖。

严是原则，是准绳。当学生的人生观或世界观出现偏差，当学生不能正视真假、美丑、善恶的时候，班主任一定要帮助学生明辨是非，分清利弊，把学生引入正轨，做到爱而不宠，慈而不媚。

有的班主任对班级管理工作满腔热情，事必躬亲，无所不管，而且非常严格。但因为管得过多、过死，反而造成学生依赖性强，缺乏自我教育和管理的能力，这不仅不利于学生自身的完善与发展，而且使班主任陷于杂务而疲惫不堪。所以，班主任在管理工作中要注意"管"的适度，该放则放，做到"管"与"放"的协调。

为了让班主任的管理工作更具体明确，2009年教育部印发了《中小学班主任工作规定》，并在第三章的"职责与任务"中做了如下规定：

"第八条 全面了解班级内每一个学生，深入分析学生思想、心理、学习、生活状况。关心爱护全体学生，平等对待每一个学生，尊重学生人格。采取多种方式与学生沟通，有针对性地进行思想道德教育，促进学生德智体美全面发展。

"第九条 认真做好班级的日常管理工作，维护班级良好秩序，培养学生的规则意识、责任意识和集体荣誉感，营造民主和谐、团结互助、健康向上的集体氛围。指导班委会和团队工作。

"第十条 组织、指导开展班会、团队会（日）、文体娱乐、社会实践、春（秋）游等形式多样的班级活动，注重调动学生的积极性和主动性，并做好安全防护工作。

"第十一条 组织做好学生的综合素质评价工作，指导学生认真记载成长记录，实事求是地评定学生操行，向学校提出奖惩建议。

"第十二条 经常与任课教师和其他教职员工沟通，主动与学生家长、学生所在社区联系，努力形成教育合力。"

不管是"研究每个学生的思想品质、学业成绩、才能特长、性格特征、成长经历以及家庭情况、社会生活环境等。掌握学生集体的发展情况、干部情况、班风、主流与倾向等，为自己和其他教师的工作提供依据"，还是"协调班内各任课教师之间的关系，互通情况，统一要求，改进教学方法，制订课堂常规，建立批评表扬和学生学习手册等制度，共同促进学生提高学习成绩，掌握学习方法"，抑或是"要教育学生养成良好的生活习惯和卫生习惯。要配合有关教师开展好课内外体育活动、组织学生参加公益劳动，培养学生正确的劳动观点、劳动态度、劳动习惯和为人民服务的精神；并关心学生的健康和安全"，都要求班主任扎扎实实做好班级的管理工作，以便使班级管理创新更上一层楼。

（一）班主任班级管理创新的重要意义

1. 有助于维持班级秩序，形成良好的班风

班级是学生全体活动的基础，是学生交往活动的主要场所，因此，调动班级成员参与班级管理的积极性，共同建立良好的班级秩序，形成健康的班级风气，是班级管理的基本功能。

没有规矩，不成方圆。学生因年龄和心理尚处于发育阶段，需要一定的班规来约束，需要一定的秩序为他们的学习提供可靠的保证。而班主任创新管理下的良好班风的形成，会对学生健康学风的形成、良好习惯的养成和优秀品质的塑造起到不可替代的作用。

2. 有助于学生学会自治、自理

班级组织中存在着最基本的人际交往和社会联系，存在着一定的组织层次和工作分工。因此，班级管理创新的重要功能就是不但要帮助学生成为学习自主、生活自理、工作自治的人，而且要帮助学生进行社会角色学习，获得认识社会、适应社会的能力，而这对于促进学生的人格成长是极其重要的。

3. 有助于班主任成为强有力的班级组织者、领导者

班主任是在教育活动中行使管理和育人职责的。因此，班主任要用自己的学识、人品、工作态度、教学方法等去影响和感染学生，从而树立自己的威信，充分发挥在班级中的影响力。而班主任要想进行行之有效的班级管理创新，就要不断修炼自身修养，努力提升专业水平，反思自身存在的差距，找到努力的方向。班主任的自我提升、高标准和严要求，最有感受也最切实受益的是学生，他们会对这样的教师充满敬意，因而也更有利于班主任成为强有力的班级组织者、领导者。

4. 有助于班主任成为更好的教育者

班主任对学生的全面发展肩负重要责任。班级管理创新要求班主任既要教育学生学会做人、学会做事，又要善于发现学生的个性特点、兴趣爱好，挖掘他们的潜能，还要启动学生的积极意识和进取心，引导他们产生求知的欲望和需求，形成自我教育的要求和能力，更要利用和创造条件为学生的发展打下坚实的基础，使学生在德、智、体、美各方面健康和谐地发展。

而这样的过程和经历，将会使班主任成为一名深受学生爱戴的教育者，甚至有助于班主任成为一个教育家。

5. 有助于班主任成为联系各科任教师的纽带

组织、协调科任教师的教育力量是班主任的重要工作，也是班主任班级管理创新的重要内容。在班级管理创新的过程中，班主任应该成为本班任课教师集体的组织者、协调者，成为教师集体的带头人。

班主任要经常与科任教师沟通学生在学习中的各种表现，及时反馈学生对该门课程的学习情况，共同探讨有针对性的指导策略，成为教师与教师之间、学生与教师之间的纽带。

（二）班主任班级管理创新的基本内容

1. 抓基础，做好班级常规管理工作

班主任的班级常规管理是指通过制订和执行规章制度去管理班级的活动。规章制度是学生在学习和生活中必须遵守的行为准则，它具有管理、控制和教育作用。通过规章制度的制订，可以使班级各项工作有章可循、有条不紊地进行；通过规章制度的贯彻，可以培养学生良好的行为习惯，形成优良的班风。

具体来讲，班级常规管理有以下诸多工作内容。

(1) 开学时制订工作计划，学期结束写好工作总结或经验介绍。

(2) 做好班级学生情况分析，保证家访率100%。

(3) 排好座位，安排好每天的值日生。

(4) 竞选好班级干部，积极向学校推荐优秀学生。

(5) 抓好学生日常行为规范教育，培养学生的良好行为习惯。

(6) 抓好学生的卫生习惯，保护视力。

(7) 组建好班干部队伍，关心每个学生的成长，每两周进行一次班干部会议。

(8) 与任课教师加强沟通，做好学生成长材料收集工作，写好成长记录袋。

(9) 做好每天的清扫工作、保洁工作及教室卫生工作。

(10) 每周组织好主题班会课，形式多样，并做好记录。

(11) 配合每阶段中心工作，出好每一期黑板报。

(12) 积极配合大队部开展多方面活动，发动学生积极参与学校组织的各项活动。

(13) 经常与家长联系，并做好记录。

(14) 抓好后进生转化工作，不让任何一位学生掉队，善于发现后进生的每一点进步并及时表扬，帮助其树立信心。

(15) 准时参加班主任会议以及班主任培训活动。

(16) 学期结束写好学生评语。

2. 抓建设，做好班级组织管理

班主任要依据教育方针、教育任务和学生实际情况制订本班集体建设的目标，建立班级常规，培养良好的班风，搞好日常组织管理工作。

(1) 组织每周一次的班会课。

(2) 组织学生参加全校、年级的活动。

(3) 督促学生遵守《中小学生日常行为规范》和学校的规章制度。

(4) 督促学生按时到位上好体育课、选修课及各类活动课，了解学生的学习情况和问题。

(5) 了解学生的思想动态和心理特点、兴趣特长。

(6) 与班委会、队干部讨论班级情况、遇到的问题和解决的办法及措施。

（7）处理班内突发事件，有重大事故立即上报学校。

（8）查阅班级日志和学生周记。

3. 抓德育，做好学生品德管理

班主任要加强学生思想品德教育管理，为提高学生的思想道德素质、科学文化素质、身体和心理素质打下良好的基础。

（1）教育学生热爱祖国，逐步树立为人民服务的思想和为"四化"建设而奋斗的志向。

（2）教育学生努力完成学习任务，帮助学生明确学习目的、端正学习态度、掌握科学的学习方法，不断提高学习成绩。

（3）教育、组织、指导学生参加学校规定的各种劳动、军训、社会实践等活动。教育学生养成良好的劳动习惯、学习习惯和生活习惯，保持身体和心理的健康。

（4）关心学生课外生活，指导学生参加有益身心健康的科技、文娱、社会活动。

（5）鼓励学生发展正当的兴趣、爱好和特长，开展心理健康教育，促进学生个性的健康发展。

（6）对学生进行安全教育。

（7）做好本班学生思想品德评定和有关奖惩的工作。

（8）加强学生法制教育，增强学生法制观念。

（9）建立后进生档案，做好后进生转化和学生不良苗头的监控工作。

4. 抓实施，做好目标管理

班级目标管理是指班主任与学生共同确定班级总体目标，然后转化为小组目标和个人目标，使其与班级总体目标融为一体，形成目标体系，以此推进班级管理活动，实现班级目标的管理方法。

作为班级领导者和组织者的班主任，要培养好班级里的几十个学生，需要做出长期的努力和实践，只有通过切实的班级目标管理，才可能达到管理与教育的目的。班级管理目标的达成，应落实在应用管理技巧和艺术调动学生的思想积极性，充分挖掘他们的内在潜力，优化他们的成长环境，培养他

们各方面的能力上,让学生的身心得到健康成长,从而不断提高学生的综合素质,使他们成长为适应时代要求的各类人才。

5. 抓统筹,做好协调管理

协调管理,形成教育合力,是班主任管理工作的一件大事。班主任要负责联系和组织科任教师共同商讨本班的教育工作,协调各种活动和课业负担;要联系本班家长,争取社会有关方面的支持、配合,共同做好学生的教育工作。

(三)个别班主任班级管理创新不到位的原因

1. 班主任对班级管理方式偏重于专断

长期以来,我国实施的是"应试教育",分数和排名是学校和教师工作业绩的衡量指标,这导致了学校和教师高度重视课堂教学和考试成绩,而忽视了学生的内在需求。班主任最关心的是如何让学生在考试中获得好成绩,确保班级的成绩在学校中的排名和如何让学生服从教师,以维护教师的权威不受侵害,班主任一直在做程式化的教育教学工作。这样的班级管理方式下,学生只能被动地按照教师的要求去做,缺乏自主性。

2. 班级管理缺乏活力,民主管理的程度低

在班级中设置班干部,旨在培养学生的民主意识和民主作风,学会自治、自理。然而很多中小学的班干部相对固定,让一些学生形成了"干部作风",不能平等地对待同学。而多数学生却缺少成为班干部的机会,在班级管理中缺乏自主性。学生在社会环境及部分家长的影响下,往往把当干部看成是荣誉的象征。

这种现象说明班主任的班级管理缺乏活力,自身缺乏创新意识和民主意识,喜欢按部就班,一成不变地进行班级管理。

3. 工作模式存在问题

一些班主任对班级的管理仅停留在"纪律加成绩"的层面上,即班级管理从属于应试教育,思想政治工作服从于学生学习成绩,一切围绕教学工作安排转。由此产生的结果是学生服从教师、教师服从教学、教学服从成绩。评优选先时,只要遵规守纪、成绩拔尖就是优生;班集体违纪少、成绩拔尖就是优秀班级。对那些发展全面、能力较强、情操高尚、自觉性高的学生和注重德育实效、进步较大、创建有特色的班级则不闻不问。

4. 过分依赖制度管理，忽视对学生的成长教育

在制度管理模式下，迫于班主任的权威，学生会中规中矩，班级可能会在学校的各项考核中获得好评。但学生却没有了独立思考的空间，没有了创新的机会，更谈不上创新意识和个性的培养，这与素质教育培养"合格＋特长"的目标是背道而驰的。没有规矩，不成方圆。强调纪律、照章办事本没错，但如果漠视学生的身心发展规律，采用简单粗暴的方式来管理学生却不是明智的、科学的管理办法。班级管理的对象主要是学生，他们基本上都处于心理上的不成熟期，其人生观和世界观尚未形成，依赖性强、自律性差、逆反心理大，因此需要班主任对他们进行正确的引导教育，除进行制度教育外，更重要的是进行道德观、价值观、行为规范、行为习惯等的教育。

5. 过分注重对后进生的批评教育，忽视"抓两头、带中间"

班集体中难免有这样的学生，学习习惯懒散，自律性较差，常常会犯小错误，如上课迟到、旷课、上课不专心、作业不能及时完成等，这部分学生往往会被当作班级的后进生而受到班主任的特别注意。许多班主任往往把班级管理工作定位在批评教育这部分后进生上，而忽视了对尖子生的引导和对中间生的带动，整天疲于解决后进生的各种问题而班级管理效果却欠佳。班级就像一个大家庭，学生性格相迥，经历各异，要想管理好这个大家庭，"眉毛胡子一把抓"是行不通的。班主任要具体情况具体分析、因材施教、科学分析、整体把握，真正落实"抓两头、带中间"的策略。具体来讲，就是首先要全面深入了解学生的情况，针对每位学生的具体问题，正确分析，对症下药。然后根据马斯洛的需要层次理论，对学生实施分层激励：对综合素质较好的学生，引导其追求自我实现的需要；对后进生实行"赏识教育"，尽量发现他们的闪光点，及时给予表扬，鼓励他们继续努力，逐渐改掉学习、生活等方面的缺点。这样既有助于班级良好学风的养成，又有助于良好班风的形成。

6. 过分重视智育，忽视学生综合素质的发展

随着市场经济的发展，社会工业化逐渐向信息化过渡，社会对人才的需求也由单一型向复合型转化，由从业型向创业型转化。这一变化对每个人都提出了更高的要求，除要具备基本的知识技能外，还要具备较强的应变能力，具备创新意识和创新能力。这也要求作为班级领导者和教育者的班主任在重视学生理论知识学习的同时，更应该强化学生的技能训练，积极开展切实有效的社会实践活动，培养学生吃苦耐劳的精神，锻炼学生实际动手操作的能力，防止学生陷入"高分低能"的泥潭。因此，班主任在班级管理过程中应该有的放矢地引导学生积极参加社会实践活动。

有的班主任过分看重智育，以分数为中心，忽视学生综合素质的培养，忽视学生的实践活动，在这种管理模式下培养出来的学生在以后的就业问题上，显然会与市场经济对人才综合素质的要求格格不入。

二、班主任班级管理创新案例及养成策略

（一）常规管理在细节上寻突破

广东省佛山市顺德区杏坛中学的刘立军老师认为，班级管理无小事，没有创新之举，即便再小的事情，也会有大麻烦。

排座位，对于每个班主任来说都是一件很头疼的事，特别是刚做班主任的年轻教师。刘老师刚做班主任的前几年，每次排座位也是焦头烂额，排好的座位总有一些学生有意见，甚至有的学生因此产生了消极的情绪。如果不能及时给学生做好心理辅导工作，就会直接影响学生的学习，影响班级的纪律，影响课堂的气氛，甚至会影响班级的凝聚力和向心力。

刘老师对这个问题进行了认真的思考分析。他综观排座位的方法，总结出有这么几种：随机自由排列法；个子高低顺序法；学习成绩优先法；成绩优差互补法。

这几种方法都有各自的优点，但也存在缺点。例如，随机自由排列法会使一部分比较活泼的学生聚在一起，给纪律管理增加难度；个子高低顺序法可能会把一些视力不好的学生排到后面，影响学生的学习效率；学习成绩优先法会使一部分学生的自信心、自尊心受到挫折，导致他们更加消沉；成绩

优差互补法则可能会增加优生的负担。

如何解决这一问题？

刘老师从教育家魏书生老师所写的《我的班主任工作漫谈》一书中读到了魏书生老师排座位的方法：座位是为每一个学生发展服务的，安排座位应当充分考虑学生的个头高矮、视力好坏、自控能力强弱、互助能力高低等个性特点。刘老师认识到，排座位也是一门艺术，就像一位优秀的导演安排节目的顺序一样，可要如何安排才能使表演达到最佳效果呢？经过几年的学习和实际操作，刘老师对排座位有了自己的创新认识和方法。

一、把主动权给学生，把决定权给自己

对高中学生来说，他们对自己的个性特点比较了解，对自己的学业也有很明确的目标，对排座位他们已经具有一定的理性认识。所以，刘老师认为，班主任首先要尊重学生的思想，尊重学生的选择。

这几年在排座位时，刘老师采取的方法就是，先让学生自己选择座位、选择同桌，并且说出选择的理由，以书面形式交给责任班干部。责任班干部统计大家的意见，并在班级公布栏上张贴，然后排出一个座位表的雏形交给刘老师。

刘老师拿到这个座位表的雏形后，首先认真地看学生写的理由，一方面了解学生的思想和对学习的态度，另一方面更好地掌握学生的个性特点。然后，在班级里正式声明，这个座位表开始生效，并明确告诉学生，自己相信他们的选择。

这样做，不仅尊重了学生的意见，还使学生在思想上有一个认识：老师信任我，我就要做到自己的承诺。无形中加强了学生的自律意识，使上进心强的学生有了更好的学习环境，自律性差的学生也能慢慢提高自我管理的意识，最终使全班的学生在学习上达到相扶相长。

2008年，刘老师带高三理科的一个班，班里面有两位女生，关系很好，学习也很不错，每次换座位都要求坐同桌。半个学期后，有几位教师给刘老师反映，这两个学生上课说闲话，不注意听讲。

刘老师通过调查、了解，发现这两个女生不仅上课喜欢说话，还在课堂上吃东西，晚自习也会说闲话。

得到这个结果后，在下一次排座位时，刘老师就把这两个学生分开了。

不出刘老师所料，这两个学生一起来办公室，说她们想继续坐同桌，刘老师不急不忙地问她们为什么要坐同桌，她们说方便学习，而且坐了这么久的同桌，已经习惯了这种学习方式。

刘老师马上拿出"证据"：某天某节课，她们上课讲话，被上课老师批评；某天某节课，趁老师不注意，两个人分吃一份早餐；等等。看到这些，两个人都低下了头，半天不说一句话。

然后，刘老师让她们考虑一下是否还要坐同桌。第二天，两个人又来找刘老师，给刘老师写了一份"检查"，说自己不应该做这样的事，不应该做那样的事，希望给她们一次机会。

这时，刘老师心里暗暗窃喜，他想要的结果出现了。刘老师告诉她们："机会不是别人给的，是自己争取的，如果你们能把这份'检查'改成'认识'，能把里面同桌之间的'不应该'的事改成'应该'怎么做，或许就能为自己争取一次机会。"

当天晚上，刘老师桌面上就出现了一份写得很工整的文章——《对同桌的认识》。刘老师看完以后非常开心，把她们叫到办公室说："你们的努力为自己赢得了一次机会，刘老师感谢你们，写出一篇很好的'认识'，如果你们同意的话，刘老师会将这篇文章给全班同学印出来，让大家也'认识'一下。"两个学生激动地说："谢谢老师，以后我们一定会严格要求自己的。"

二、注重同桌之间的关系，及时做好学生的心理引导

在一个50多人的班级里，各种性格特点的学生都有，肯定存在着大家都喜欢的优秀学生或者单科很拔尖的学生，于是就有很多学生想和他们坐同桌，以提高自己的弱势科目。

对此，班主任也有难处：其一，不可能满足每个学生的愿望，毕竟只能是一个人一个同桌。这个时候，班主任就要根据学生的个性特点进行综合统筹，安排最需要或者最合适的人和那些优秀者坐同桌，同时也要做好其他学生的心理辅导，不能因为座位的原因，使学生心理产生质疑，甚至怨恨，影响学生的生活和学习。其二，即使两个人相互选择，也可能会出现一些矛盾，班主任要及时了解学生之间的矛盾，疏导学生的心理问题，并解决好他们之间的矛盾，引导学生树立正确的认识观，使同桌之间和谐相处，促进班级的和谐。

第一章 班级管理创新
"软""硬"兼施,情理兼备

有一年,刘老师带高二理科的一个重点班,班里有一位叫小恒的男生,学习比较好,特别是英语非常棒,在整个理科年级里都是拔尖的。为此,有很多学生想和他坐同桌,而他自己选择了一位想和他坐同桌的同学小毅,因为小毅的物理、化学比他好,两个人可以优势互补,提高学习成绩。

四周后,又到了换座位的时候,小毅来找刘老师,说他不想和小恒坐同桌了,他觉得小恒很自私,小恒每次问他物理、化学的问题,他都很认真地讲解,可他问小恒英语时,小恒总是推三阻四,或者说两句就说让他自己去想。

刘老师马上意识到问题的严重性,因为之前也有学生给刘老师反映过这种现象,说小恒在学习上心眼太小,同桌成绩比他差,他就看不起别人,同桌成绩比他好,他又妒忌,所以和谁坐同桌都很难长久。

两天后,正好是班会,刘老师在班会课上提出了友好交往和正确认识同桌关系的主题。他强调一个观点:和谐共进。刘老师说:"何为同桌?就是时刻伴随自己度过每一节课、每一天;困惑时,相互交流;成功时,相互分享;气馁时,相互鼓励。当同桌成绩不如你时,你要主动去帮助;当同桌成绩比你好时,你要虚心向他请教。所以,同学们一定要珍惜自己的同桌,并且要用感谢、欣赏的目光看待同桌。"

刚一说完,刘老师就发现很多同桌两个人相互握手,可以看得出,绝大多数学生还是能意识到同桌的重要性的。再看看小恒,低着头,没有反应,但刘老师知道,他的话语已经触动小恒的心灵,接下来就要看小恒的悟性了。

果然,第二天,小恒来找刘老师,说昨晚认真反思了自己,觉得自己心胸太狭窄,什么事都站在自己的立场去思考,为了改变自己的这种心理,希望刘老师还是让他和小毅坐同桌。

经过几周的跟踪观察,刘老师发现小恒真的改变不少,不仅和同桌相处融洽,而且还经常给同学讲如何学好英语,这样的结果让刘老师无比喜欢。

温斯坦说:"没有一种座位安排可以满足所有班级、所有学习场所和所有人。教师应利用教室座位安排达到他们具体的教学及行为目标。"

刘老师认为,无论如何排座位,都不可能尽善尽美。只要班主任以创新管理为推手,以学生为本,以促进学生个体之间的互助、合作为目的,正确

引导学生认识排座位的目的,就能排出学生学习的积极性,排出一个和谐、积极向上的班级。

排座位,是班主任班级常规管理中最平常的小事,然而,这个小事处理不好,不但会影响学生之间的关系,影响良好班风的形成,还有可能引起学生的消极抵触情绪,甚至引起家长的不良猜测与误解。

上面案例中的刘老师在排座位这件小事上进行了创新管理,既把主动权交给学生,避免了草率武断,又通过主题班会,对学生进行了正确的心理调控,让排座位这个令人头痛的问题得到了妥善解决。

常规管理的管是理性的,理是感性的。而真正的教育是无痕的,最有效的管理创新,是变管理为以生为本的服务,满足学生各方面成长的需要。

班主任班级常规管理创新的养成策略主要有以下几个方面。

1. 致力于集体精神培养创新,努力改善班级管理质量

班级是学校进行教育教学工作的基本单位,班级工作的好坏直接关系到学校各项工作能否正常进行。因此,抓好班级创新管理是完成教育教学任务的重要环节。

班主任的创新工作应以培养学生的集体主义精神为突破口,通过小组竞赛的形式,针对学生的实际情况,增强学生的主人公意识和责任感,不断改善班级管理,以便更好地达到树立良好班风、维护学校秩序、保证教学质量、提升学生素质的目标。

(1)创新识人方法,培养优秀班干部。

班主任肩负着培养学生身心和谐发展并使其成为有用人才的重任。因此,班主任应了解学生,包括了解学生的思想品质、学习状况、健康状况、生活习惯、兴趣爱好、才能特长、性格特征、人际关系、成长经历及家庭社会环境等各方面的情况,在了解的基础上,对每一个学生的德、智、体、美等各方面进行综合分析,登记造册。然后注意观察、培养有上进心、富有管理经验、能以身作则、敢于做事、在学生中有一定威信的学生为班委成员。因为班干部是班主任工作得以顺利进行的得力助手,是班集体的核心和中坚力量,他们是联系班主任、任课教师与学生的桥梁和纽带,在教师和学生之间起着上通下达、纵横联络的沟通作用,在班集体建设中发挥着组织管理、服务同学和示范带头作用。因此,班主任在班里如果能培养出一批优秀的学生干部，班级管理工作就成功了一大半。

（2）创新任务布置方式，培养集体荣誉感。

集体荣誉感有利于增强班集体的凝聚力和向心力，有利于各项工作的开展。

如何培养学生的集体荣誉感呢？班主任可以通过布置任务的方式来进行。例如，班主任可以将平时的每一项班级工作都与小组形式的集体竞赛挂钩。每一天的班级活动，从作业的收交到卫生的打扫，从运动会到各种各样的竞赛活动，都按竞赛小组的表现评分，通过班干部管理进行量化，评出每周的优秀小组。期末总结评比也完全按每周的评比结果来确定各小组的优秀学生比例。这种做法可以引起学生对自己小组每天的情况的关注，时间久了，小组的凝聚力就能得到增强，集体主义精神就逐步在学生的心目中形成了。

当然，在具体的工作中，班主任还是要以正面引导为主，把每天的评比重点放在比进步上。当学生的是非观念明确了，班上出现的好人好事多了，各项规章制度的执行也就会更自觉了。这样，学生就会形成"为集体增光为荣，为集体抹黑为耻"的意识，就会主动把自己的一言一行与小组竞赛联系起来。

（3）创新量化管理指标，强化竞争意识。

小组竞赛的内容尽管会随着学校的工作重点不断地变化，但它的核心仍是实行量化管理机制。国有国法，家有家规；校有校纪，班有班规。班主任在班级管理工作中，如果能将学生日常表现成绩纳入量化管理，加以正确引导，不仅可以提高管理效率，而且还能尽快地使学生养成良好习惯，提高班集体的整体综合素质。为此，班主任可以结合《中小学生守则》和《校规校纪》，进一步制订《班级卫生制度》《干部值日记载制度》等班级管理制度来规范约束学生的言行。具体做法如下：

第一，以值日干部的值日记载来监督各个竞赛小组每天的学习、卫生、纪律、考勤、行为习惯、仪表、课外活动等情况；每周对小组竞赛情况评一次量化分，评出红旗小组。

第二，与学生家长加强沟通，让家长关心、支持、参与小组竞赛活动以及对后进生的转化工作。这样做可以让小组的每一个成员及家长都能参与到

转化后进生的工作中，而同学之间的帮助和家长的支持，有时会比班主任单独做转化后进生工作更及时、更到位，也更容易见成效。

2. 在树立民主平等的新型师生观上创新

渴望沟通和交流是人的本性。在教育教学活动中，班主任要经常有意识地营造一种宽松和谐的师生双向交流氛围，和学生交朋友，师生共建"情感热线"，进行心灵的交流与沟通。

比如，班主任可以经常在班会课上或课下时间，与学生讨论怎样做才是一名合格的学生，并时刻提醒他们用学生日常行为规范来约束自己的言行。班主任还要经常用肯定、赞扬和鼓励的赏识方式与学生进行谈话，明确告诉他们"你能行""你真棒""我相信你"……通过各种方式增强学生的自信心，使学生对班主任有亲切感、平等感。

只有师生之间建立了这种宽松和谐的人际交往环境，学生的个性爱好与个性品质才能得到自由发展，学生才能畅所欲言，主动去探索、创新。

3. 在构建新型的班级管理观上创新

在班内推行"人人都能当班干部"的活动是构建新型班级管理观的重要举措。为培养每个学生的能力，班主任可以在班中实行学生干部轮换制，把管理学生转变成为学生服务，对学生的发展负责，为每个学生提供展示个人才能、实现自我价值的空间和舞台。

例如，针对学生不注意礼仪、损坏校园花草、乱扔废纸等现象，班主任可以搞一些如"你会接待客人吗""学生监督员""争当规范兵"等活动来提高学生的认识，通过鼓励学生参加竞选负责人的方式，给他们创造管理的机会，发挥每一个学生的个性特长，从而使"苗子"长成"大树"，使"潜在"变为"可能"，促进学生个性的健康发展。

4. 在确立新型的个性发展观上创新

英国教育家洛克曾说："每个人的心灵就如同他们的脸一样各不相同。正是他们无时无刻不在表现自己的个性，才显示出难以想象的创造力和个性魅力。"这需要班主任始终坚持以人为本的教育理念。

班主任要用自己的一双"慧眼"去帮助学生发现自我、认识自我，为各种人才的成长打好基础。班主任要为学生提供既宽松又有利于他们发展的土壤和环境，给予学生更多的呵护和关爱，使学生的优势、潜能尽可能地发挥出来。

只有有了对学生个体生命的深刻理解，有了对学生个体生命的珍爱和重视，班级工作才会焕发出生命力。因此，在做班级工作时，班主任必须时刻提醒自己心中有学生，要有"爱自己的孩子是人，爱别人的孩子是神"的大爱精神，努力做到教书育人、管理育人、服务育人，使以人为本的教育理念得到升华和落实。

（二）管理创新要在"严而有度"上做文章

高一新生报到时，其他学生都来了，只有学生小王迟迟不见身影。上第二节课的时候，家长才把他拉来，然而，他却指着班主任兼物理老师在走廊上公开叫嚣："我早就知道你管班太严格，我要调班。"

班主任第一次遇到这种情况，新班刚开始，就有学生公开表示自己管理太严格而不愿意进自己的班。这件事在学校引起了不小的轰动，最后校长不得不出面干预，但班主任却坚持，对学生严格管理没有错，没有特殊情况不能调班。

后来的事实表明，小王是一个相当有个性的孩子，调班不成，他就天天背着空书包来上学，进教室就趴在桌子上睡觉，谁跟他说话他都一言不发。

据家长反映，在家里，小王也非常叛逆，令家长非常头疼。

班主任决定先对他冷处理，任他自由一段时间。大约两个星期后，班主任试着跟他沟通，但他的头歪着，一言不发，任凭班主任苦口婆心地开导都无动于衷。

班主任问他："如果你坚持不跟我沟通的话也可以，那只能证明你是一个不爱学习的人，一个自甘落伍的人，一个不求上进、散漫的人。"

小王一听这话，立即火了："武断！自以为是！"

班主任见他终于开口说话了，依然装得冷冷地问："空口无凭不行啊，说出你的理由来！"

小王不服气地说："不要以为学生都喜欢你，我就不喜欢你。但我是喜欢学习的，尤其喜欢学物理，但我就不明白了，学校怎么会让你教物理呢？"

班主任多年来经过努力，物理教学水平在学校、学生和同事眼中都是最

好的，而这牢不可破的形象现在在小王面前却完全坍塌了。办公室的其他老师听了小王的话，为班主任抱不平，有的老师甚至把小王给轰走了，但临走时小王却满脸的倔强，两眼全是不服气。

尽管如此，班主任还是请教了学校的一位特级教师，向她了解"严格管理"中的奥秘。

这位特级教师听完班主任的叙述，真诚地提出了三点建议："第一，学生说的是实话，你爱岗、敬业、责任心强、管理班级严格到位，这些在你看来都是你的优点，可是你忽略了教育主体——学生的差异，有些学生就是不喜欢被管束太严，这一点要理解。第二，不要以为学生都喜欢你，你不可能做到人人满意，当然我也不可能，只要大多数人满意即可。这是实话，就是难听点。第三，个性这么强的孩子，你要善待他。每个学生都有与众不同的一面，都是一块玉石，你要做一名高明的雕刻家，因势利导地把他雕刻成独一无二的宝玉才行，千篇一律、千人一面是班主任的大忌。他不喜欢你，你去喜欢他、善待他，石头都能捂热，何况是这样一个大活人？"

特级教师的话字字敲击班主任的心灵：原来自己的一些管理方法、理念确实存在问题，只不过在勤奋、严格、负责任、出成绩的赞誉掩盖下，内心深处的自我膨胀使自己不愿意去面对这些问题，而是越来越希望所有的学生都服从自己的管理，什么事情都整齐划一，却忽略了教育的主体是活生生的个体。每一个学生都是一个与众不同的生命个体，自己从来没有想过如何去激发学生的活力，而是立志要把他们打磨成一块块平整的小石头，有棱角的统统磨去，有瑕疵的一概剔除。由于自己的执着、坚持不懈，所管理的班级总是全校最好的、最出分的，家长感激自己，挤破脑袋把孩子送到班里，领导也是赏识有加，所以自己就更加亢奋地挥动着手中的"斧子"，努力为学校、为社会打造着"标准件"。这就是真实的"我"，一个自己都感觉很残忍的"我"。

经过激烈的心理斗争，班主任的心态终于平和下来，看学生的眼神不再是过去那种挑剔的，而变成柔和的；说话的语调不再是盛气凌人的，而变成温和的。

班主任的转变，也带动班级呈现出一种生机勃勃的景象。语文教师说："你们班的学生一眼就能认出来，个个豪情万丈、精神焕发，不像之前听说的都是些'机器人'。"

班主任笑而不语,他知道自己的内心经过怎样的挣扎、洗礼以及如凤凰涅槃般的重生。班主任私下里仔细研究了小王从上小学以来的经历,分析出:小王是一个非常聪明、要强的学生。

根据小王的个性特点,一向以严厉著称的班主任破天荒地给了小王机会,一是满足小王当物理课代表的愿望,虽然他的物理成绩并不是前几名;二是告诉小王,如果他真的不喜欢自己,想转班,自己也答应他,甚至还可以跟校长去争取。

小王吃惊地看着班主任,似乎认为班主任在忽悠他。班主任诙谐地告诉他:"我听说,你最喜欢的电影是《肖申克的救赎》,恰好,我也很喜欢那部电影,电影里有一句话:'有些鸟是关不住的,因为它的羽翼太有锋芒。'所以,我要为你'放生',也为我自己'放生'。"

小王听了,笑了起来:"你也有不太严厉的例外啊,真是难得!"此后,小王经常找班主任问问题,也喜欢没事就到班主任的办公室里转转。

两个月后,当班主任终于说服了家长,愿意让小王办转班后,小王却跟家长说:"我不走了,我很喜欢这个班,也开始有一点喜欢班主任了。"

三年的时光一晃而过,班主任的苦心没有白费,虽然这三年中小王给班主任也惹了不少麻烦。毕竟教育是一件相当漫长的事,让小王真正地喜欢自己也是需要时间的。2009年高考,小王考了将近670分,去了上海一所非常好的大学,学了他自己喜欢的专业。

临走前,小王送班主任一大束花和一句话:"我这样的学生你都能搞定,放心,以后不会有比我更难缠的了。你最打动我的是你的热情,对工作的热情,当然,也有你的有温度的严格。"

通过这件事,班主任对自己的严格管理有了新的认识,并做出了如下反思。

一、教育要尊重学生的个体差异

班主任认真学习了哈佛大学霍华德·加德纳教授的《智力的结构:多元智力理论》,认为在教育教学过程中,应该多尊重学生的个体差异,给予学生充分选择适合自己智能学习风格路径的权利。教育不是"流水线",教育的目的不是打造"标准件",班级不是"工厂",班主任不是"车间主任"。

教育的对象不是物而是人，不仅是活生生的、有生命活力的人，而且是有思想、有自我意识、有自主活动能力的人。班主任如果忽略了学生的个体差异，用一把尺子衡量到底，就可能会扼杀学生的潜能和创造力。如果换成多把尺子衡量学生，就会多一份惊喜与收获。

二、教育的魅力在于"在反思中强大自己"

教育反思是每个教师必备的基本能力，班主任更要多回头看看自己曾经的失败、教训，即使是辉煌中也会隐藏着教育的不规范、不合理，缺乏基本的人性化、人文化，在反思中沉淀自己、提升自己，在反思中强大自己、成就自己。反思可以彰显教育的魅力。世间万物都是变化的，包括学生，班主任只有不断反思自己的教育，才能跟上学生成长的步伐，才能使教育更加合理、合法。班主任多一次反思，就能给学生多一分成长的机会，给自己多一次提升的机会。反思可以使班主任更加理智地对待教育，使自身的教育教学行为更加科学，更加符合教育教学规律。

三、教育学生需要有爱心、耐心、恒心

苏霍姆林斯基曾说，"热爱孩子是教师生活中最重要的东西"，"没有爱就没有教育"。爱赋予教育更加鲜活的生命力，能使"一切皆有可能"。爱是责任，是宽容，是欣赏，是春风化雨，是铁树开花。世界知名教育专家兰本达曾说："耐心是一种品德，是取得教学成功理所当然的必备条件。"耐心是一种优雅的涵养，是一份宠辱不惊的淡定。耐心是善解人意的抚摸，是满怀希冀的期盼，更是对教育的坚守——精诚所至，金石为开。教育是一个潜移默化的过程，学生的成长也不是一蹴而就的。教育是慢的艺术，生命有多长，教育就有多长。沉下心来教书，静下心来育人，心沉静了，爱就升腾了，奇迹就会出现了。

经过这样的反思，班主任转变了管理理念，不再挥舞着手中的"斧子"任意地矫枉过正，而是用创新的方法，赋予"严格管理"以新的内涵，让自己的管理更加完善，让学生更加乐于接受，让学生更加心悦诚服。

俗话说：严师出高徒。严格的管理是一个班级形成良好班风、学风的必要手段，也是一个班级出成绩的关键。但是，有一些班主任在进行班级管理时，严而无法，严而不当，导致师生关系紧张。有的学生敢怒不敢言，背后恨教师、骂教师，有的甚至与教师发生正面冲突，使教师陷入尴尬的境地。

对学生娇惯、放任、纵容是班主任对学生不负责任的表现,是应该摒弃的做法,但班主任过于严厉地对学生进行"一刀切",实施"一言堂",为了高分而把学生打造成"标准件",忽略学生的主体地位,也是有失偏颇的。

上面案例中的班主任在意识到自己的严厉并没有令学生折服后,通过向名师请教、理论学习和深刻的自我反思,转变了管理班级的态度和做法,不但让小王转变了对班主任的看法和态度,也使班级面貌发生了很大的转变,出现了勃勃生机,学生精神焕发,再也不是一个个"机器人"。

班主任在管理创新上要想做到"严而有度",可以参照以下策略。

1. 从整体出发,树立"一盘棋"意识

班主任的管理创新工作要想抓好抓实,首先自身就要从班级整体出发,有"一盘棋"意识,要和学校的办学思想相统一,和学校的发展方向相统一;要服从学校的教育目标、教学计划、活动安排和各项教育管理措施。

班主任在维护班级利益的同时更要维护学校利益,因为家长首先选择的是学校,其次才是班级,唯有家长对学校信任了,才可能对班级信任。当家长对班级各科教师都非常信任时,才会对班主任工作更加信任和支持。

班主任要服从学校的各项安排,保证学校政令畅通,各项工作迅速、顺利进行,当好学校领导进行教导工作的得力助手和骨干力量,而不能我行我素,只为争夺优秀班级名誉而严格要求学生,只抓学业,忽视学生综合素质的培养,甚至置学校布置的德、体、美、劳等方面的任务于不顾。

2. 既要严格管理,也要有"法"可依

这里的"法",是指规章制度。班主任应带领班级学生制订详细的班级规章制度:让每位学生提出几条自己认为最有必要的班规,然后汇总、挑选、补充,制订出各项制度,如日常管理制度、值日生制度、作业检查制度、奖惩制度等。

让学生参与制订班规,可以提高他们的主人公意识、参与班级管理的意识。同时,由于班规是学生自己制订的,所以,当他们犯错误受到处罚时,他们也就无话可说。制订班规时,学生从自身角度出发,会提出一些意想不到的好的意见和建议,比如,不准歧视农村学生和身体残疾的学生,不准在班内拉帮结派、搞小集团,不准与社会上的黑恶势力有来往等。这些建议都

很有针对性,值得采纳。班主任可以利用班会时间组织学生进行讨论,让每一位学生都明白哪些做法是对的,哪些做法是错的;哪些是应该做的,哪些是可以做的,哪些是不应该做的。

有了班规,进行班级管理就有了依据,班主任也可以避免管理的盲目性、随意性。学生明白了班规,也意味着班级管理又向成功迈进了一步。

3. 既要严格管理,又要注重服务

班主任的服务意识,是指班主任既要为家长服务,又要为学生的健康成长服务。

著名教育家魏书生老师为了更好地服务学生,就在自己所带的班级专门选了一位学生来控制自己发怒,让他发现老师的脸色不好要发怒时,便及时提醒、劝告老师控制情绪、调整教学状态。

班主任的服务意识之所以重要,是因为它能产生极强的亲和力,而班主任平易近人的态度,更能赢得家长的尊敬,达到良好的沟通,进而促进对学生的综合管理。有亲和力的班主任才具有影响力,才能成为学校班级的一面旗帜,才能够领导班级的师生在宽松和谐的环境中创造班级的光明未来。

班主任忽视服务意识,只用强硬的态度发号施令,用冷冰冰的制度去严格管理,很可能导致与家长、学生甚至任课教师沟通不畅,形不成教育合力,致使人际关系变得紧张起来,也达不到预期的教育教学目标。

4. 既要坚持原则,又要注重协调

班主任在平常的管理中,针对学生的缺点或错误,要尽量大事化小,小事化了,而不应该扩大,更不应该随意发火,以显示班主任的威严。班主任的每一句批评、每一项处罚决定都要从《中学生守则》《中学生日常行为规范》、校纪、班规等出发,都要有根据。否则,学生就会不服气,进而会对班主任有成见,这样不利于班级的稳定。

班级管理需要方方面面的支持与协作,班主任应在坚持原则与协调的统一上寻找平衡点,力求在工作中做到游刃有余、左右逢源。

5. 既要严格管理,又要讲究技巧

班主任对学生严格要求,并不是要一味地严、越严越好,而要把握一定的分寸,掌握一定的方法。方法得当,会事半功倍;方法不得当,会事倍功半。例如，对犯错误的学生，班主任不要在公开场合严厉批评，要维护他们的自尊心。针对不同学生的不同性格、特点，班主任要采取灵活多样的方法：有的学生可以把他叫到教室外面，耐心指出其缺点、错误，促其改正；有的学生则要带到办公室进行严厉批评；有的学生需要和他推心置腹、促膝谈心。简单粗暴的言行、单一的处理方法只能使学生产生逆反心理，对班主任厌烦，甚至与班主任发生冲突，使班主任的工作陷入更加被动的境地。

6. 既要严格管理，又要理解学生

严归严，爱归爱。爱学生是教师职业之本。作为班主任，更要"爱满班级"，对学生要严中有爱、爱中有严。对学生的缺点、错误，班主任不应该姑息、纵容、迁就，因为对学生严格要求才是对他们真正的爱。同时，在教育过程中，班主任又要让学生时时刻刻都能感受到老师对他们的关心和爱护。学生明白了班主任的所做所为都是为他们着想，都是为他们好，就会"亲其师，信其道"。

班主任要理解学生的阶段心理、阶段行为，才能更好地用发展的眼光评价学生，用合理的方式引导学生，用积极的行动扶植有发展潜力的学生，也只有这样，才能让班级管理创新取得实效。班主任应该像园丁一样，既要给花木修枝、造型，又要给花木除草、浇水、施肥。

毋庸讳言，每位班主任都希望自己的学生听话懂事、品学兼优，但现实不能都尽如人意。因此，班主任要有换位思考意识，要设身处地为学生着想，理解学生的苦衷，允许学生存在缺点、错误，允许奇才、偏才、怪才、狂才的存在，而不能强求五指一般齐。

7. 既要严格管理，又要尊重学生

尊重是相互的。作为教师，特别是班主任应该给学生的成长引路，给学生的人生导向，而不是限制学生的发展空间，更不能给不服自己管教的学生或有某种缺陷的后进生"判死刑"。班主任应该多一些爱心，多一些对问题学生的理解、尊重与关怀，将学生的缺点当作财富而施教，因为它有可能使班主任成为教育家——用魏书生的话说，"没有任何一个教育家不是因为对问题学生的教育获得成功而成为真正的教育家的"。

班主任和学生的关系应该建立在彼此尊重的基础上。班主任只有走进学

生的情感世界，倾听每个学生的心声，做到与学生心灵与心灵的平等交流，真正了解学生的学习状况、家庭状况、思想动态等，才能避免管理上的盲目。如果班主任和学生之间达成了很好的默契，那就说明学生已经向班主任敞开了心扉，把班主任看作了自己知心的朋友，这时双方的交流就会出现"零距离"效果。

在交流时，班主任必须尊重学生的个性、身心特点和思想状况，尊重学生学习的权利，在教学中充分发挥学生的主动性和积极性，形成一种民主平等、团结互助的师生关系。正如英国著名教育家斯宾塞所说："野蛮产生野蛮，仁爱产生仁爱，这就是真理。"班主任要用尊重赢得尊重，用心灵去浇灌心灵，这样的不怒自威才会让整个班级形成强大的向心力和凝聚力。

（三）有的放矢，爱是关键

一位班主任在学习了德国教育家凯兴斯泰纳在《教育者的灵魂和教师的培养》一书中指出的"教育者的本性首先是对塑造个性的人的纯真的爱；其次是实践这种爱的能力"后认为，每位班主任只有用真挚、无私的爱去理解、关心、鼓励学生，把自己最真挚的爱献给教育、献给学生，才能实现"燃烧自己，照亮别人"的崇高人生价值，也才能在教师与学生之间架起一座沟通的桥梁，实现德育工作的良好创新。

十多年来，多次担任高三年级班主任工作的经历让这位班主任深刻意识到，对学生进行德育，如果只靠理论灌输或严厉批评，其结果不仅易使学生厌烦，而且极易使学生产生逆反心理，效果会适得其反。

那么，如何在新形势下开展德育工作呢？

经过多年的教学实践，这位班主任深刻认识到，通过理论上的引导、思想上的启迪、行动上的实践、情感上的交流，用学生喜闻乐见的形式，寓教于"爱"，德育工作就能达到事半功倍的效果。

在社会竞争日益激烈的今天，怎样才能在有限的时间里让学生尽可能获得更多的知识，怎样保证他们精神的健康，促进不同类型学生的全面发展，是每一位班主任都应该深思的问题。

本着"一花独放不是春，万紫千红春满园"的理念，这位班主任对优生、中等生以及后进生均倾注关爱，以爱育人，用心交流，以爱沟通，使不同类型的学生都获得了长足的进步。

班上有这样一位女生，高一、高二时成绩名列全年级前三名，到高三时她仍想保持这个优势，可事与愿违，几次月考下来，她的名次不升反降，于是失败的恐惧感明显地表露出来，她有时甚至会因为一件小事就与同桌吵闹起来，对整个班集体的团结产生了负面影响。

这位班主任认为，对优生的教育应做到"爱中有严"。虽然优生成绩好，有良好的道德品质、较强的组织观念和活动能力，但是，他们也并不是十全十美的。于是，这位班主任及时找到这位女生，在肯定她学习刻苦、勤奋等长处后，接着分析她考试失误的地方，引导她找原因。

在与她的交流中，这位班主任发现她总希望自己的学习永远拔尖，名次上升，而总担心被他人超过，她把名次的高低看作自己成功的标志，一旦失误，她就会怀疑自己的能力，心理负担很重，无名的焦虑让她总想发泄，于是不可避免地就会与其他同学发生碰撞，产生矛盾。

这位班主任在肯定这位女生的优点后，没有迁就、护短，而是严肃地指出了她的缺点："你不断追求上进，严格要求自己是对的，但心胸有些狭隘，缺乏应对竞争的良好心态。"

这位女生沉默着。

这位班主任又告诉她："在年级，在班级，竞争是不可避免的，但成功不会永远只属于你一个人。考试失利就沮丧，那你将来还怎么迎接更大的挫折和挑战？"

女生静静地看着班主任。

"尤其是你不应该把怨气撒到同学身上，那样不但会影响同学之间的关系，也会让自己的学习环境更加糟糕。在这样的环境中，你想想，你的学习成绩能提高吗？"

这个女生冷静下来，她主动向班主任袒露了她的心理状态，感谢老师的真诚引导，并找同桌承认错误，面对全班同学向同桌道歉，用自己的言行重塑了自己的良好形象。

班主任对优生既要倾注挚爱，又要严格要求，严爱相济，做到重用与教育、表扬与批评相结合，帮助他们发现自己的缺点和弱点，对保持其先进性，使优秀生更优秀有很好的促进作用。

在对待中等生的管理上,这位班主任的创新之举是"爱中有激"。

这位班主任认为,在一个班级的学生中,中等生往往占多数,他们不成熟、不稳定,成绩既不"冒尖"也不"落伍",平时不引人注目,处于"被遗忘的角落"。他们一方面渴望进步,另一方面进取心又不是很强。

对这些学生,这位班主任重点加强对他们的心理进行疏导,在他们身上多下功夫,尽量为他们"搭台",让他们"唱戏",用爱心及时"拉"他们一把,激发他们的上进心。

有这样一位艺体考生,从高一就立志考美院,他的术科很不错,可文化成绩平平,到高三下学期总是担心考不上,甚至准备放弃到考点参加术科考试的机会。

这位班主任及时对他进行了热情鼓励,消除他的重重顾虑,让他认识到,这正是他显现自己才能的时候,不应该犹豫,没有拼搏,就不要给自己下不行的结论,人只要经过努力拼搏就一定能实现自己的人生理想。

这位班主任不但用自己的爱心点燃了这名艺考生新的希望,还给他垫上钱,送他上车及时赶到了考点。

结果这个学生的术科考试合格了。返校后,班主任又与他制订了后两个月的复习计划,提出具体要求,明确奋斗目标。六月的高考,这位学生交上了一份满意的答卷。

当他打电话告诉班主任他被艺术院校录取这一喜讯时,班主任非常高兴。正是班主任的及时鼓励和帮助强化了其上进心,才使这个中等生有了显著进步,走向成功。

在对后进生的管理上,这位班主任的创新之举是"爱中有促"。

俗话说:十个指头也有长短。一个班级中难免存在一些后进生,他们学习成绩较差,怕苦畏难,心浮气躁,甚至对师长不够尊重,与同学不团结,常常受到老师和其他同学的排斥。但后进生也有自尊心,他们更需要关爱和温暖,因此,这位班主任认为,对这类学生,不断强化他们的自尊、自爱、自信、自强心理,帮助他们树立理想目标,努力向前,并对他们寄予厚望,让他们感觉肩上的重任,进而能有意识地约束自己、鞭策自己才是关键。

有这样一位男生,经常逃学去网吧、游戏厅玩。又是一个下午,他不在教室,晚自习又不见踪影,而他也最讨厌请家长到学校,曾出现拿钱随便请

第一章 班级管理创新
"软""硬"兼施,情理兼备

一位蹬三轮的师傅冒充家长的情况。

这位班主任想,如果此时自己仍要他请家长,效果肯定不佳,于是就转变了管理方式。这位班主任先在学生中了解情况,有学生反映说,这个男生生病去输液了。

于是这位班主任立即赶到医院住院部,从一楼一直找到五楼,又跑到急诊室、观察室去寻找,最后又不顾疲劳去城里的网吧、游戏厅一家一家地找,最后终于在一家网吧找到了这个学生。

面对惊愕的他,班主任只说了一句话:"跟我回教室吧!"在回校的路上,班主任没有板着面孔训斥学生,而是问他:"你不是生病了吗?现在好些了没有?"

他看班主任气喘吁吁的样子,对他不但没有一丝责备,而是关心地询问他的身体,很感动,惭愧地低下头,承认自己坐在教室里静不下来,学不进去,觉得升学无望。为了欺骗老师,他还在手上用针扎了一个小洞,以证明他输液了。

班主任抓住这个时机,趁热打铁对他说:"你能认错就是改正缺点的第一步,如果你能排除心里的杂念,安下心来学习,把旺盛的精力转移到学习上,你就大有希望!"

随后,班主任与科任老师配合,帮助这个学生解决他学习中遇到的问题,时时注意鼓励引导他,帮助他看到前景,点燃新的希望。在老师的帮扶下,这位男生最后终于顺利地考入了警专。

这位班主任认为,虽然后进生在班中所占的比例较小,但他们的社会活动能量大,影响面大。班主任要注重消除他们的对立情绪,做好他们的转化工作,并努力寻找后进生身上的闪光点,发现和肯定其优点与长处,用他们的长处克服短处,重新培养和树立他们的自尊心、荣誉感、进取心,使后进生不要继续"差"下去,才能让学校"不让一个学生掉队,人人成才"的教育理念落到实处。

"量体裁衣""对症下药"是两个道理浅显、通俗易懂却又耐人寻味的成语,同时也是班主任实现班级管理创新的两大法宝。上面案例中的这位班主任在针对不同学生进行创新管理方面,确实做出了很有意义的探索与实践,值得班主任们学习与借鉴。

教师要想真正了解学生，走进学生的内心世界是不容易的。教育家爱默生说过一句话：教育成功的秘密在于尊重学生。谁掌握了这把钥匙，谁将获得教育上巨大的成功。班主任的严格要求不仅仅是训斥，严格同样可以用温柔的方式去表达，可以用尊重、民主、平等、信任的方式来表达。以爱动其心，以言导其行，才是班级管理的重要手段，这是一条重要的教育原则。

班主任针对不同学生进行有效的创新管理的策略大致如下。

1. 以身作则，让自身具有广泛影响力

班主任的工作是在塑造学生的灵魂，班主任对创设良好的班集体、全面提高学生素质、陶冶学生情操、培养全面发展的人才具有举足轻重的地位和作用。

班主任在学生面前就是一面镜子、一本书。因此，班主任要用自身的人格魅力来引导、影响学生。

在工作实践中，凡要求学生做到的，班主任首先要带头做到：要求学生讲文明礼貌，自己首先做到尊重每一位学生，不挖苦、讽刺学生；教育学生热爱劳动，自己就和学生一起打扫教室、清洁卫生；教育学生搞好团结，自己首先做到和各位教师搞好团结、和学生交知心朋友；要求学生书写认真、工整，自己就要做到在板书时书写规范、认真，用自己的一言一行对学生进行无声的教育。

班主任是学生心目中的榜样，所以班主任要努力提高自身素质，树立职业道德，以高尚的道德风范去影响学生，当好学生健康成长的指导者和引路人。

2. 在堵与导的结合上创新

在实际管理工作中，由于受多种因素的影响，一些班主任采取"堵"的方式较多。采取"堵"的方式，能够减小学生犯各种错误的可能性，在一定的环境和条件下是必要的、有利的。但仅仅靠"堵"是不行的。过多地应用"堵"的方式，一方面，容易使学生成为工作的"对立面"，增加教育阻力；另一方面，从长远来看，这样做也不利于增强学生对一些不良因素的抵抗力与对社会的适应能力。少数班主任以不出乱子、不出事为目标，采用盯、吓、压、罚等方式管理班级，表面上班级平安无事，实际上潜藏的问题却

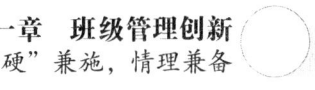

不少。

有效的策略应该是把"堵"与"导"有机结合,以"导"为主,以"导"为前提,进而努力让自己做到:多民主,少强制;多激励,少批评;多引导,少说教;多用情,少用气。

3. 构建和谐人文氛围,让学生感受公平、公正

班主任要努力营造一个和谐、宽松、民主、平等的学习氛围,让每个学生能轻松、愉快地学习,这样才能充分调动每个学生学习的积极性,对教师的批评教育能乐于接受。

就像上面案例中讲述的一样,每个班中都有优生,他们积极上进,对知识接受快,听话,深得教师好评。同样,每个班中也有不少调皮捣蛋、违反纪律、厌恶学习的学生。班主任对待这些不听话的学生,首先应进行思想教育,思想教育仍不改的,可以实行惩罚教育。但惩罚教育不等于体罚,更不是伤害,惩罚必须因人而异,要适度。惩罚后,班主任要选择恰当的时间和机会与受到惩罚的学生单独交换意见,让他们明白自己错在哪里,晓之以理,以理服人,让他们心悦诚服,解除隐藏在他们心底的抵触情绪。

4. 以诚相待

要想管理好班级,班主任就要了解学生,诚心与他们交朋友,用心去亲近每一颗幼小的心灵,做到心中有学生、心中想学生。

班主任要诚心与学生交朋友,和他们谈心。学生有缺点,批评时要尊重学生的人格和自尊心。同时,批评学生要因人而异,讲究时机、地点与方法,不夸大、不讽刺、不挖苦,要诚心诚意帮助学生改正缺点。

对学生提出的问题或要求,班主任不仅要站在自己的角度去分析,更重要的是站在学生的角度去考虑,多为学生出主意,让学生觉得教师是真心实意为他们着想。

班主任要和学生平等相处、以诚相见,做到如师如友、亦师亦友,不要高高在上,摆班主任的架子;要用心去观察了解学生,发现每个学生心灵深处的微妙变化;要经常深入到学生中去,做个热心人,及时了解学生的思想状况,对学生出现的问题要积极主动地去帮助解决。

5. 让每一位学生都能感受到爱

班主任应该用爱心去关爱每一位学生,特别是对后进生更要多付出。爱心可使枯木复苏,耐心可以修好"破罐"。班主任只要心中装着全体学生,用心去关爱每一位学生,就一定能够发现学生身上潜藏的智慧和创造力,就能挖掘出每一位学生的闪光点,通过因势利导、扬长避短、因材施教,使每一位学生都充分发挥自己的特长,取得尽可能多的进步。

第二章　班级文化创新

筑底蕴，擅引领

班级文化是班级内部形成的独特的价值观、共同思想、作风和行为准则的总和。它是班级的灵魂所在，是班级生存发展的动力和成功的关键。班级文化建设不仅可以为完成学校教育教学管理方面的任务创造良好的环境，更重要的是还能创建一个良好的学习氛围，充分调动学生的参与意识，发挥其主体作用，切实把素质教育落到实处。创新班级文化建设在学生个性发展中具有导向性、驱动性、规范性、渗透性、凝聚性、激励性。

第二章　班级文化创新
筑底蕴，擅引领

班主任找到宣传委员和两个爱好画画的学生，要他们想办法把教室后面的黑板布置得美观一些，以便迎接学校的"班级文化建设"检查，板报内容是班主任选好的"格言警句""学习感悟""我的梦想"，以及发生在班上的一些好人好事。

宣传委员和这两名同学出色地完成了任务，班主任很满意，也松了一口气，认为"班级文化建设"已经大功告成了。

班级文化建设与创新，绝不是像上面案例里的教师认为的，是临时抱佛脚，是面子工程，是办好黑板报、"文化角"，或在班级摆放几盆鲜花那样简单，它是关乎学生学业、班级班风、学生未来的大事，每位班主任都应高度重视。

更准确地说，班级文化建设甚至会影响、改变学生的成长方向，所以班级文化建设一定要秉承科学性、人文性、教育性和创新性原则，真正地为了教育、引导学生，为学生的终身发展服务。

班级文化是班级的灵魂，是校园文化的基石，也是形成班级凝聚力和良好班风的必备条件。班级文化建设是促进学生全面发展的重要组成部分，它在以班主任为指导、全班学生为主体、科任教师积极参与的过程中，通过班级精神的导向、班级物化的熏陶、班级制度的管理等要素的相互作用、相互渗透，对学生的心理素质、行为习惯、价值观念等的培养、形成起着重要作用；而班级文化建设的创新则将班级文化个性化作为主要目标，以人为本，尊重学生的主体地位，让学生主动参与，创设自我教育环境，启动学生持久的教育内需，培育学生良好的人文素养、思想道德修养和自主创新能力，这也是新课程理念下班级文化建设的需要。

班级文化建设的关键是创新性，因为每个班级都应该是独一无二的，每

个班级都有自己的特点，如何把握自己的特点是创新的关键。班级文化建设也不是一朝一夕的事情，需要一点一滴的积累，在潜移默化中形成一种独特的文化氛围。

传统的教育模式在育人方面较多地强调班级的管理职能，多以说教为主，树立的是班主任和各科教师的权威，对学生强调的是"听话才是好学生"，忽视了学生的个性发展和多方面的需求，继而造成一种现象，班级管理由班主任负责，班级建设只是班主任一个人的事。结果就造成了班主任在场的时候，各项工作能够井然有序地开展，而一旦避开班主任的视线，就可能会导致一片混乱。

导致这种结果的主要原因，是学生作为班级文化建设主体的作用没有充分地发挥出来。学生的发展不仅取决于班主任、教师有意要教给学生的东西，在更大程度上是取决于教育活动组织起来的对学生构成的一种氛围影响。

因此，在素质教育全面落实的形势下，班级文化建设不仅可以为完成学校教育教学管理方面的任务创造良好的环境，更重要的是还能创建良好的学习氛围，充分调动学生的参与意识，发挥其主体作用，切实把素质教育落到实处。

开展班级文化建设创新，旨在把班级建设提高到文化建设的高度，积极推进素质教育。但长期以来，受应试教育的影响，一些班主任教育教学工作均以升学为主要目标，班级管理也紧紧地围绕着这一中心，衡量一个班级的优劣主要是看这个班级学生的守纪程度和升学指标。但学生的学习是分为显性学习和隐性学习的。显性学习，即学生在教师的引导下，以教育目的为指导，按照规定好的教学计划有组织地开展学习。显性学习主要是在教师的指导下完成的。隐性学习也可以叫潜在学习，即学生在班级正式教育教学活动之外的学习。这种潜在的学习实际上是通过班级文化来体现的。在一个文化氛围浓郁的班级中，全体学生共同创造出来的班级文化能够给予学生最好的发展条件，使学生各方面的需求获得最大的满足，因而更有利于学生的全面发展。

第二章 班级文化创新
筑底蕴，擅引领

一、班主任班级文化创新概述

班级文化，是班级内部形成的独特的价值观、共同思想、作风和行为准则的总和。它是班级的灵魂所在，是班级生存发展的动力和成功的关键。

班级文化可分为硬文化和软文化两大板块。硬文化是指班级文化建设中的物质文化，也可以叫作环境文化；软文化是指班级文化建设中的制度文化和精神文化。

真正的班级文化建设的目标，不仅仅是漂亮的教室环境，最重要的是从人文的角度实施班级管理，用班级文化的氛围来熏染学生，帮助学生走出误区，改变习惯，最终使学生在"无意识"中养成一定的人文素养，超越、完善自我，铸造人格精神。

班级特色文化具有一种无形的教育力量，它是学生受教育最直接、最重要的影响源之一，在很大程度上影响和决定着学生素质的发展。

班级是学生个性发展的基本环境，班级文化是学生个性发展的重要源泉，学生个性的发展是在班级文化背景下的活动和交往中实现的。因此，创新班级文化，建设有特色的班级文化，对学生个性的形成和发展具有重要的理论价值和实践意义。

培养有独特个性的全面发展的人是当代世界各国教育改革的共同价值取向，是在教育现状和实践、反思的基础上做出的抉择，是社会发展对教育要求的现实反映。

而过去一些班主任在班级管理中，只重集体忽视个体、只重共性忽视个性、只重理智忽视情感的做法压抑了学生个性的发展。因此，重视特色班级文化建设，促进学生个性全面和谐发展，就成为学校班级教育管理的主要内容。

创新班级文化建设在学生个性发展中具有导向性。班级文化不仅影响学生个体的行为，也影响班集体的行为，而且引导着班级发展的方向。积极的班级文化能够让班级学生意识到自己对班级应尽的义务和责任，感受到集体的要求和期待。比如，一个原来品质较差的学生，加入一个生机勃勃、奋发

向上的班级里,班主任对他并没有采取特殊的教育措施,他的散漫言行却逐步有所收敛并渐渐改正,跟上了集体的步伐,这就是班级文化导向性在起作用。

创新班级文化建设在学生个性发展中具有驱动性。积极的班级文化能够形成催人向上的心理氛围,成为班级和学生发展的驱动力,能够促使学生孕育信心、追求成功、乐于交往,使学生充分感受到集体的力量、集体的希望,产生强烈的责任感和集体荣誉感,更加明确作为集体的一分子对集体的责任和义务,激发学生为了集体的荣誉尽自己最大的努力的强烈愿望。

创新班级文化建设在学生个性发展中具有规范性。班级文化代表大多数班级成员的价值取向,对的行为具有规范效应,起着调控作用,影响学生的行为模式。积极的班级文化能够激励和强化学生的积极行为,调节和控制班级学生的偏离行为,把学生的行为引向班级规范的轨道上来。如很多班级通过引导学生制订和完善班级的各项规章制度,并认真监督执行,使学生的行为有章可循、有法可依,形成遵章守法、按章办事的良好舆论环境。

创新班级文化建设在学生个性发展中具有渗透性。班级文化对德育的影响不同于灌输,它把思想教育寓于各种具体可感的情境中,在影响方式上就具有一种潜移默化的渗透性。良好的班风、丰富的文化生活、优美的班级环境,使学生像海绵吸水一样浸润其中,它的感染力像潜流,持久地影响学生的日常思想行为,促进学生个性发展。

创新班级文化建设在学生个性发展中具有凝聚性。良好的班级文化像一块磁铁,学生通过班级和谐的心理氛围和良好的人际交往得到鞭策和鼓舞,强化道德认同感,增加集体组织的强度。

创新班级文化建设在学生个性发展中具有激励性。班级文化倡导正确的价值取向、健康的审美情趣、优秀的人格品质,形成一种催人向上的教育情境,无疑会激励学生努力进取、奋发学习、热爱生活、珍惜光阴。

班级文化建设不是其他文化的移植,也不是其他文化的翻版,班级文化是班级的主体——学生在活动和交往过程中逐步形成发展起来的。

班级文化建设要形成自己的特色,必须立足于学校的个性、教师的个性和学生的个性。

首先,要立足于学校的个性。就是要充分借助学校优良的传统校风、学

第二章 班级文化创新

筑底蕴，擅引领

风来建设班级文化。

其次，要立足于教师的个性。教师的个性品质必然影响着班级文化的建设，教师的某种独特的气质、特殊的才能、专长和爱好，都可以成为培养学生特殊才能和丰富学生精神生活的重要资源。所以，班主任要善于利用自己的优势和特点，来建设班级文化。

再次，要立足于学生的个性。班级文化的建设必然要以学生的实际为出发点，才能找到班级文化建设的起点和基础。班主任要善于分析班级学生的特点，如班级学生共同的兴趣爱好、心理倾向、特殊才能等，使其成为班级特色文化成长的土壤。

（一）班主任班级文化创新的重要意义

班级文化建设是校园文化建设的重要组成部分，它以生动活泼的形式、积极健康的主题，滋润着师生的心田，熏陶着师生的心灵。积极创建富有个性特点的班级文化，构建师生共同的精神乐园，应该成为每位班主任的执着追求。

班主任应该意识到，班级文化创新是一门潜在的课程，它往往起着"随风潜入夜，润物细无声"的作用，所以应积极构建健康文明、富有特色的班级文化，并用它丰富的文化内涵满足学生发展的内在需求，使班级充满浓浓的文化气息与特色氛围，并进一步以特色班级文化建设提升校园文化品味，构建优秀的学校文化，凸显学校特色。

班主任进行班级文化创新的重要意义表现在以下几个方面。

1. 有利于提升学生生活质量

学生在校生活的时空主要是在班里，班级生活的环境直接影响着学生在校的生活质量。高品位的班级物质文化对学生具有潜移默化的教育影响力和感染力。

班主任精心构建的班级物质文化会让教室的每面墙壁、每个角落都富有诗情画意，就如苏霍姆林斯基所言："无论是种植花草树木，还是悬挂图片标语，或是办墙报，我们都将从审美的角度深入规划，以便挖掘出潜移默化的育人功能。"

班主任通过班级环境文化的建设，让每个学生置身于深厚的、具有个性化的班级文化氛围中，会使学生获得生活质量的提升，产生精神上的振奋，进而从中不断吸取丰富的营养，积淀文化的底蕴。

2. 有利于学生形成健全的人格，为个体的自我完善奠基

人格既包含人的性格、气质、能力，也指个人的道德品质。人格是从文化中获得的，不同的文化会形成不同的人格，而班级文化是学生健全人格形成的直接的文化环境。人的发展是在对自我的不断认识中完成的。一个人成熟的重要标志就是能够对自己有明确的认识，这是人生过程中的一个质的飞跃。

学生正处在自我认识的重要转变时期，他们的自我发现不可能通过自身来完成，需要借助于他人作为参照，只有在与他人的相处和交往中才会最终完成这个过程。良好的班级文化一旦形成，必将为全体学生所共同遵守。在班级文化形成的过程中，必然出现一些典型化的人格（榜样），这种典型化的人格将会成为学生塑造自我的范例，从而促使他们规范自己的行为，养成良好的习惯，为他们走向自我约束、自我管理和自我完善奠定基础。

3. 群体文化有利于学生群体发展

班级文化作为一种群体文化，是由教师和全体学生共同创造出来的。班级文化又是一种丰富多彩的文化，它的表现形式多种多样。一个班级是由同一年龄段不同志趣的学生组成的，有的学生学习成绩优秀，有的学生爱好体育活动，有的学生唱歌方面有特长，有的学生擅长绘画，特别是少数学习成绩不太好的学生，他们的爱好比成绩优秀的学生往往要广泛得多。他们也有追求成功的欲望，但在学习上他们不如那些成绩优秀的学生，因此，这种追求成功的欲望通过学习成绩就很难体现出来。

而班级文化建设则可以为每个学生的发展提供舞台。在丰富多彩的活动中开展班级文化建设，可以为拥有不同特长的学生提供发挥各自才能的场所。活动中，学生的各种特长都得到了充分的发挥，学生也因此寻找到自己为班级做贡献的途径，体验到为班级做出贡献后的喜悦，而这种喜悦又可以转化成激励学生进一步提高自己的动力，从而促进学生群体的共同发展。

4. 有利于学生学会自我管理

在班级管理中，只依靠规章制度约束被管理者是不可能面面俱到的，甚至还会遭到学生的抵触,收效甚微。比如,班级里可以规定不要迟到,不能旷课,上课期间不能玩手机,等等,但总有制度规定不到的地方,因为班级管理的细节实在太多,难免出现制度的"盲点",那么要如何约束这些"盲点"呢?这就要靠班级文化去约束。如果一个班级倡导文明、讲究礼貌,那么即使制度中没规定上课期间进教室要先敲门,学生上课时进班级也会敲门的,否则的话就是不懂礼貌,会受到文化氛围的谴责,会感到不好意思。这就是文化的管理作用。

5. 有利于建立健全规章制度,构建班级制度文化

没有规矩,不成方圆。科学、民主、健全的班级规章制度,对学生良好行为习惯的形成以及主人翁精神、民主意识的培养有巨大的促进作用。一个优秀的班集体,必有一套运行良好的班级规章制度。在建设班级制度文化的过程中,首先要从学生的需要出发,让他们认识到制定各种规范的目的不是管住他们,而是保证班级所有成员的利益——秩序、公平、好习惯、高效率。其次要体现民主。在制定班规前,先组织学习学校制定的有关规章制度,并引导学生分析本班实际,找出该班的特点、长处、不足,让学生尽情讨论,充分发扬民主,通过讨论制定出符合班级实际、体现班级个性特色的规章制度,从而为全班学生提供符合班级群体利益,自觉约束自己而又互相督促他人的言行指南。

6. 有利于形成凝聚力

凝聚力就是把东西聚合在一起产生的力量。班级文化是一种理想的黏合剂,能使学生彼此合作、同心协力、和衷共济;能减少学生之间的摩擦和内耗,增强其内部的凝聚力。特别是在关键时候或遇到重大困难时,能促使学生挺身而出,为了班级的整体利益而不惜牺牲个人的利益。不会出现"临阵脱逃"的情况,不会发生"我不干了"的事情,不会形成"无人问津"的局面,这都得益于班级文化的魅力。没有班级文化,一个班级必是一盘散沙,没有凝聚力和向心力,学生生活在这样的集体当中就缺乏归属感和"主人翁"感。班级内部的凝聚力是由班级文化氛围营造的,当学生高兴时,班级和他分享快乐;当学生不开心时,班级为他分担痛苦,及时为他送上关怀和帮助,这样就会大大增强班级的凝聚力。

(二)班主任班级文化创新的基本内容

班级文化创新除了班级形象、班级精神、班级凝聚力、班级目标、班级制度、团队意识、班级文化活动等主要内容外,还包括以下一些内容。

1. 班级环境文化建设创新

教室环境是班级形象的标志之一。美化教室环境,既建设了良好的班级形象,也可以用优美的环境陶冶人。心理学研究证明,自然环境、社会现实会对人的心理产生巨大影响。优美的教室环境能给学生增添生活和学习的乐趣,消除学习的疲劳。更重要的是,优美的学习环境有助于激发学生热爱班级、热爱学校的情感,促使学生奋发向上,增强班级的凝聚力。因此,班主任应力求在这方面有所创新。

(1)注重教室的净化。

教室卫生是班级的窗口,是文明的标志。要保持干净的教室环境,需要培养学生良好的卫生习惯,制订严格的卫生制度,要求人人参与,并加强检查和监督,以保持教室的清洁和美观。

(2)注重教室的绿化。

绿色象征青春和活力,代表着希望。在教室的前面和后面摆放一些绿色的植物,如盆景、花草等,让教室充满绿色,充满青春的气息。

(3)注重教室的美化。

发动学生精心设计、巧妙布置,使教室变得和谐、高雅。教室布置包括班级发展目标(可贴于教室显眼的地方,如黑板右上方)、班级文化宣传内容(板报、班训、名人名言、学习园地等,可分别布置于教室的不同地方)。

2. 班级制度文化建设创新

班级制度文化建设主要以《中学生日常行为规范》和学校的相关制度为依据,同时根据班级实际,体现班级特色。班级制度文化建设是形成良好班风的必要条件,班主任要充分重视。制订和实施制度应从以下四个方面加以注意。

(1)抓好开头。

"好的开始等于成功了一半。"新生入校之际、班级成立之初都是制度建设的好时机。学生刚入校门，班主任就要做好入校教育，让每一位学生了解规范，重视行为规范的落实，同时制订班级的规章制度。

(2) 重视学生意见。

学校教育的主体是学生，学生是班级的主人，所以在班级制度文化建设过程中，班主任要充分尊重学生的意见。班级制度可以通过学生讨论、班委修改，最后由全班学生投票的方式来制订。这样制订出来的制度才会得到学生的认可，才会有生命力和实效性。

(3) 制度的实施要持之以恒。

制度的执行一定要长期坚持，不能朝令夕改，更不能只制订不执行。要长期坚持，要注重落实。

(4) 制度的实施要公开、公平、公正。

班级制度是针对全体学生的，不能因为某些学生成绩好或者教师偏爱某个学生，就对这个学生的问题回避或从轻处理。制度从制订之日起，一定要保证规章制度实施的公开、公平、公正。

3. 班级精神文化建设创新

班级精神文化属于观念形态层，是班级文化的核心内容，包括班级精神、班级凝聚力、团队意识、班级文化活动等内容。这些内容反映价值观、人生观深层次的文化。

(1) 注重班级精神的培养。

一个班级要有班魂，也就是班级精神。这种精神班主任在班级成立之初就要有意识地培养，逐步让学生理解、接受，根植在全体学生的心里，并引导学生在实践中慢慢培养并形成。

(2) 注重班级凝聚力的培养。

班级凝聚力是在多种因素的共同作用下形成的。其中，最能调动一个班级学生情感的，最能体现班级凝聚力的，莫过于一年一次的校运会。在校运会期间，班主任应尽可能地动员每一位学生参加，同时把没机会参加运动会的学生组成宣传组、后勤服务组、卫生清洁组、安全保卫组，让每位学生都参与到校运会中去，让他们懂得每一个人都应为班集体的荣耀出一分力，争取在每次运动会中，让班级的各项活动在紧张而又有序的气氛下进行，这样既有利于班级学生取得良好的运动成绩，又能增强班级的凝聚力。

(3) 注重班级活动的开展。

学生的能力是在活动中得到培养和锻炼的。班级活动是班级文化建设的有效途径之一。班级活动一般可分为两类：一类是学校组织的活动，如军训、运动会、艺术周等。这类活动规模大、影响深，对于形成健康向上、团结进取的班级团队精神能起很大作用。鉴于此，在活动过程中，班主任要培养学生吃苦耐劳的精神和团队意识，鼓励学生积极对待校运会，培养班级凝聚力，认真组织学生参与艺术节，培养学生的集体荣誉感。另一类是班级内部的活动，如班会、辩论会、演讲会、兴趣小组等。这些活动内容广泛、形式多样，能对学生的思想观念起到潜移默化的作用。

(4) 优化人际关系。

构建和谐的人际关系对精神文化建设有着重要意义。班级里有两种非常重要的人际关系要处理好，即生生关系和师生关系。

班主任要处理好生生关系，包括以下内容：提倡助人为乐；心中有他人；看人要先看别人的优点和长处；正视自己的缺点和不足；培养学生的幽默感；要有团队意识和合作精神。

班主任要处理好师生关系，则要注意以下几个问题：教师要热爱学生；教师要提高自身素养和人格魅力，让学生喜欢自己；教师应通过自己的言行树立威信；教师要培养民主作风；教师要了解学生的心理特点，用发展的眼光看待学生；教师对学生不要抱成见和偏见，公平对待全体学生；当与学生发生冲突时，要善于理解学生。

(三) 个别班主任班级文化创新不到位的原因

尽管个别班主任清楚班级文化建设能够塑造良好的班级氛围，构建起和谐班级，并能熏陶、影响、改造学生，形成一种较固定的班级集体模式，产生良好班风、学风，但因种种原因，在班级文化建设中出现实施不到位的现象，具体原因大致如下。

1. 没有文化意识，在思想上不重视

思想是行动的指南，有什么样的思想，就有什么样的行动。建设班级文化创新的前提是要求班主任要有文化意识，要充分认识到班级文化的重要作用。如果没有文化意识，思想上认为文化无足轻重，那么班级文化创新就无从谈起，就不可能建设良好的班级文化。

过去，在一些班主任的意识里，一个班级的声誉如何，社会与家长看的是这个班级的升学率如何。学校评价班主任用的也是这个标准。在这样的思想认识和这种急功近利的做事原则下，有些班主任在乎的只是班级在考核中会不会丢分，至于学生，只要不惹事就好，只要学习好就对得起家长、学校，至于班级文化创新则是可有可无的。

2. 把班级文化建设等同于班级环境建设

班级文化建设是班级环境建设与人文精神培养的总和，两者缺一不可，否则班级文化建设就会流于表面化、形式化。

有的班主任习惯于将创新班级文化和"装饰教室"混为一谈，认为创新班级文化，其着力点应该集中于将教室打扫干净、窗户擦干净，重新出一期板报，重新装饰书法角。但实际上，这只是单纯从硬文化角度来做的，只是次要的东西，真正主要的软文化方面的精神建设、个人特性培养没有触及，往往只能达到"治标不治本"的作用，不可取。

班级环境建设仅是班级文化建设的一部分，是班级文化建设的外围特征，就如同一个人的文化素养与他的衣着爱好一样不能等同。如果班级文化建设只是停留在在班级内贴上条幅、字画和醒目的标语口号，为教室特意设置的鲜花盆景上，虽然这些也增添了班级的典雅与舒心，但却没有把环境的美化与陶冶学生情操有机结合起来，是远远不够的。

3. 缺乏耐心，急于求成

班级文化是班级全体学生在长期的学习生活中形成的。学生刚入校，他们来自不同的家庭，性格各异，生活习惯各不相同，思维方式也不一样，要在一个集体中学习生活配合得好，在短时间内是难以办到的。

而个别班主任缺乏耐心，希望学生今天入校，明天或后天这个班级就会形成班级文化，这当然是不可能的。班级文化建设与创新要一步一个脚印，按照由表及里、由外到内，循序渐进地进行。先把表层文化建好，再考虑中层文化，最后深层文化。至于深层文化，就更要慢慢来了：一个班级的班风要经过一个学期甚至一个学年才能定型，一个班级的考风要经过数次考试才

能显现，一个班级的班风要经过长期的碰撞磨合才能定格。即使班级文化形成了，也需要与时俱进，常抓不懈。所以，一些班主任想要一蹴而就，毕其功于一役的想法是不现实、不可取的。

4. 班主任置身事外，不注重参与

对于班级文化创新，班主任不能只制订一些方案和措施就行了。班主任、教师也是班级的一分子，也是主人，因此必须参加到建设中去，身体力行。这不单是班主任的责任，更是每一位科任教师也必须承担起的相应的责任。如果没有了教师的参与，学生的积极性必然会受到打击，也会产生一种消极的态度。在现实中，一些班主任缺乏参与的积极性，往往将自己置身世外，当甩手掌柜，认为任何的文化目标都必须由学生来建设和实施，这种认识不利于班级文化创新。

5. 缺乏落实措施

个别班主任认为，班级文化是自然而然就可以形成的，不需要任何的方法和措施就可以实现的。"无为而治"是管理的一种最高境界，然而要做到这一点，就必须要先有所作为。一种精神的存在，并不是自然而然地自生自灭的，它需要创设机会和提供生存的空间，然后把经验和意识进行提炼形成共识，最后要通过宣传来倡导和发扬。

如果班主任缺乏有效的实施举措，那么，很可能就会造成班级文化创新变成一纸空文，没有任何实际意义。

二、班主任班级文化创新案例及养成策略

（一）精心培育精神文化，优化学生班级意识

案例一

著名教育家魏书生老师的班级管理有着其独特的管理理念，也有围绕这些管理理念的有机运作体系，即魏书生班级管理模式。这种模式不仅非常成功，而且在一届又一届的学生中传承，形成了一种比较独特的班级文化。

第二章　班级文化创新

筑底蕴，擅引领

魏老师的班级文化分为理念文化、行为文化和物质文化三个层面。

一、理念文化

魏老师的理念文化包含以下一些内容。

1. 班级目标

在10多年的班级管理实践中，魏老师一直认为，不能把学生当作没有理想、没有情感的受管理者，他们本身是有理想、有意志、有情感的主动发展的个体。在魏老师主导的班级文化中，培养的是主动发展的学生，这是他班级管理思想的核心，也是他着力打造班级文化的主要目标。

2. 班级价值观

魏老师的班级价值观主要有以下要素。

（1）学生主体观。

魏老师一贯主张，要培养主动发展的学生就应把学生放在主体地位上。因此，不论是语文教学还是班级管理，他都强调学生的主体地位。在教学中他时时处处都以"将学生培育成语文学习的主人"为指针。在班级管理中，他坚持"干部能做的事，老师不做；普通同学能做的事，干部不做"的原则。作为班主任，他扮演的是顾问、教练和导演的角色。

（2）教师服务观。

为了保障学生的主体地位，魏老师在师生关系上反对班主任的个人中心意识，反对班主任把自己摆在保姆、警察或监工的位置。他主张教师应为学生服务，做学生的公仆。

（3）学生助手观。

魏老师经常给人题字："坚信每位学生的心灵深处都有你的助手，你也是每位学生的助手。"这是魏老师10多年班级管理生涯中始终不渝的信念。把学生放在助手或副班主任的地位，不但有利于真正树立学生的主体地位，也有利于调动学生自我管理的积极性。这样，学生就不再单纯是班级管理的对象，而且还是班级管理的主体。

（4）主动发展观。

在学生发展问题上，魏老师不仅确立了培养主动发展的学生的班级目标，而且在教书育人的具体实践中坚持了"学生是主动发展的个体"的信念。他主张"用孩子心灵深处的能源，去照亮孩子的精神世界，显然是最节

省能源的做法"。这种观念使魏老师在班级管理中形成了先育人后管理的传统，学生有了正确的认识之后，学习上就会主动起来，这对班主任而言则是其管理工作的水到渠成。

3. 班级管理宗旨

"民主与科学"是魏老师班级管理的宗旨，是贯穿其著作始终的教育管理思想。魏老师认为，民主管理就是要实现学生一定程度的思想解放与个性自由，确立学生的主体地位，为学生主动发展创造条件，这实际上就是"以德治班"，是魏老师的班级价值观的直接体现。科学管理的内涵是十分丰富的，在魏老师班级管理模式中主要是指制度、计划、规定等方面的管理，强调的是责任与义务，也就是所谓的"以法治班"。"德治"与"法治"是有机统一的，都是在班级价值观影响下为实现班级目标服务的。

二、行为文化

魏老师班级管理模式中的班级行为文化主要体现在一些多年沿用的传统活动项目上，例如，以"治病救人周"为代表的特色活动周、让学生放声高呼"我能成功"的精神充电、课前一支歌、以"选举闲话能手"为代表的周选举活动、以"高效学习日"为代表的提高学习效益的活动，等等。这些活动在魏老师所带的一届又一届班级中传承，也在教育界众多的班主任中传播。

三、物质文化

魏老师班级管理模式中的物质文化主要有以下内容。班级要做到"八有"——教室里要有花、鱼、窗帘、纸篓、痰盂及洗手、饮水、理发用具。这八种备用品由学生捐献或班级收费购买，并且有专人管理，这样不仅可以方便学生、美化环境、陶冶情操，而且可以在自主管理中强化学生的集体主义观念；班级日报——由学生按学号轮流办，内容要反映本班的学习生活状况；有三部分内容的座右铭——让学生在自制的五面体上贴上自己最崇拜的人的名字或相片、自己要追赶的同学的名字和针对自己思想弱点写的一句医治这一弱点的格言；每天点亮一盏思想的明灯——每天在黑板的右上角针对班级现状抄上一条富有教育意义的格言。与行为文化一样，这些物质文化元素的存在本身就体现了"民主与科学"的管理宗旨，更是魏老师班级价值观的体现，它们最主要的特征是在视觉层面对班级理念文化进行了强化。

第二章 班级文化创新
筑底蕴，擅引领

魏老师通过上面一系列的精神文化培育，让学生对班级有了更真切的感悟，对学生而言，班级不再是一个空洞的概念，而是对班级产生了强烈的归属感、认同感，并在心里激发出想要为班级增光的欲望。这样的精神文化养育，是融进学生心灵的，也就更加富有魅力。

案例二

著名教育家李镇西老师的班级文化，旨在通过精心打磨班级文化的细节，优化学生健康向上的心理素质。他是从以下几个方面着手抓起的。

一、精心挑选班名，确立"未来班"

这是在"方志敏班""海迪班""希望班""奋飞班""雄鹰班"等几十个班名中，请学生反复比较讨论后选定的。最初这个班名的基本含义是：我们是祖国未来的栋梁。后来，邓小平同志"三个面向"的题词发表后，他们的班名又增添了新的含义：面向未来，全面发展。

二、严谨对待班训，把它定位在"正直、团结、勤奋、创造"

他们把"正直"放在首位，因为这是做人最起码的道德品格；"团结"是对整个班集体的基本要求而言，他们希望班集体充满真诚和睦、互相友爱的温暖；学生的主要任务是学习，因此"勤奋"是必不可少的；在学习知识的同时，还应面向未来，培养多种能力，于是，学生在班训中明确写上"创造"。

三、集思广益设计班徽

他们的班徽由红日（上半圆）、大海（下半圆）和中间的"V"形图案构成。

上半部的红日，象征着可爱的祖国如日初升，充满生机；下半部的大海，既象征着知识的海洋，又隐喻宽广的胸怀；中间的"V"图案，既像凌空的海燕，象征着他们沐浴着祖国的阳光，在知识海洋上，在人生的风浪中展翅翱翔、英勇搏击，又像打开的书本，象征着他们对科学不懈地追求，也像乍绽的幼芽，象征着他们朝气蓬勃的生命力，还像英语 victory（胜利）的第一个字母 V，象征着未来的胜利一定属于他们。

班徽图案由朱红色（红日）、蔚蓝色（大海）和金黄色（V）组成。红、黄、蓝是三原色，可以调和成无数其他色彩，这象征着他们现在学的知识虽然有限，但只要掌握了扎实的基础知识，培养了多种能力，那么，今后他们所获得的知识、创造的财富将是无限的。

整个班徽呈圆形，象征着全班同学的真诚团结。班徽下半部为 W、L、

B 三个字母,这是"未来班"的汉语拼音缩写。

四、庄重设计、制作班旗

红日海燕旗把班徽图案经过简化(保留红日和海燕的轮廓),用金黄色的丝绸织在鲜红的旗帜上,便成了"未来班"的班旗。

五、请名家谱写班歌,让学生《唱着歌儿向未来》

歌词由全班同学集体创作,李老师修改定稿后,寄往北京中央歌舞团,请著名作曲家谷建芬老师谱曲。谷建芬老师收到歌词后又请她的老搭档、著名词作家王健老师修改,最后为"未来班"谱写了班歌《唱着歌儿向未来》。歌词如下:

蓝天高,雁飞来,青青松树排成排,我们携手又并肩,唱着歌儿向未来。同学们团结多友爱,畅游在知识的大海,园丁辛勤来灌溉,理想之花校园里开。

蓝天高,雁飞来,青青松树排成排,我们携手又并肩,唱着歌儿向未来。先辈对我们在期待,人民盼我们快成才,先烈战旗接在手,体魄强健身体壮,要做奋发的新一代。

蓝天高,雁飞来,青青松树排成排,我们携手又并肩,唱着歌儿向未来。比高山,比大海,比不上我们对祖国的爱,历史的火把接在手,唱着歌儿向未来。

李老师通过打造班级文化的细节,给学生注入了精神的正能量,从看似不起眼的小事情上,让学生切实感受到了班级文化创新的强大魅力,也为提升他们的班集体意识,打下了坚实的基础。

上面案例里的魏书生老师和李镇西老师都是当代名师,但从他们打造班级文化的实例里,却看不到有什么"绝招儿""妙招儿",他们都是从最根本的精神文化抓起,做好为学生终生发展的筑基工作,都是通过细节的精心雕琢,为学生提供不可或缺的精神食粮。

富有个性的班级文化创新能使一个班级形成良好的学风、班风,使班主任、教师的教育教学活动达到事半功倍的效果,也能使整个班级充满朝气,对学生的智能发展、人文品格的塑造起到推波助澜的作用,也会给学生提供丰富的精神食粮,它会连同校园文化一起为学生的成长增添强劲的动力。

班级是学校的细胞,是学校开展教育活动的最基本、最稳定的基层组

第二章 班级文化创新

筑底蕴，擅引领

织，也是学生在校进行学习生活的基层集体。班集体有极大的教育功能，是学校教育的最主要的凭借。因此，班主任在转变教师观与学生观的同时，还应深入研究如何构建符合新课改精神的、能切实实现新课改培养目标的新型的班级文化，充分发挥班集体的教育功能。

班主任打造班级精神文化的具体策略大致如下。

1. 做好班级精神文化建设的基础工作

就像植物生长需要土壤一样，班级精神文化的根植也需要班主任打造一个良好的基础。对此，班主任应先做好以下工作。

（1）提出班级精神文化目标。

一个合理科学的精神文化奋斗目标可以激励学生有所追求、有所向往，并且可以督促学生产生持久的、积极的热情，产生不断进取的意志、行动。

在确立创新班级精神文化的奋斗目标时，班主任要充分发挥民主，听取每位学生的意见，按大多数学生的愿望设立这个目标。因为有自己的参与、自己的意见，所以这个目标更吸引学生。在综合了学生的意见后，班级制订的精神文化目标才容易被学生接受。

（2）创设班内良好人际氛围。

现在的学生大多数是独生子女，娇气、霸道，不愿与人交往，也不会与人交往。在班内形成一个民主、平等、融洽的师生和生生交往的环境，必然能使每一个学生心情舒畅、愉快，也有利于他们积极投入班级精神文化建设中，使班集体具有很强的凝聚力。

学生的思想单纯，班主任常常是学生心中的偶像，班主任的思想品德、学识、言谈举止都给学生造成了极深的影响。但是学生又往往鉴于班主任的威严，而不敢与班主任平等交流，但"亲其师，信其道"，班主任只要与学生亲近了，他们就会愿意接受班主任的精神引导、批评教育。而班内形成一种相互关心、相互帮助、团结友爱的同学情，也会大大加强班级的凝聚力。

2. 完成班级精神从班主任精神到学生精神的转变

班主任的角色定位为学校委派来管理好班级的教师，在学生个体的归属中，他们通常也自觉称呼自己是"某某班主任老师班的"。在这种传统的班级文化环境下，班主任负责订立班级规章制度、组织班集体各种活动和协调班级多种教育力量等，都是顺理成章的。在这种教育情境下，班级是班主任的班级，班主任的班级管理严格体现学校及其上级教育行政主管部门的意志和要求，班主任手持学校制订好的"模子"来统一规范锻铸班级的学生，往往容易造成班级缺乏个性文化，因为学校几乎所有的班级文化都是一样的，学生的个性无法得以张扬。

学生才是教育的主体，班级的主人是学生，学生是班级工作的中心和班级角色的中心，而班主任是班级工作的引导者和服务者。作为引导者，班主任首先是代表学校履行监护人的角色，有责任引导学生建设好班集体，引导学生向善、求真、尚美。作为服务者，班主任应尽可能真正了解每一个学生的需求，为学生的学习、生活服务，为学生的健康成长提供最优质的服务。

因此，班级确立的精神文化要从班主任精神向学生精神转变，还学生主体地位，确立他们是发展的人和有独立意识的独特的人。在确立班级精神文化的时候，班主任应首先围绕这一前提，从学生的实际出发，征询学生的意愿，以便让班级精神文化更能被学生认同、接纳和身体力行。

3. 班级精神文化的落实，要完成从教导灌输到引导生成的转变

班级精神文化确立后，关键就在于如何实施，以便让它成为被学生普遍认同的价值理念。

在旧的教育理念中，一些班主任习惯用教育行政的规章制度来统一规范各个班级，认为学生是教育者注入德育、智育的容器，教师只要对全体学生进行教导灌输，就完成了德育、智育的任务，而忽略了讲台底下是一个个活生生的、富有个性的生命。

因此，班主任要在引导上进行创新，因为相对于教导隐含着的武断性、机械性、强制性而言，引导则体现了教育的人性化追求，只有在充分了解学生的个性、充分尊重学生的人格的基础上才谈得上有效的引导。有了引导作前提，才能生长出积极健康、独具个性魅力的丰富多彩的班级精神文化。

（二）营造自律氛围，完成"人治"到"自治"的转变

案例一

山东省寿光世纪学校的郑立平老师认为，为学生营造一个和谐、向上的

第二章　班级文化创新
筑底蕴，擅引领

班级文化环境，无论是对一个家庭，还是一个班级、一所学校，都至关重要，它可以使班级管理完成从"人治"到"法治"再到"自治"的转变过程，而"自治"是班级管理的最高境界，其核心力量就是班级文化的有效实施。

郑老师说："班主任的主要工作是以下三点：思维的历练、情感的体验、精神的培养。而这些目标的达成，仅凭知识的传授、管理的说教是远远不够的。还需要什么？那就是文化，用文来育人、化人，寻求一种思想上的共鸣和碰撞，从而改变学生的精神实质，再由精神上升到行动。"

郑老师把班级文化概括为班级成员认可且充分体现于其思想、行动、言论的价值取向、思想导向、行为准则和公共舆论的总和。

郑老师把班级文化视为隐形的课程资源，班级文化建设对引导学生形成正确的价值观，培养学生高雅的志趣和良好的生活学习习惯，具有强大的教育作用。班级文化是班级的一种风尚，一种文化传统，一种行为方式，它自觉或不自觉地通过一定的形式融汇到班级全体学生的学习、生活的各个方面中，形成一种良好的自觉的行为习惯，潜移默化地影响着他们的行为。郑老师把班级文化分为"显性文化"和"隐性文化"。

郑老师的显性文化是物质文化，是可以摸得着、看得见的环境文化。比如，教室墙壁上醒目的班训、班级口号、班歌、班级公约、班风等图案；名言警句、英雄人物或世界名人的画像和标语；摆放整齐有序的桌椅；别具一格的学生风采展示牌；惹人喜爱的学生"书画展"；丰富多彩的黑板报；精致实用的图书角以及班级活动，等等。

对班级环境建设，郑老师主张要精心设计几个景点。未进班级门口，首先吸引人的就是班里的"班级心愿"——相聚三年，幸福一生。这八个书法大字，苍劲有力、溢情飘香。整齐有序的桌凳，证明着小主人们的文明习惯；新颖别致的图书角上长长的一排摆放着各类书籍，显示出学生们的良好修养；讲桌、书包柜、窗台上娇艳滴翠的花草告诉人们，在这里生活着一群有高雅的情趣的孩子；黑板上方是班训——让别人因为我的存在而感到幸福。

值得一提的还有郑老师班上的另外三个景区：前门里侧的"我是最棒的"——每周一星风采照片展区，张贴着班级每周评选出的优秀学生的个人风采照,个个脸上洋溢着自信和欢乐,看着他们,心里会不由自主地想到一句话:他们真幸福!在后面黑板的左侧有"成长大舞台",张挂着每个学生自己设计制作的成长足迹展板,形状各异、五彩斑斓、个性飞扬,真让人羡慕。郑老师自然不会放过教室靠楼道的两个大玻璃窗,一个上面是由42只千纸鹤组成了一个大"心"形,每一只千纸鹤上都"带"着折叠者的梦想,中间是他们的班级口号——幸福七三,事事争先;另一个则被分成班级行为公约、班级必记格言、班级大事宣传栏和每周美文等若干小板块,各有各的用途,各有各的精彩。至于那别具一格的"名人名言"(其实是学生自己写的精彩语句)等更是班级独有的文化景观。

郑老师的隐性文化包括班级风气、氛围、价值追求等因素。隐性文化是一种"软文化",包括班集体在长期建设过程中逐步形成的制度、观念和行为文化。其中,制度文化主要是指班级师生共同制订和遵守的各种规定、公约等,它构成一个个性鲜明的法制文化环境;观念文化就是关于班级师生在长期学习、生活中积淀生成的有关社会、人生、世界、价值等的种种观念,这些观念弥漫在班级的各个角落,潜移默化地影响着学生,是形成班级舆论的重要因素;而在制度和观念的规范、约束、引导下,从学生身上表现出来的言谈举止和精神面貌,则是行为文化。学生是否具有文明大方的行为习惯和积极健康的精神面貌,是判断一个优秀班集体是否形成的重要标志。

郑老师把班级定位在所有学生的"温馨大'家'",为了营造"家"的氛围,师生们共同协商把《相亲相爱一家人》定为班歌,合唱班歌是每周班会的首要环节。经过深入思考,他们还制订了非常独特的班级行为公约——

友谊,从用心倾听开始;自信,从大声回答开始;

文明,从对人微笑开始;感恩,从问候师长开始;

勤奋,从课前预习开始;朴素,从爱穿校服开始;

节俭,从拒绝零食开始;成功,从有错必改开始。

这样的内容,彻底摒弃了班主任要求苛刻、高高在上的传统常态,而显得细致入微、亲切自然,且深受学生喜爱,更便于自觉践行。

对于班规,他们也是坚决改变了分数考核的方式,借鉴"美国西点军规",赋予它特有的育人内涵,这里把《幸福七三班规二十条》送给大家。

1. 学习无借口;2. 细节决定成败;3. 以老师为榜样;4. 珍爱荣誉;5.

第二章 班级文化创新
筑底蕴，擅引领

受人欢迎；6. 善于合作；7. 团队精神；8. 有错必改；9. 热情似火；10. 没有不可能；11. 永不放弃；12. 不断提升自己；13. 敬业为魂；14. 为自己奋斗；15. 感恩至上；16. 力争最好；17. 全力以赴；18. 尽职尽责；19. 自动自发；20. 立即行动。

从每日的班级宣誓、自信演讲到每周的自我反思、团队（班级的七个学习团队）风采展示等，每一个环节、每一项活动，郑老师都围绕着一个中心，那就是用文化涵养学生的心灵，让学生感受到班级生活的幸福。

郑老师把班级文化的重心放在育心上，放在丰富和引领学生的精神，塑造学生的灵魂上，而不仅仅是把班级文化当作在墙上写几个号召性的标语、搞几次实践活动、出几期主题黑板报，更重要的是要融入自己的职业情感、思想灵魂，并将它天长日久地贯穿于学生的行动中，引导学生形成一个良好的学习、生活、心理氛围。

为了把班级建设成学生的"家"，郑老师首先想到的是，"家"最需要的是什么？

郑老师心目中的"家"，应该有一种互相尊重、互相帮助、互相爱护、互相依恋的友情、亲情、"爱"情，而这些真挚的感情必然源自心与心之间的相融相通、和谐共鸣的文化氛围。因此，郑老师非常重视班级文化氛围的营造、建设，努力使班集体成为具有鲜明文化特色、浓郁文化气息、优秀文化精神的文化组织，从而以优秀的班级文化凝聚人心、规范言行、引导成长、促进发展，让班级充满青春活力，充满人文关怀，充满昂扬向上、积极进取的文化精神。这样，班级才能真正成为每一个学生温馨的精神家园。

现在的学生对教师的要求越来越高，需要教师有很高的素养，关于这一点，郑老师认为，要形成良好文化氛围的班级，班主任就要让自己成为精神领袖。首先，班主任要有文化修养与品位，要从理性上懂得班级文化的内涵；其次，班主任在班级文化的建设过程中要始终做到以身作则，起到良好的带头、带动作用；再次，班主任要引领班级形成一种文化制度，特别是要建立一种评价机制，形成正确的舆论导向，起到鼓励、批评和监督的作用。

郑老师经常反思：班级文化强调班主任要和学生心心相印，靠什么？首先是人格，而后是师德。班主任都要建立自己的权威，和学生保持一定的距离感。这种权威和距离感来自于公正、公平、无私，以及对事不对人的处事

态度。教师对学生的感情,必须是真诚的,不能夹杂丝毫的虚伪,否则,就会给学生的心灵带来沉重的伤害。

比如,表彰奖励,能激励学生争先创优、积极向上,是影响班级正确舆论生成和学生人生价值观树立的重要手段和常用手段。但郑老师认为,这里面也要遵循以下几个原则。

1. 表彰的行为必须出于真心;2. 必须对为班级做出突出贡献的和勤奋好学、积极进取的学生进行表彰;3. 必须系统地规划表彰活动的全部过程,包括评价的标准、范围、分类、仪式等各个细节都要及早考虑;4. 必须大力赞扬你希望更多涌现出来的人和事;5. 表彰人员的确定必须依据既定标准,班主任无权随意更换;6. 尽量扩大受奖面,不让一个孩子丧失信心。

为了让班级文化更具作用,郑老师致力于让班干部成为班级文化的"领跑者"。郑老师觉得,班干部在班级文化建设中起着重要作用。如果说班主任是班级文化的"根",那么班干部就是班级文化的"叶",两者缺一不可。班干部是共同完成班级文化建设的核心,是班级文化建设的旗手。班主任要选择、培养好班干部,充分发挥这些"领跑者"的带头作用。班干部好似一个班级的翅膀,他们一般积极性都很高,班主任要注意有目的、有计划地培养,当他们具备了一定的能力后,要充分信任他们,放手让他们去做。好的班干部群体,就是班主任感召力、影响力的扩大器,一个个就像文明习惯养成、良好学习风气、正确舆论导向的示范员、宣传员和监督员。因为班干部本身也是教育者,所以他们对其他学生的教育更真切,更容易被接受。

对于班级文化的落实,郑老师始终把班级文化建设当作一种自然生成的过程,不靠生硬灌输,而重在学生"认同"。

郑老师举例:陶行知先生走进教室,把一只公鸡往讲台上一放,抓一把米放在它面前,企图让它啄食。公鸡惊惶,不肯低头。先生便强按鸡头"请"它吃,可公鸡身子拼命后退。先生干脆往鸡嘴里塞米,可公鸡挣扎不停,并不吃下去。之后,先生松开手,后退几步。公鸡稍稍平静后,徘徊一阵,慢慢靠近米粒,继而悠然啄食起来。

班级文化的建设也是如此,它不应该在强制中产生,而是在班主任、科任教师、全体学生的协作下,自然而然形成的,是一种自我凝聚、自我归属的精神产物。

第二章　班级文化创新
筑底蕴，擅引领

班级文化建设看重的是一种氛围文化，通过这种文化氛围在潜移默化中改变学生的思想和行为。因此要让学生从依从它到认同它，再到信奉它，最终内化它。这个转化过程，靠的不是说教，而是体验，是学生的主动参与。

在班级文化的主阵地方面，郑老师认为，班会与班级活动是很好的两种，但是要强调学生的认同，反映学生真实生活的内容，学生才能喜欢。班级文化就是要将这些有形的东西形成学生自觉的行为。

物质文化环境设置的总体要求，就是要使哪个方向的景色都赏心悦目、令人振奋，每个墙角都会说话、都在育人。干净整洁、合理有序、富有朝气、充满温馨的教室环境有很好的烘托作用和暗示效果，非常有利于良好班级秩序的建立；口号的张贴、板报的设计、字画的选择、座位的巧妙安排等，构造出一个和谐的学习和教育环境，能提高学生兴趣，促进文明行为习惯的养成。

精神文化环境的建设要有一个渐进的过程，要使全体学生逐渐受到感染而自觉地认同。集思广益的班训，共同创作的班歌，全体师生共同酝酿、共同修订、在争辩与共识中形成的班规等，都对班级文化的形成有重要导向和规范作用；学习互助、兴趣特长等学生小组的建立，班级各种优秀的民主选举，体现广大学生共同兴趣、爱好、情感的群体性活动，始终是班级文化形成必不可少的"促进剂"和"增效丹"。班会、各种班级制度、班级活动等，既要体现社会和学校的共性，又要符合本班学生的特点，有个性特色。即使是点缀教室的花草、图书角、展示栏等物质的布置，也要赋予新的含义，要有深刻的内涵，更要让学生去认同这种深刻的意义。

郑老师认为，班级文化创新的目的一定要明确，要让班级管理达到三个比较高的境界。

一是人在班中，班级文化在心中。这个境界好比是常说的"登堂"，班主任管理班级靠的是情、爱。这样的班主任，把班级看作自己事业不可缺少的一部分，心系班级，对班级充满深情，对每一个学生充满关爱。

二是人如其班，班如其人。这个境界恰似学习中的"入室"，班级管理在爱的基础上更多渗透了师德、智慧。班主任把自己的知识、思想、情、爱等融入班级，使班级开始具有个性化的生命特色。这样的班级，会成为学生生命历程中一处美好的风景，一个必不可少的心灵驿站。

三是人即班，班即人。这是班级文化形成的最高境界，班级呈现出来的是一种"气场"。这个时候，班人合一，班主任把自己的整个生命都融入班级，班级真正成了学生的学园、家园、乐园，教师、学生、班级形成了一个不可分割的统一整体。班级呈现的，不是疲惫，不是烦躁，不是机械，而是勃勃生机。这时的班主任，会成为学生心目中永远的明灯，班级会成为学生生命中奠基的夯石、动力的源泉。

在这三种境界中，文化都起着关键性的作用，而且境界越高，文化的重要性就越强。经过这样的三种境界后，班级的学生管理也就完成了从"人治"到"自治"的转变。

案例二

"我们班某某学生打架了！"

"我们班某某学生不愿意参加班级活动。"

"我们班某某学生与老师干上了！"

这是很多班主任最头痛的事，反映出的问题表面上看，是班主任缺乏管理水平和工作艺术。但仙桃市杨林尾镇第二初级中学的班主任肖盛怀老师却认为，这不是什么管理水平与工作艺术的问题，而是班级文化缺失的问题。如果班主任真正致力于班级文化建设，就能很好地把握治班之道。

肖老师的治班之道是从用"法治"是开始的。

一、确立、实施负责制

肖老师按照"小组长负责制"与"班干部督促制"相结合的原则来管理班级。

小组长负责制，就是把班级依据成绩分成在成绩、人数、性别等资源方面均衡的几个小组。成绩最优秀的为小组长（根据学生意愿，也可以民主产生），小组长带领全组与其他小组进行学科竞赛，还要负责组员日常的学习检查与辅导工作。另设副组长一到两名，协助组长工作。各个小组还负责班级日常事务，例如，清洁、值日等班级事务。各小组工作都有记载，便于每月的考评。每天都会根据量化管理来给个人"行为规范"标定分数，每月一次小组学习成绩竞赛，学生之间有相应的奖惩约定。小组之间团队运作，人人为集体，集体为人人。

班干部督促制是要求班干部要起督促作用。他们负责每天班务日志的记

第二章 班级文化创新
筑底蕴，擅引领

载、事务的敦促与检查、自习课纪律的维持、偶发事件的处理以及每天量化管理分数的登记等，还要负责小组之间、师生之间等的协调。

两者结合，做到了人人有事做，时时有竞争，事事有落实，学生们成了班级日常管理的主人。

二、班干部选举民主化

民主是需要土壤的。肖老师在让学生进行民主选举的时候，做了很多的铺垫，也就是气氛的酝酿。首先，本着自愿的原则让学生做临时班干部一周。如果没有自愿的，肖老师就随意安排几个。在这一周内，全班进行"我们需要怎样的班干部"的大讨论，并告诉学生，一周后将进行选举。一周后，临时班干部述职，学生投票，超过半票的临时班干部直接参加选举。另外，学生自愿申报，然后进行演说、选举。选举前公布学生讨论的结果，围绕班级需要怎样的班干部，请大家按照标准投票。最后票数最多者为班长，由他来组阁。

新班干部队伍组建后，肖老师告诉学生，一定要尊重选举结果。这是学生对自己的尊重，也是在培养学生的民主意识。以后的活动，学生也会自觉参与进来，他们"民主"的能力也会逐渐提升。

新班干部队伍组建后，肖老师还要在班上开展"假如我是班干部""如何做班干部""我们欢迎怎样的班干部""班干部是管理，还是服务"等讨论。这样做，是为了让班干部知道该如何做班干部，也让他们的管理能让班级学生接受。

新班组建，肖老师一般第一学期要求学生每一月对班干部进行一次考评，每一月更换一次，并规定，每届班干部中的优秀班干部直接留任。考评采用最简单的方式，学生投票。经过一个学期，班级的"核心领导人"就基本确定了。这对一个班级的稳固是很重要的。

三、制订、完善规章制度（"班规"）

肖老师的"班规"是在开学一周后学生根据学校生活，按照学习、生活、清洁、纪律、体育、课代表、小组长、班干部、班主任、奖励等内容分小组讨论，然后集中在全班交流，学生逐条审议后形成初稿的。然后人手一份，扎实学习，开始实施，每月修订完善。每生每月以100分为基础得分，每天公布。扣分与加分每周小结，每月汇总。

四、评优表模也要靠制度

肖老师班级的评优表模活动也是靠制度来评定的。制度规定了个人行为规范得分、学习成绩、民主考评（学生投票）这三项考核标准。

"行为规范"量化管理得分，每月得分低于80分者，没有资格参与"优秀学生""优秀学生干部"等的评选。

学习成绩规定，得分低于60分者，不享受班级任何优待与评选的权利，并全班提出警告，通报家长协助教育。对于成绩要求不是很严格，一般各类优秀学生只要成绩名次居班级前60%名即可。

民主考评包括：对其他为班级做出贡献的、有特殊才能的学生，不受成绩限制，但量化管理得分必须在60分以上，通过半数学生的认可，就可以得到表彰。

正是因为有这些制度，而且是学生自己制订并通过的，才让每个学生都成了班级管理的参与者与执行者。

肖老师的"自治"过程是靠"文化"这个载体完成的。

"法治"就是用制度进行管理，而制度本身以及制度的产生过程都属于文化的范畴。肖老师"法治"的过程实施一段时间以后，便开始用文化来完成对学生"自治"的转型。

肖老师根据自己10多年的班主任经验教训以及自己最近几年的专业发展体会，对班级文化的核心精神进行了定位：

1. 爱你的妈妈吧（苏霍姆林斯基）；2. 让人们因我的存在而感到幸福（李镇西）；3. 读书改变人生（朱永新）；4. 过一种幸福完整的快乐生活（肖盛怀）；5. 做一个受欢迎的人（肖盛怀）；6. 把握好生命的每一分钟（班杰明）。

这是肖老师对班级文化的定位，也是他对学生的要求。这六句话分别从"感恩""奉献""读书""生活""交往"和"效率"来指导学生，同时也是班级文化的主题与中心。这样班级文化的建设就有序列、有主次，有利于学生的健康成长。

肖老师很重视这个核心文化得到学生的认可、通过，并成为"班级格言"。

班规作为班级文化的重要组成部分，肖老师是这样对待的：他让学生自定班规、自己讨论、自己完善。这样每个学生知道了在这个班级什么能做，

第二章 班级文化创新
筑底蕴，擅引领

什么不能做，做什么会有怎样的后果，自然就将一些可能发生的问题扼杀在摇篮之中了。即使有些事情发生，但有文化造就的舆论，有制度的约束，该怎么办就怎么办。如果班规中没有规定的，那班委会与学生代表来决议，就没有什么不好办的了。有些事学生处理不了，班主任再来参与。

肖老师按照班级文化的核心选择图片、条幅等来布置班级，各项制度也都上墙，让墙壁说话，让学生在文化氛围中潜移默化，让班级文化发生作用。

而"师生共写随笔"是肖老师班级文化创新的重要举措之一。肖老师倡导师生立足于每一天的教育、学习生活，在写随笔（日记）的过程中，体验生活，促进超越自我，有人称之为"道德长跑"。这是一个心灵的窗口、灵魂的寓所、青春的阳台。学生在日记的写作中既能培养作文的兴趣，又能掌握做人的道理。

随笔是肖老师打造班级文化的重要载体，他的随笔指导就是围绕班级的核心文化来展开的。指导、交流，让学生学会做人；温情、感动，让学生珍爱生活。肖老师的目的是让随笔写作形成一种习惯与生活方式，让每个学生的生活为之改变，精神为之提升，让学生的精神不再空虚，灵魂不再飘荡。这样的班级文化不仅让班级像一个大家庭和睦相处，而且更重要的是它塑造了学生健康的人格，让学生完成了从"他治""法治"到"自治"的巨大转变。

文化是一个民族最真实的性格，是一个民族骨子里流淌的血液。

上面两个案例，不管是郑老师还是肖老师，都把班级文化创新当作一件大事来抓，并努力通过班级文化创新让学生学会"自治"，为学生成为合格的人才打下基础。

加强班级文化建设是优化班集体的有效途径，它不仅能为学生的素质发展创建良好的氛围，还能形成一个勤奋向上、充满活力的班集体起到桥梁纽带作用，引导学生明辨是非，分清道理。更重要的是，班级文化创新是创造性人才产生的土壤，是学生在创新生活中的最初实践。班级文化的建设、创新对学生的教育和学习、成长和成才都起着重要的、不可估量的作用。学生对集体的归属感、凝聚力首先表现在自己所在的班级里，因而班主任应把班级文化建设、创新摆在重要位置上。

班主任做好班级文化创新的策略大致如下。

1. 开展丰富多彩的班级文化活动

开展丰富多彩的班级文化活动，是班主任对本班的学生进行集体教育和个别教育，培养学生素质的基本形式。活动搞得多，文化内容丰富多彩，能锻炼学生和学生干部组织的能力，能使学生在活动中体会快乐、获得知识。内容广泛、形式多样的活动，能对学生的思想、观念起到潜移默化的作用，能使学生产生一种兴奋愉悦的情感体验，为提高学生的学习成绩服务。如果一个班级不开展或很少开展活动，那么它将没有生机和活力，也不可能成为一个朝气蓬勃的先进班集体。

2. 精心设计教室文化

教室是学生学习的地方，布置教室所采用的内容和形式也要适合学生的年龄特点和认知水平。因此，在设计教室文化时，可以设立一些专门的角落，例如，"图书角"——供学生阅读课外书籍，丰富知识，开阔视野；"荣誉角"——摆放班集体在各种竞赛中获得的奖状、锦旗，激发学生热爱班集体的思想感情。但教室里的这些小角落不能太多。另外教室的前面和两侧的布置要适当，不宜过多，以免引起学生的无意注意，分散学生的精力，影响课堂教学。

教室布置的色调宜采用明亮、淡雅的色调，能给人以柔和、亲切、舒适之感，这样有利于学生冷静处理问题和开发智力。

3. 让学生参与班级文化建设

班级文化建设必须注重调动学生学习的积极性和创造性，让学生参与进来，切不可一切都由班主任包办代替。班主任要把班级文化建设的过程变成学生动手实践能力和创新精神培养的过程，对学生进行集体主义教育的过程。所以，班主任要放手让学生参与班级文化建设方案的设计，并提供一定的开放空间，让每个学生都有交流展示的机会。

（1）让学生设计班级文化建设方案。

可以以"我做设计师"为题发动学生设计班级文化建设方案，学生的热情一定很高。学生的设计方案交上来后，班主任可先组织班干部对方案进行汇总，然后再在全班进行讨论，这个过程本身也是对学生的一次审美教育。

凝聚了学生的才智和情意的设计方案实施以后，学生对班级文化建设的内容看得懂、能理解、易接受，也能让全班学生更加热爱自己的班集体。

（2）让学生参与班级文化建设的管理。

班主任可以用责任认领的方式请学生参与班级文化建设的管理，即由几个学生以自愿组合的形式构成一个小组，由他们来负责某个活动区角或宣传栏目的管理。在管理过程中，学生必然要制订规章、分工负责、团结协作，这无疑会对学生多方面的能力有所培养。

（3）班级文化建设要有一定的开放空间。

要使班级文化的教育作用得以长期发挥，除了要经常更换班级文化的内容以外，还应留有一定的开放空间，让每一个学生都能无拘无束地抒发自己的想法，展示自己的才艺，使人际互动处于一种经常的状态。比如，在"才艺展示栏"中可以留出一块空白，激励那些未获得机会的学生继续努力，达到要求后，也可以张贴出来向大家展示。

4. 物质文化构建——把班级环境建设权还给学生

高品位的班级物质文化对学生具有潜移默化的教育影响力和感染力。班主任在学校给班级提供的良好教育设备基础上（如宽敞明亮、空气流通、视听效果佳的教室等），还应组织全班学生对教室进行精心"包装"，让教室的每面墙壁、每个角落都具有教育内容，富有教育意义。

（1）课桌、座椅、讲桌按定置图摆放整齐，清洁无污渍，无粘贴物，无刻画、涂抹痕迹。

（2）地面无纸屑、无污渍。

（3）墙壁无污迹、印迹。

（4）门窗明亮、窗帘悬挂整齐。

（5）清洁用具等物品摆放有序。

（6）名人名言、标语牌、国旗等应齐全，并无灰尘。

（7）开辟"学习园地""每周一星"等，将学生好的作品在园地中展示；将每周在德、智、体、美、劳等各方面表现突出的学生在"星空"中展示。

（8）每月一期黑板报，有主题，质量高，图文并茂；不限期的编辑手抄报，版面新，内容全，别具特色。

（9）每班要有温馨门语、班训、班规、座右铭等项目。做到班训上墙、

门语上门、座右铭上桌,让教育在教室的每一寸空间里得到延伸。

(10) 设置"艺术栏""文化栏""名人栏"等,在其间布置师生书画作品、名言警句、各种专项教育常识,等等,充分开发班级环境的隐性教育功能。

5. 制度文化构建——把班级工作管理权还给学生

班级制度的好坏、合理与否,是班级文化程度高低的标志,同时也反映了班主任的文化素质与班级管理水平。在建设班级制度文化时,班主任要注意以下三个方面:第一,必须与学校的规章制度一致;第二,要符合教育教学客观规律、学生的年龄特征与班级实际;第三,要注意突出班级目标追求、价值观念、作风态度等精神文化方面的因素。

班级制度文化也是一种教育手段。在建设班级制度文化时,班主任不能仅满足于几条文字性公约的制订和强硬性规定的实施,而必须创新方法,要善于把班级有关公约、规定转化为学生的一种观念和形态存在,以无形制度替代有形制度,将"制度"与"软文化"熔于一炉,使班级规章制度既起强制作用,又能发挥激励规范作用。

对于诸如"班规""学生守则"等规章制度的制订,一定要让学生广泛参与进来,让他们根据班级的实际情况提出、修改和确定,把管理权确实交给学生,以便提升他们遵守制度的主动性和自觉性。

6. 精神文化构建——把班风培育权还给学生

班级精神文化对人的感染力是巨大的,它使置身于其中的每个学生都感到一种无形力量和高尚精神的存在,有意或无意地影响、支配着学生的行为,陶冶着学生的情操。营造一个尊师、爱班、勤学、守纪的浓厚精神文化氛围,对提高全班学生素质有着重大的现实意义。班风是班级精神文化建设的核心和精髓所在,所以班级精神文化建设也集中体现在班风建设上。

在现代班集体建设中,班主任应要求每个学生树立"每个学生都是班集体建设的主人"的观念,实行班级民主化管理,唤醒和激励学生的参与意识,充分调动和发挥学生的主体性,力争不让任何一个学生成为旁观者,使学生个个成为班集体的主人,在班集体这个舞台上锻炼自己的能力、增长自己的才干、挖掘自己的潜能、发现新的自我。

第二章 班级文化创新
筑底蕴，擅引领

班主任在班级精神文化建设中，要为每个班级成员提供文化享受和文化创造的空间，有效地激发和调动每个班级成员参与班级活动的积极性、主动性和创造性，使其以高昂的情绪和奋发进取的精神积极投入到学习和生活中去。

第三章　班级活动创新
重互动，重参与

班级活动是在班主任指导下，有目的、有计划地为实现班级教育目标而举行的各种教育教学实践活动。班级活动是学校实现教育目标的重要途径之一，也是良好的班集体形成的重要手段。开展丰富多彩的班级活动，是班主任培养学生综合素质的基本形式之一。通过丰富多彩的班级活动，班主任可以更好地塑造学生的灵魂，创设良好的班集体，全面提高学生素质，陶冶学生情操，把学生培养成全面发展的人才。

第三章 班级活动创新

重互动,重参与

终于迎来了班级活动课,此时,班主任张老师像往常一样,简单回顾了一下班级情况后,就开始倒苦水,告诉学生班级的排名有些靠后了,因此必须占用班级活动的时间,给大家"开小灶",并希望借助这一法宝,让班级成为学校的优秀班集体。

尽管学生对张老师的讲话早已无精打采,但张老师还是在黑板上给学生开始郑重地写下了讲课的内容……

在一些学校,班主任像上面案例中的张老师一样占用活动课进行教学的现象并不是什么新鲜事。在一些班主任心里,班级活动就是放松、玩的代名词,没有什么实际价值。

在这样的心理状态下,班级活动课形同虚设,创新更成了口头上的"说说而已"。然而,一些有经验的班主任,包括全国有名的班主任,都会把它当作非常重要的任务来对待,并总是想方设法让班级活动课成为学生喜闻乐见、教育教学双丰收的优质"时空"。

概括地说,班级活动是在班主任指导下,有目的、有计划地为实现班级教育目标而举行的各种教育教学实践活动,它是集体形成的基础、发展的催化剂。

班级活动的目的与学校的教育目标是一致的,都是为了促进学生德、智、体、美、劳等方面的全面发展,为学生接受进一步的专业学习和提高学生的素质打基础。班级活动是学校实现教育目标的重要途径之一,也是良好的班集体形成的重要手段。在学生眼中,与相对枯燥的课堂教学相比,内容丰富多样、形式生动活泼的班级活动具有更大的吸引力,它在为学生成长提供广阔的天地的同时,也给班级带来了勃勃生机。

因此,班主任应顺应学生的心理需求,以班级活动为契机,让班级活动扎实有效地深入开展起来。

一、班主任班级活动创新概述

德国诗人海涅曾说:"每一个人就是一个世界,这个世界是随他而生,随他而来的。"作为班主任,管理着全班几十个学生,所面对的已经不是一个"世界",而是几十个"世界"了,其管理难度可想而知。管理一个班级,需要班主任投入更多的时间与精力,关注学生的心理、生理、学习等各方面的情况,加强与学生之间的交流、沟通,对学生因势利导,促进各种类型学生的健康成长。而搞好班级活动创新,无疑是一个强有力的推手。

通过丰富多彩的班级活动,班主任可以更好地塑造学生的灵魂、创设良好的班集体、全面提高学生素质、陶冶学生情操,把学生培养成全面发展的人才。

一次成功的班级活动,就好比优秀作家奉献的一篇优美作品,它不但内容丰富、形式多样,而且方法灵活。在班级活动中,教育总目标是它的"神",而活动内容与形式则是它的"形"。班主任要把一次次课外活动变成一篇篇精美的散文,应在掌握以下一些重要原则方面做出相应的努力。

(1)要把握活动主体的差异性。

班级活动的主体是学生。但学生的性格、志趣、爱好、智能等是各不相同的,有的学生性格外向、开朗、活泼、善交际;有的学生性格内向、孤僻、沉静、好独处;有的学生学业成绩好,但缺乏文艺、体育方面的特长;有的学生学业成绩差,却有体育禀赋与文艺才能。

管理班级这个学生群体,班主任要善于发现每个学生身上的闪光点,并要根据学生的个性差异,在活动创新中注重因材施教,切忌"一刀切",更不能用"一把尺子量人",尽量让每个学生的潜能与特长都得以充分发挥。

(2)要注重活动的自愿性原则,充分发扬民主。

对于师生来讲,课堂教学受教学计划和教学大纲的制约,教师和学生必须按要求教授和学习规定的必修课,不能任意选择。而班级活动则应由学生根据自己的兴趣、爱好自由选择,自愿参加,教师只能加以诱导而不能强迫。

身为班主任，如果发现学生对某项活动不感兴趣还一味强求学生参与，是难以调动学生的主动性与积极性的，也是不利于培养学生个性、发展学生特长的。

(3) 要坚持活动内容的广泛性原则。

对有经验且重视班级活动的班主任来说，班级活动的内容是十分丰富多彩的，既可以组织各种科学兴趣小组，搞科技小发明，也可以举办科技讲座，参观科技展览，培养学生讲科学、学科学、爱科学的兴趣，还可以开展各种文艺活动，培养学生的审美能力和创造美的能力，更可以开展各种体育活动，培养学生坚韧的性格和顽强的毅力，掌握各种运动技巧，等等。

对班主任组织的丰富多彩的活动，学生完全可以根据自己的兴趣爱好作出选择，在感兴趣的活动中，找到自己合适的位置，各显其能，各长其善。

(4) 要掌握活动组织形式的灵活性原则。

班级活动的规模可大可小，采用的形式也可以灵活多样。从组织的规模看，有全班、全年级乃至全校性的群众性活动，有各种小组的活动，也可以是个人的活动；从具体的活动方式看，可根据学生的年龄特征、知识水平、设备条件以及指导力量等，采用多种多样的形式，如可以做模型、采标本、搞社会调查、办各种展览，也可以搞演讲、书评、讲座、报告会等。

(5) 要掌握独立性原则。

班级活动一般是由学生自己动手，角色意识很强，班主任只能指导而不能包办代替。让学生自己组织、自己设计、自己操作，有利于培养学生的组织能力和创造能力。学生通过独立的活动，向众人展示自己的能力、成就，使自己的心理获得满足，进一步增强了信心，积极性、创造性得到了更充分的发挥。

当然，在活动过程中，班主任应对学生严格管理，严格要求。因为一般情况下班级活动是比较分散、自由的，如果不严格管理，就很可能达不到预期目的，并且容易造成纪律涣散，产生一些不必要的麻烦。但"严"不是严厉、严酷。因为管理过严，容易造成学生个性压抑、自卑感重、自制力差、胆小怕事，甚至会造成学生的逆反心理，导致师生关系僵化。这既不利于学生身心的健康发展，也不利于班级活动的进一步开展。

因此，班主任要正确把握严格管理的尺度，要严中有宽。既要引导学生

制订合理的班级活动规章制度，做到纪律严明，"以法治班级活动"，又要做到严中有宽、宽中有爱、爱中有教，这样才能达到预期的活动效果。

（一）班主任班级活动创新的重要意义

1. 有助于建设良好班集体

（1）班级活动有助于班集体的形成。

组织、形成班集体总是以协调一致的集体工作和有益的班级活动开始的。如果一个班级不开展或很少开展班级活动，是永远也不可能成为一个真正的集体的。

（2）班级活动有助于班集体的发展、完善。

强有力的班级活动，可以实现班级教育目标，培养学生的集体荣誉感和责任感，从而促进班集体的发展与完善。班集体是在实现班级的奋斗目标的实践活动中发展和巩固起来的。目标是班集体发展的方向和动力，而组织相应的具体活动则是班集体向着既定目标前进的重要形式。只有在班级活动中，学生才能正确认识个人与集体、个人与他人的关系，培养学生的集体主义精神和对集体的责任感、义务感。

（3）班级活动有助于形成良好的班风。

班级活动是创建班集体的血液，是形成集体主义思想的摇篮，没有活动就没有集体。在健康、有益的班级活动中，正确、合理的东西会得到肯定、弘扬，错误、不良的东西会让大家否定、摒弃。这样，正确的舆论和班风就会逐步形成、发展起来。

2. 有助于学生身心健康发展

学生正处在长身体、学知识的关键时期，他们精力旺盛，求知欲强。开展多种多样的有组织的班集体活动，既可以锻炼身体、增强体质，又可以增长知识、提高各种能力。

通过多种形式的活动，学生可以学到某些技能，提高实践能力。学生参加丰富多彩的活动，不仅要看、要听、要想，而且要说、要写、要做。社会调查、劳动、参观、访问、文艺、体育、科技活动等都要身体力行，从活动的准备到活动的进行都可以让学生有一系列的学习、锻炼机会，从而提高学生的实践能力。

参加班级集体活动能够促进学生良好个性的形成。学生的个性品质、兴趣、才能等在集体活动中得以表现，在集体活动中得以巩固、发展和调整。性格内向的学生，通过多次在集体活动中获得满意的角色，而愿意积极参与，其智慧和特长得到发挥，变得活泼、开朗，愿意与别人交往。而热情欠踏实的学生，通过在集体活动中多次承担较复杂任务，可以锻炼得比较冷静、实在。

（1）有利于帮助学生树立理想、信念。

学生都喜欢参加各种生动活泼、富有情趣的集体活动。学生的集体观念、集体的义务感、责任感、荣誉感、为集体服务的能力以及理想和信念等，都可以在集体活动中得到发展。班主任可以通过集体活动增强班集体的凝聚力，调动每个集体成员的积极性，形成健康积极的集体舆论和良好风气。

（2）有利于激发学生的生活热情，提高学生的学习兴趣。

对学生来说，每天坐在教室里上课是枯燥的，学习也是枯燥的，而班主任或教师则要想办法将这些枯燥变得不枯燥才能吸引学生投入积极的学习中。因此，班主任或教师要想办法创新教学活动，以便吸引学生的注意力，其中最重要的创新就是要让自己的教学设计活跃起来，多举办、多穿插一些多姿多彩的班级活动，让学生在活动中高兴地去学习。

另外，班主任还要举办各种各样的课外活动，让学生有机会去探索课堂以外的知识。

（3）有利于体现学生的自我价值。

班主任在开展班级活动时，应有意识地训练学生的各种技能，让学生充分展示自己的才华，从而体现出他们的自身价值。比如，对有体育、音乐、舞蹈等特长的学生，班主任要注意发掘、培养，让这些学生的特长得以发挥、发展。

（二）班主任班级活动创新的基本内容

一次成功的富有创新的班级活动，可以调动学生的积极性，激发他们的上进心，增强班级的凝聚力，甚至会对一些学生有着意想不到的促进作用。

　　班级活动是学生展示才华的乐园，积极向上的班集体活动是学生创新精神的激励场，学生参加班级活动的过程实际上是与社会、与生活、与他人接触的过程，学生在这个过程中总会通过沟通、交流、展示及信息互换等方式，在思想情感、价值观念和行为模式上相互影响，从而潜在地改变学生内在的意志品质。

　　能产生激励效应的班级活动可以使师生、生生、教师与环境、学生与环境产生积极的相互作用，产生一种积极的、合作的群体行为。而这些相互作用和群体行为正是培养学生创新精神的基点，它会对个体和群体产生一种推动作用，一方面可以创设民主、和谐、竞争、进取的班级氛围，有利于学生创新个性的培养，另一方面可以激发个体求新、求异、不唯书、不唯上、勇于冒险、敢于挑战的创新精神。

　　班级活动创新的内容主要包括以下几个方面。

1. 活动内容要具体、明确

　　班级活动要真正实现对学生的健康成长有益的目的，班主任就要将班级活动的主题立意具体化，变为实实在在的内容，而不应让班级活动成为"空中楼阁""海市蜃楼"。因此，班主任组织的活动应具体真实、典型、生动，不能空洞、无趣，要符合学生的年龄特征和心理水平，要具有说服力和感染力。

2. 活动形式要多样

　　班级活动的内容是要通过具体的形式表现出来的，因此，正确选择和精心设计班级活动的形式是非常重要的。班级活动的形式主要包括组织形式、表现形式等。班级活动的形式应力求新颖、活泼、丰富多彩。

3. 活动趣味性要强

　　趣味是学生接受教育的动力。所以班级活动一定要开展得生动活泼，富有浓厚的趣味性，来激发学生参加班级活动的主动性和积极性。

4. 活动要有正能量

　　班主任要真正发挥班级活动的教育作用，切记不能把班级活动搞成"检讨会""批评会"，而要巧妙地设计班级活动内容，使学生在活动中受到情感、意志、道德等方面的教育，促进学生德、智、体全面发展，受到爱国主义教育、集体主义教育和社会主义教育。班级活动是以学生为主体，全面提

第三章 班级活动创新
重互动，重参与

高学生的素质，培养学生创新精神和实践能力的有效载体。没有班级活动就没有健全的班集体，没有班级活动就没有学生素质的持续发展。班级活动需要不断创新，才能让学生愿意参加班级活动，才能增强班级的凝聚力，使班级工作越走越顺利。

5. 设置多样化小组，让学生自主参加

按活动内容的不同，班主任可以在班级建立班务管理小组（如板报小组、图书管理小组、卫生监督小组等）、学习小组、各种课外兴趣小组、运动队等，积极鼓励学生自主参加一至几个小组，扮演各种角色。

6. 设置多种岗位，让学生体验"我能行"

为了使每个学生都有展示才能、获得成功的机会，班主任可以根据学生的兴趣、爱好、能力、特长、需要等，把班级内的各种管理职能分解为一个个具体明确的岗位，如学习互助岗、板报宣传岗、图书管理岗、环境保护岗等，在岗位设置上可以打破常规，让学生自己提出要求，班级讨论通过，设立特殊的岗位。总之，班主任应力求使每一个学生都能在班级活动中找到自己满意的位置，做到人人有岗位。

班主任还可以采用角色动态分配制，即采用轮换、轮值的方法，让每个学生都能参与班集体不同层次的活动管理。比如，班级活动管理岗每周一轮换，并根据班级实际设置多种活动管理角色，经常对学生在班级活动管理中的表现给予积极的评价，使学生从活动管理角色的变换中学会自我管理，提高其在集体中的主体意识。在不同的角色体验中，学生的思维碰撞会增多，更多创造性的火花将被点燃，同时学生积极参与竞争也能使其勇于挑战的个性品质得到锻炼。

由于学生选择岗位多是根据自己的特长进行的，在完成角色任务时往往比较出色，能体验到完成角色任务后获得的成就感和快乐，从而产生进一步巩固和改善角色地位的欲望，继而激发学生的自尊心和创造激情。长此以往，在这样的活动中，学生的创造性思维会得到极大的发展。

开展丰富多彩的班级活动，是班主任培养学生综合素质的基本形式之一。传统的班集体活动过分强调班主任的绝对权威，活动形式单一，活动过程枯燥，不利于学生的个性发展。因此，班主任要采取切实有效的方法创新班

集体活动,积极探索班级活动管理的新模式,培养学生的创新精神和创新能力。

(三)个别班主任班级活动创新不到位的原因

优秀班集体不是靠班主任讲道理讲出来的,而是在全体师生的互动中逐步实现的。现实中,每个班级都会组织课堂教学活动,参与学校和班级的竞赛活动,以及进行课外的娱乐活动,但能发展成为优秀班集体的却为数不多,大多数班级仅停留在联合群体阶段,并未形成真正意义上的班集体,甚至有些班级一直停滞在松散的群体状况。这种状况并非班主任故意为之,而是班主任思想观念中的盲点、做法上的不当,或忽略了要害问题而造成的。

导致班级活动创新或流于形式,或不能取得实效的原因主要有以下几种。

1. 目光短浅,活动过于功利化

个别班主任组织班级活动的目标非常功利化,是为了应付学校的检查,为了获取好的名次。以参加学校运动会为例,大多数班级的目标多是定位在比赛名次上,目标功利化、表面化现象明显。而功利化目标会导向"胜易骄,败易馁"的集体情绪,它忽略了活动的意义在于给学生个体发展以机会,诱发群体聚合的良性因素,营造群体和谐氛围,促进群体成员间的互相磨合等。

2. 只有少数人参与,忽略群体性

活动目标的功利化容易让班主任忽略班级活动的群体性。在课堂教学中,常常是尖子生受青睐;在学校文体竞赛中,活动常常是少数特长生、骨干分子施展才华的舞台。而大多数学生却因"毫无才干"而始终在扮演旁观者的角色。长此以往,他们便容易形成"集体成败,与我无关"的游离心态。这样的班级活动,只能使少数人获得发展,而不是全员性的,也就不能形成班级凝聚力,成功就要被打折扣。

3. 为求效率,活动安排由班主任包办

讲求效率是对的,在班级活动中也要注重效率。但有个别班主任认为,活动过程的高效是与班主任设计好所有程序,学生只要高度服从分不开的。这种认识忽略了学生参与活动的价值。事实上,如果班级活动的效率不是由学生发挥主体性、自行设计并实施获得的，活动的意义也就大打折扣了。因为班主任在追求活动结果时，忽略了学生需要在活动过程中、在遇到问题时，经历提方案、论证、择优、实施、评价五个步骤来实现他们的发展，成为真正的活动成功者。

4. 活动"大撒把"，缺少应有的监管

与有的班主任包办代替相反，有的班主任将发挥学生主体性简单地理解为完全放手让学生去做，尤其在高年级，学生干部的确能在不依赖班主任的情况下完成一次活动。但活动后引发的小团体割据的副作用也是相当普遍的，对集体的帮助似乎不大。这是因为大多数学生参与活动的目的多是展示个人才华、验证个人能力、获得自身发展机会等这些方面。从学生的角色位置看，这无可厚非。但班级活动的正常有序开展，还要依靠班主任来把握住集体建设的轮舵，承担起教育面向全体学生、活动面向全体学生的责任。

当然，在班级活动的管理上，重要的，不是班主任管多或管少，关键还在于要管到点子上。

首先，活动过程要给学生留有创新的空间。活动该如何设计？应留给学生提议案的机会；活动中成立哪些工作小组？以何种方式（成本最低，收效最大）完成任务？应让学生小组设计完成。活动中难免有意外情况，该如何处理？应留给学生来讨论取舍。在这期间，班主任要发扬民主，以活动参与者的姿态与学生打成一片。

其次，活动过程也是学生的实践过程。如演出活动，服装款式的选择、买料、议价、定做等，不妨放手让服装组去办；演出当天的更衣、化妆、走台等程序，不妨放手让"后勤部长"去统筹。

二、班主任班级活动创新案例及养成策略

（一）注重教育性，提高学生正确认知水平

针对一些学生对班级的错误认知，比如对班集体漠不关心、对同学冷

漠、损坏公物、不注意教室卫生等现象,可以像下面这位班主任那样,通过班级活动,提高学生的思想素养。

【活动主题】

我为新班级添光彩。

【活动目的】

通过这次活动让学生学会关心集体,达到班级学生更加热爱集体,增强新班级的凝聚力的目的。

【参加对象】

全体学生,班主任和音乐老师。

【活动时间】

下午4:00—4:40。

【主持人】

小林、小霜、小倩。

【活动分工】

1. 班长、文娱委员负责本次活动的具体安排和节目排练。

2. 学习委员、宣传委员负责收集《演讲稿》《台词稿》等。

3. 宣传委员负责布置会场。

4. 音乐老师负责教唱两首歌曲:《中学时代》《爱我中华》。

5. 班主任统筹安排活动环节。

【活动过程】

1. 讨论活动方案。

2. 开展活动。

(1) 主持人宣布主题班会开始。

(2) 主持人开场白。

(3) 收音机播放《中学时代》,全班跟着一起齐唱。

(4) 诗朗诵:《我爱二中》。

(5) 英语小对话:《助人为乐》。

(6) 小记者采访学生:你心目中的班集体是什么样子的?

(7) 三句半:《谈谈我们的班集体》。

(8) 丰富多彩的文艺节目。

第三章 班级活动创新
重互动，重参与

① 配乐诗朗诵：《红》。

② 单簧管演奏：《七子之歌——澳门》。

③ 女生中英文小合唱：《雪绒花》，长笛伴奏。

④ 快板：《唱国庆》。

⑤ 女生小合唱：《一起开始的旅程》。

⑥ 架子鼓：《好日子》。

(9) 音响伴奏，全班齐唱《爱我中华》，领唱：小立。

【活动小结】

班主任利用小记者采访的机会谈感受、提要求；班长、宣传委员执笔。

通过这样的班级活动，使原来有些思想问题的学生深受触动，觉得自己生活在班集体里，就应该把班级当作家，把同学当亲人，主动去关心同学，不做有损班级形象的事，要时时处处为班集体着想，尽自己的努力为班级添光彩。

每个学生都希望生活在一个有着良好班风、充满凝聚力的班集体中。但良好的班集体不是自然形成的，它离不开班主任的积极引导，更离不开班集体多开展诸如上面案例那样的班级活动，并以有益的活动来进行催化，促使每一个集体成员都为塑造良好的班风、形成高凝聚力的集体做出自己的努力。

一般而言，根据班集体的形成过程和发展水平，班集体大致分为以下几种类型。

一是简单聚合型。这样的班集体形式上聚合为一个集体，但学生之间彼此生疏，缺乏情感联系，没有明确的集体目标，集体活动通常由教师出面来组织。

二是一般型。在这样的班集体中，学生之间有共同的语言和感受，有日益相近或相同的心理需求。集体中有能把多数学生团结起来的、形成班集体核心的学生骨干。大多数的大学班集体都属于这种类型。

三是成熟型。在这样的班集体中，大多数学生的主体意识都很强，能团结一心；集体内有较高质量的集体舆论，各种竞争、奖惩等组织行为调节机制能够有效地运行；具有良好的班风。少数优秀班集体属于这种类型。

良好的班集体具备以下特征：有健全的组织结构和领导方式；有共同的

活动目标和行为规范、纪律制度；有平等友爱的人际关系和公正有效的行为调节机制；集体意志可促使成员为共同任务而努力，并对每个成员的思想、道德观念、行为方式产生重大影响。

具有良好班风的班集体，其积极因素多、进步力量强，能给学生以多方面的正面教育和积极影响。它既能防止班级内部不健康小群体的形成，抵制不良风气、不良思想的侵蚀，减少和消除不良行为的产生，又能使好的思想和行为得到传播、吸收和加强，保证学生有一个稳定的、良好的学习和生活环境。

班主任通过活动提高学生对班集体认知水平的策略大致如下。

1. 通过活动，创造良好的人文环境

在组织班级活动时，班主任要充分抓住学生的心理特点和需要，尽快在活动中建立一种学风积极向上、课内外生活愉快的活动环境。在这样一个良好的环境中，学生之间才能更好地相互了解、增进感情，形成融洽和谐的集体心理氛围，增强集体的凝聚力。

2. 着力创造学生相处的机会

班主任应清醒地认识到，如果学生间有较多的机会相处，集体的凝聚力就会得到提高。因为学生之间只有通过相处才能增加彼此的了解，扩大人际交往，建立友谊网络，切实感受集体的温暖。因此，班集体应适时地开展一些集体活动，以创造学生在一起互动交流、增进感情的机会。

3. 在活动中激发共识，让学生向共同目标迈进

班集体的奋斗目标是班集体前进的导向和动力。它是班主任及班级相关成员根据教育目的、学校工作计划和学生的发展水平共同制定的，是班集体经过努力而实现的预期发展结果。

这个共同目标的实现，光靠空洞的说教没有什么意义，只有在活动中，让学生感受过、努力过、品尝过成功后的喜悦，才会更有说服力。因此，班主任要在活动中最大限度地激发学生的共识，让他们自觉自愿地向班级的共同目标进发。

4. 在活动中要发挥学生干部的骨干作用

学生干部的思想品质、工作能力和工作作风对集体凝聚力的影响很大。

如果学生干部内部团结、作风民主、关心他人、热爱集体工作,并且能够组织班集体成员顺利地实现集体目标,他们就能获得集体成员的拥护,并让集体成员对班集体充满信心,从而使班集体有更好的凝聚力。

因此,班主任在班级活动中,要格外加强对学生干部的培养,充分发挥他们的模范带头作用,让他们在活动中充分展示自己的能力,赢得同学的信任与爱戴。

5. 在活动中要培养积极分子,形成班集体核心

班级积极分子是开展班级活动的骨干力量,是班集体的核心,是班主任开展工作的得力助手。因此,在班级活动中,班主任必须细心选出积极分子,精心培养积极分子,使他们成为在教育学生和安排学生集体生活和活动时的可靠助力。

6. 在活动中打造良好班风

班风是一个班级在长期的活动和交往中形成的共同心理倾向和精神风貌。班风一经形成便会产生一种强大而又无形的约束力,影响着班级中的每一个成员,对班集体每个成员起着约束、感染、同化、激励作用。它是形成、巩固班集体,教育集体成员的一个重要手段。

在班级活动中,班主任应下功夫把良好班风的建设与班级活动有机结合起来,让学生在班级活动潜移默化的影响下,为良好班风的形成作出相应的努力。

(二)加强针对性,有的放矢地消除学生的不良情绪

愉快的情绪让人精神振奋、精力充沛,学习、工作的效率特别高;而烦恼的情绪则是一种比较消极的情绪体验。对于学生来说,这种消极的情绪体验会影响他们的身心健康。因此,有意识地帮助学生认识自己的烦恼,并引导他们排解这些烦恼,是帮助学生培养健康积极情绪、树立完美人格的一个重要方面。

为此,某班主任开展了一次以"与快乐同行"为主题的班级活动,希望以此帮助学生正确认识自己的烦恼,并掌握排除烦恼的方法,使每个学生拥有快乐的情绪体验,保持好的心情,用微笑面对学习和生活。以下是活动

实录。

【游戏导入】

师：活动前，我们先来做一个游戏，老师说出几种在你的生活中也许发生过的现象，请你在情绪轮上找一找你当时的心情。

1. 妈妈喜欢姑姑家的孩子，超过喜欢你。

生：羡慕。

生：嫉妒。

生：高兴。

生：生气。

2. 这次语文测验，你又得了90分。

生：高兴。

生：平静。

生：生气。

3. 心爱的小宠物不幸死去，离开了你。

生：悲伤。

生：难过。

生：痛苦。

4. 看见高年级的学生故意欺负小同学。

生：害怕。

生：生气。

生：愤怒。

师：上面我们所回答的都是人的正常的情绪表现。有高兴、有悲伤、有嫉妒、有热情、有紧张、有平静，等等。

师：老师要告诉同学们一个好消息：放假前，老师准备带同学们去参观。

（学生欢呼。）

师：可别高兴得太早了，老师要你们背会300个成语才可以去。

生：唉！（烦恼）

师：刚才在你们的脸上，老师就看到了快乐与烦恼的情绪反应。

师：同学们，你们每一个人都是老师深爱的学生，在老师眼里，你们生机勃勃、聪慧、纯洁。在成长的每一步中，我们都伴随着快乐。可是，在成长中我们也有烦恼的时候，老师希望能够帮助你们，让我们一起来亲近快乐，远离烦恼，让我们都成为快乐的小天使，好吗？

活动一　明镜台

师：讲一讲你的一次不快乐的经历，并用简笔画的形式画出你当时的心情或用简短的话写在纸上。

（学生动手画，汇报。）

师：把心中烦恼的事情告诉大家，让我们一起来帮助你，好吗？

生：我想要买一个"米奇"大书包，可妈妈总是不答应，我很烦恼。

生：迟到了老师批评我，我很烦恼。

生：被同学误解时，我很烦恼。

生：妈妈整天唠叨我学习的事，我很心烦。

生：选班干部时，我觉得和文娜差不多，可大家没选我，我很心烦。

活动二　智慧泉（提出问题，寻找方法）

师：现实生活中有这么多的烦恼影响着我们的心情，也影响着我们的学习和生活。下面，我们就一起开动脑筋想一想，帮助这些同学找到排除烦恼的方法，让他们也快乐起来。

生：妈妈不答应给你买书包，一定有妈妈的理由，你应该为妈妈着想。

生：你现在的书包不是很好吗？何必买那么贵的呢？

生：你可以把这件事告诉奶奶，也许奶奶会满足你的。

生：同学们给我想出的好办法我会去试的，谢谢大家！

生：迟到了老师批评你是对的，你应该理解老师，老师怕你落下功课。

生：你可以自己想一个好办法不要迟到，如可以买一个小闹钟或让妈妈叫你早起。

生：你还可以早睡早起，这样就不会迟到了。

生：被同学误解时，你应该想想他以前对你的好，不该因为一点小事就影响了同学的友谊。

生：妈妈整天唠叨你学习的事，你可以和妈妈好好谈谈，告诉她你会努力的。

生：妈妈整天唠叨你学习的事，你可以把烦心的事写在日记里，这样就

会好些。

生：还可以做自己喜欢做的事，这样也可以减轻你的烦恼。

师：同学们真了不起！其实，我们自己已经找出了排除烦恼，使自己快乐起来的方法。在生活中，有烦恼是很正常的，但怎样能使自己快乐起来，并取得积极的进步则更为重要。今天我们已经掌握了很多排除烦恼的方法。

师：遇到烦恼时，我们可以写写日记或自己劝自己。对自己的烦恼进行正确的分析，找出原因，并坦诚地接受和积极面对它，这是调控不良情绪很重要的一种方法。只要我们能够正确地认识自己，就能够取得成功。

师：实在难过时，我们还可以放声大哭、大喊，进行合理的宣泄，但要注意场合；还可以做自己喜欢做的事，这样也能减轻我们的烦恼。

师：调控烦恼的方法是多种多样的，不同的问题要具体分析，采用恰当的方法来消除烦恼。

师：掌握了方法，就可以放飞心中的烦恼，让我们在音乐中把那些画着烦恼表情的纸折成一架小飞机，让小飞机带着我们的烦恼飞走吧。

活动三 回音壁（放飞烦恼，共享快乐）

师：想一想自己的一次非常快乐的经历，并用简笔画的形式画出当时的心情，说给大家听一听。

（先让学生画"快乐"，再让学生说"快乐"。）

生：六一儿童节我得到了特别的礼物，我很快乐。

生：我是班里的"踢毽子大王"，我很开心。

生：我生病时，老师和同学们来看望我，我真高兴。

生：暑假期间，妈妈带我去登长城，站在长城上，我很开心。

（展现快乐：展现学生高兴时的样子，各不相同。）

师：同学们，每个人在成长的过程中总会遇到各种各样的情绪困扰，只要我们正确地面对，努力地克服，善于调适自己的心情，就会在以后的生活和学习中保持积极的心态，形成开朗的性格、坚强的意志，能微笑面对生活，每天都拥有好心情。

【活动后自评】

本次活动以"与快乐同行"为主题，在活动中，教师有意识地让学生认识自己的烦恼，并帮助学生掌握排除烦恼的方法，帮助学生培养健康积极情

第三章　班级活动创新
重互动，重参与

绪、树立完美的人格。最终达到让每个学生拥有快乐的情感体验，保持快乐的心情，用微笑面对学习和生活的目的，取得了良好的教育效果。

第一，营造氛围，真诚沟通。

教育活动是以学生活动为主的，体现的是学生情感活动的轨迹。在活动中，教师极力创造出一种融洽、和谐的氛围，让学生积极参与活动，真诚地和学生沟通，使学生说出了自己的心里话。

第二，贴近实际，活动多样。

教育活动的内容是从现实生活中产生的。本次活动内容贴近学生实际，都是教师和学生最需了解的话题，学生对活动极感兴趣，从而使活动起到良好的教育作用。

第三，重在感悟，深化主题。

活动以学生年龄特点为主线，突出系统性，坚持平等和谐的原则，突出了学生的主体作用。在活动中，教师力求让学生多活动、多感悟，从而把活动中所获取的情感体验运用于实际生活中，并指导实践。

近年来，学生的心理问题越来越引起很多班主任的高度重视。上面案例中的班主任，通过班级活动，对学生的不良情绪进行了有效的疏导，是非常有利于学生身心健康的，值得广大班主任借鉴。

学生的年龄小、阅历浅，生理、心理尚处于不成熟期，极易受到情绪的左右，表现得过度情绪化，尤其是一些不良情绪的刺激，对学生的危害性更大。

不良情绪是指一个人对客观刺激进行反应之后所产生的过度体验。无论人们对客观刺激抱有什么态度，自身都会直接体验到，体验是情绪的基本特征。

对于同一个刺激，不同的人可能会产生不同的体验，即使是同一个人对待同一个刺激，在不同的时间、场合也可能产生不同的体验。客观刺激满足了人们的需要，就会产生积极正向的情绪体验；客观刺激没有满足需要，就会让人产生消极负向的情绪体验。

消极的情绪体验都属于不良情绪的范畴。如果消极体验是一时性的、短暂的，其对当事人的身心及工作就不会造成大的损害；但若消极体验长期存在，其危害性就不容忽视了。积极的情绪体验未必都属于良好的情绪范畴，

当一个人的积极正向情绪超出一定限度时,如狂喜、过分激动等,积极情绪也会变成不良情绪,导致身心受损。

因此,作为班主任,要对不良情绪有所认知,并努力在班级活动中消除不良情绪对学生的影响。

不良情绪主要包括两种情绪体验形式:一种是持久性的消极情绪体验,它是指在引起悲、忧、恐、惊、怒、躁等消极情绪的因素消失之后,学生仍数日、数周,甚至数月沉浸在消极状态中,不能自拔;另一种是过度性的情绪体验,它是指心理体验过分强烈,超出了一定限度,如狂喜、过分激动等。

持久性的消极情绪体验和过度性的情绪体验都有严重的危害性,其危害程度因人而异。有的学生有较强的耐受力,不良情绪只会影响其人际关系和学习效率,不会对其身体健康造成很大损伤;而有的学生经受长期的不良情绪体验之后,不但人际关系和学习效率受到严重的影响,而且心理上的痛苦还会转变成身体上的疾病,严重影响身体健康。

人的情绪虽然主要受皮层下中枢支配,但是当这一部分活动过强时,大脑皮层的高级心智活动,如推理、辨别等将受到抑制,从而使人的认识范围缩小,不能正确评价自己行为的意义及后果,自制力降低,引起正常行为的瓦解,并使学习效率降低。

当学生处在焦虑、忧愁、悲伤、惊恐、愤怒、痛苦状态时,会引发一系列生理变化,这是正常现象,通常情况下,当情绪反应终了时,生理方面又将恢复平静。这类变化为时短暂,一般不会产生什么不良的影响。但若情绪作用的时间延续下去,生理方面的变化也会随之延长,时间久了,就会通过神经机制和化学机制引起心血管系统、消化系统、泌尿生殖系统、呼吸系统、内分泌系统等各种躯体疾病。

疏导学生不良情绪的方法有很多,但在班级活动中进行正确的疏导,是学生比较乐于接受的重要方式之一,具体策略如下。

1. 在班级活动中培养学生笑对人生的品质

乐观向上的情绪是身心和谐的象征,是心理健康的标志之一。要培养学生对社会、对生活的正确认识和态度,首先要让他们从培养和保持乐观稳定的情绪开始。

在班级活动中，班主任要让学生学会在烦恼和悲哀时控制自己的情绪，并用积极的态度对待它们，不断地磨炼自己，保持乐观豁达的心态。

比如，可以让学生在每天早晨起床后，面对着镜子，冲着自己自信地微笑，告诉自己：新的一天开始了，用微笑来迎接新的一天吧。为了控制自己的情绪，可以告诫自己：除非心平气和，否则迎来的将是失败的一天。

2. 让学生学会自我安慰

学生在成长的过程中会遇到诸多烦恼，如物质需要难以获得满足，与同学的关系紧张，学习成绩不尽如人意，不受老师和同学的青睐，等等。

班主任应在班级活动中引导学生学会自我安慰，转变看问题的方法，促使情绪发生改变，变得轻松、快乐起来。

比如，丢了钱，本来是件很倒霉的事情，但班主任可以启发学生跟自己对话：既然已成事实，何必自寻烦恼？丢了就丢了，就当自己没有这笔钱，或用这笔钱做了一项善举。这样的自我安慰，能让学生的神经放松，并保持愉悦、积极的心态。

3. 引导学生正确认识自己

学生在不同的环境中生活、成长，由于先天和后天方面的差别，在能力素质、学习成绩等各方面存在着差距，这是很自然的事情。每个人都有自己的成长轨迹，受家庭和社会生活的影响，都有着自己的长处和短处。有些学生会因自己的某些不足而产生消极、沉闷、不求进取、失望、胆怯等情绪体验，产生自卑心理。

此时，班主任可以通过讲述名人、伟人正确认识自己、取长补短、发愤图强的故事等活动，让学生理解，在日常生活和学习中，能够认识到自己的不足是件好事，关键是要通过和别人的比较，发现自己的缺点和不足，并扬长避短，下决心克服这些缺点和不足，振作精神，增强自信，始终保持健康积极的情绪。

4. 学会倾诉，给不良情绪找一个发泄口

罗曼·罗兰曾经这样说过："痛苦也和激情一样，如果要从痛苦中解脱出来，必先使痛苦充分发泄，毫不保留。"情绪活动是人的精神生活的重要方面，每个正常人都会有喜怒哀乐等情绪。特别是学生正处于生理和心理的转折期，情绪易受外界客观因素的影响，喜怒无常。当烦恼、悲伤和愤怒围绕自己时，很多学生总是过分抑制，如果这种心理能量一直郁积而得不到宣泄，就容易产生心理障碍，甚至会危害健康。

因此，班主任要在活动中帮他们寻找合适的对象倾诉：可以找自己要好的同学、父母或老师倾诉；或到空旷的野外，向着大自然呼喊，倾吐内心的烦恼；或把自己的心事写进日记里，并大声读出来；或把心中无法排遣的情绪痛痛快快地哭出来。通过情绪的充分表露，宣泄出自己内心的不悦，就能减轻自己的精神压力，并通过对自己倾诉的解释、评价，增加对情绪的自我认识，改变不适当的行为。

5. 给学生充分运动的机会

班主任应让学生多做跑步、转圈、疾走、游泳等体育活动。这些活动是化解不良情绪的行之有效的措施之一。

6. 到室外做活动

著名精神病专家缪勒指出，阳光可改善抑郁病人的病情。班主任可以把学生带到教室外，让他们散散步，晒晒太阳。

7. 让学生欣赏音乐

音乐可使大脑产生一种镇静安神的物质，因此，班主任可以选择一些轻松欢快的音乐让学生欣赏，并请他们谈谈心得体会。

（三）以名师为榜样，让班级活动卓有成效

丁如许是江苏省有突出贡献中青年专家、江苏省中学特级教师。曾在江苏省泰州中学工作，任班主任、政教处副主任、江苏省泰州中学附属初中常务副校长。现任上海晋元高级中学德育处主任。他曾应邀在北京、天津、江西、河南、黑龙江、四川等16个省市讲学300多场。

在班级活动创新方面，丁如许更是给广大班主任作出了表率，下面是他有关班级活动的经验之谈，对班主任搞好班级活动创新工作具有重要的指导、借鉴意义。

丁老师首先对班级活动给予了清晰严谨的界定：班级活动是由班主任指导的，以班级为单位，有组织地开展的教育教学活动。对这个定义做一个解

第三章 班级活动创新
重互动，重参与

读：第一，"是由班主任指导的"，这强调了班主任的主导地位。班主任对学生一定要起到一种积极的引导作用，应该实施积极、有效的教育。这是有别于任课教师指导的教学活动。第二，"以班级为单位"，突出班级这一集体形式，明确了要以学生为主体，有别于部分学生或少数学生自发开展的活动。第三，"有组织地开展的"，强调了班级活动的教育性和计划性。第四，是"教育教学活动"。从某种意义上来说，教学是从属于教育的，但是，现在我们为了强调在内容的选择上有更大的空间，我们可以更多地思考如何来把活动搞好。

丁老师认为搞好班级活动应遵循十大原则。

（一）教育性

在内容的选择上，应该根据党和国家的教育方针，突出爱国主义教育、集体主义教育和社会主义教育。

（二）针对性

班级活动要设计得好，一定要注意它的针对性。作为"基本课"，它主要针对学生的年级特点和身心特点开展。

在不同的年级，开展具有年级特点的活动时，应该注意三点：第一，抓年级的常规教育；第二，抓年级教育的重点；第三，结合年级的实际。比如，初一年级，往往要对学生进行校史、校风、校纪、校规的教育，要进行日常行为规范的教育；初二年级，教育的一个重点应该是青春期教育；初三年级，学生已经面临毕业，开展的活动规模不能大，应该与学生的学习紧密相连。

针对性班级活动的另外一个特点，要注意到学生的身心特点。对此，班主任首先要研究学生的心理特点。中学生有两个很显著的特点：一个是积极向上、争强好胜；另一个是逐渐减弱的依附心理和不断增长的自主心理。根据这样的特点，在班级活动当中，班主任应该比较多地举行竞赛活动。因为通过比赛，学生积极向上、争强好胜的心理需求能够得到满足。同时，举办各种活动，班主任要充分尊重学生的意见，让学生来做主持人，让学生进行思考，以培养和锻炼学生各方面的能力。另外，班主任要研究学生的生理特点，比如"早恋"这个问题就困惑了很多教师。学生正处在长身体的时候，青春意识萌动，班主任在设计活动时，应该体现"活"的特点，应该体现

"动"的特点，让学生更好、更积极地来参与活动，消除青春期的各种困惑。

（三）整体性

班级活动应该着眼于整体，特别是在教育阶段、教育内容、教育力量方面要突出整体。在教育阶段方面，班主任应该有一个总体的考虑，初一、初二、初三各自的教育重点是什么？高一、高二、高三各自的教育重点是什么？班主任都要有综合的考虑，并依此来设计班级的活动。在教育内容方面，简单来说，就是班主任要对学生的德、智、体、美、劳等方面都应该有所考虑。在教育力量方面，班主任要注意发挥任课教师的力量，注意发挥家长的力量。

（四）开放性

开放性，主要指的是活动形式上的开放。班主任要有意识地变封闭的课堂为开放的课堂，邀请大家来参加。

第一，向校内开放。

首先，可以邀请兄弟班级的班长、团支部书记或者副班长、宣传委员等一起参加；其次，就是同年级一起来开展，有的时候可以是两个班，有的时候可以是全年级；再次，是邀请高年级的学生来为本年级的学生做一些介绍。另外，还可以建立友谊班，即跨出校内界线，与其他学校的班级开展联谊活动。

第二，向家庭开放。

丁老师认为有两种开放形式，一种是请家长直接来参加友谊班的活动；另一种是请家长经常关心班级的活动。比如，可以举行"14岁集体生日"活动，班主任邀请家长写祝贺信、送礼物等。

在这方面，很多教师可能会遇到这样的问题，就是有的家长写不好信，不知道该怎么写，怎么办？

丁老师是这样做的：在举行活动之前，召开家长会，跟家长讲清活动的主题，请家长把写给孩子的信，装在一个小信封里，上面写某某学生收，然后装在一个大信封里面，上面写丁老师收。装在小信封里的信不要封口，而大信封要封好，由孩子带给丁老师。

这样做有什么好处呢？这实际上是事先和家长约定好，给孩子的信是让老师先看的。丁老师把家长的信先看了，把其中精彩的话摘录下来，让大家分享。这样的形式，非常感人，能够取得很好的教育效果。

丁老师在每一次活动前的家长会上向家长做介绍，都会鼓励家长写出更好的、更感人的话语，以便让孩子终生难忘，产生心灵的震撼。很多家长写得非常好，后来丁老师还专门写了一篇文章——《生日的礼物》，内容就是优秀的贺信摘选。

第三，向社会开放。

传统的做法是"请进来，走出去"。丁老师认为最重要的，是在内容上的开放。首先，应该让学生了解改革开放的社会，了解社会发展的形势。其次，作为班主任，应该指导学生了解各行各业的代表人物，帮助学生寻找生活中的"重要他人"。

（五）主体性

丁老师认为，活动应该以学生为主体，多设计全班每个学生都能参加的活动。比如，大家都来"一分钟演讲"。虽然实际操作上有点困难，但是，班主任想一些办法，让全班几十个学生每人讲一分钟，还是完全可以做到的。比如，在学生发言的时候，班主任可以明确要求只能讲一分钟，到了55秒的时候，设置一个提示音，提示音响，必须结束发言，接着下面一个学生来讲；在设计活动的时候，班主任还可以安排前面一个学生发言的时候，后面一个学生就坐在旁边等待，前一个学生讲完了，后面的学生马上就接着发言。这样一来，几十个学生都发言，时间是完全够的。

（六）知识性

班级活动开展得比较多，会不会影响学生的文化学习？其实，开展活动有利于学生综合素质的提高。学生综合素质提高了，文化学习同样可以得到发展。班级活动应该体现知识性。首先，可以设计与文化学习有直接联系的班级活动，如学科竞赛；其次，可以开展与文化学习有密切联系的活动，如有关学习目的、学习方法的指导的活动；再次，可以开展广义上的学习文化知识的活动，如必要的人际交往礼仪知识。另外，即使是以思想教育为主的活动，也要注意运用知识的力量。例如，在高一年级开展这样一个活动：做一个道德高尚的人，就可以通过介绍一些名人名言，介绍一些名人的事例，用知识的力量来推动学生对道德的追求。

（七）多样性

要提高班级活动的教育意义，就应该注意形式的多样性。丁老师设计的中学班级全程系列活动，从初一到高三有120个，每学期10个活动，作为一种基本课的形式来展现。丁老师做了调查分析，在这120个活动当中，有106个活动形式都是比较新鲜的，学生感到非常有趣，参加的积极性非常高。

（八）易操作性

开展班级活动，首先要注意活动的节奏。丁老师认为班级活动，特别是主题性的班级活动，次数不能过多，活动后还有很多工作要做，次数过多会影响学习。当然也不能过少，过少也不能达到很好的效果。其次要增强课堂意识，对课堂教学时间和结构要进行精心的研究和设计。

（九）创造性

要搞好一个活动，必须不断地创新。首先表现在内容上，随着时代的发展，班主任应选择新的内容。其次表现在形式上，很多好的形式班主任要采纳并加以研究。

在暑假前，初三、高三学生毕业的时候，有些班主任也会积极开展班级活动。例如，在等待通知的时候，组织一个20年后再相会的活动，就有利于增强学生之间的友谊，有利于学生对理想有进一步的追求。另外，班主任还可以借鉴电影、电视里好的活动形式，把它们运用到生活当中。丁老师在这方面也做了不少的尝试。比如，电视上搞论辩活动，在组织论辩时，做了非常大的两个字。丁老师把这种形式运用到班级活动中，写到了黑板上，学生一进教室，就看到黑板上写着两个大字——"论辩"，像顶天立地的巨人，然后，通栏标题写着"怎样做一个优秀的共青团员"，大家就感到非常新鲜。

（十）序列性

班级活动不仅要形成系列，而且要形成一个合理的序列。从内在结构来说，丁老师把班级活动分成三个结构。第一个是纵式结构，即前一个活动是后一个活动的起点，后一个活动是前一个活动的继续和深化，一步一步相连；第二个是横式结构，即围绕主题，从不同方面来展现主题；第三个是纵横交错的结构。

丁老师对班级活动创新的方法做了非常实用、系统的总结：

第三章　班级活动创新
重互动，重参与

（一）活动的选题

班级活动的选题应从四个方面考虑。第一，班级的奋斗目标和班级工作计划，要围绕这个目标开展相应的活动；第二，班级的具体情况，即班情；第三，学校的工作步骤；第四，优秀班主任的成功经验。在对班级活动进行了一定的研究以后，就可以形成基本选题。

（二）活动前的准备

第一，制订活动计划。

包括三个要点：第一是活动的名称。一定要给活动起一个响亮、易记、上口的名称，这便于学生写文章的时候更好地展现这个活动。第二是活动的主持人。班主任经常讲教育公平，其实更应该讲的是教育资源的公平。对于班级活动的主持人，班主任应充分考虑。在四十几个学生的班级里，每个学生都应有机会担任班级活动主持人，每一次的主持人都应安排恰当——能力相对弱的学生可以主持一些比较容易主持的活动；能力强的学生则可以主持比较难主持的活动。初中阶段 60 个活动，每个学生组织一个活动，还有十几个活动就可以让能力强的学生多主持一下，得到更多的锻炼。第三是全班学生的参与度。班主任要尽量避免"少数人在忙，多数人在看"这样一个被动的局面，要让全体学生都能积极地参与到活动中来才行。

第二，分工落实任务。

班主任对班级活动应加以指导，提前分工，落实任务，还应在适当的时候提前检查任务落实完成的情况。

第三，会场的布置。

会场布置应注意两点：首先，黑板。教室里的黑板，只能用 10 分钟，因为课间休息只有 10 分钟，很多时候要注意活动的时效性。其次，会标。会标怎么来写，要注意两点：要培养学生；不要过于苛求。当然，会标还可以事先准备好，到时候把它张贴出来，这也是一种方法。

第四，活动的教具。

班级活动课要准备必要的教具。比如，丁老师比较喜欢做一把金钥匙。用铅笔在泡沫塑料上画一把硕大的钥匙，然后用美工刀把它裁下来，刷上黄漆，或者贴上金纸，硕大的金钥匙就做好了。做好后，把它收藏好，不能让学生看到。班级活动时，当智慧老人——班主任捧着这把金钥匙出现在学生

面前的时候,会产生意想不到的效果。

(三) 班级活动的实施

丁老师举行的中学班级活动被称为"初中班级全程系列活动"。起初,丁老师把它叫作"三阶六十步"。为什么叫"三阶六十步"呢?因为每学期搞10个活动,整个初中就是60个活动。由于班级活动是贯穿于整个教育的全程的,所以丁老师就把它称为全程活动;由于活动主要是通过备课的形式在班集体中推进的,所以这种班级活动就被称为"班级全程系列活动"。

初一上学期——"做合格的中学生"。一共是10个活动。一般来说,上半学期5个活动。期中考试以后,学生相对轻松一点,丁老师就安排了家务劳动比赛;在期中考试以前,丁老师的活动还是紧密地和学科学习相关联的,每一个系列活动的最后一个活动都带有总结性,相当于一个小高潮。当学生迈进新校园时,主要进行校风、校纪、校规的教育。这个时候,活动时间可以比较长。

初一下学期——"做家乡的小主人"。这个主题与前面的主题相比,又进了一步。这个活动可以让学生做家乡的美食,烹调用具全带到教室,让学生自己来设计菜谱。到了班会课的时候,由学生烹饪,家长、教师都不帮忙。会餐时,还要请一位任课教师来品尝。一次,一个学生跟丁老师说:"丁老师,你尝尝我们的鱼汤,烧得非常好。"结果丁老师喝鱼汤的时候,惊讶地发现鱼鳃没有去掉,但是丁老师觉得能尝到学生自己做出的鱼汤,还是感到非常高兴。后来,有的学生在作文中写道:"没有想到,做好一次饭会这么难!爸爸妈妈平时为我们付出了多少辛苦啊!"

通过这次活动,丁老师非常高兴地看到学生学会了做一些菜。活动结束以后,班主任还可以做一个延伸——搞调查。第一组到菜农家调查;第二组到菜市场进行调查;第三组到饭店进行调查;第四组到蔬菜科研单位进行调查。然后,大家交流调查的体会,进行一分钟演讲。

初二上学期——"迈好青春第一步"。青春期的教育,不少学校认为是一个工作重点。如何来操作呢?首先,班主任可以先对学生进行青春期知识的讲座;然后,再请一个劳动模范做报告,让学生明白在平凡的岗位上怎样建功立业;接下来再进行家长座谈;最后,举行"14岁——奋飞的起点"主题活动。例如,还可以举办"介绍心中的英雄:14岁周恩来,14岁的雷锋,

第三章 班级活动创新
重互动，重参与

14岁的爱迪生……""14岁的人生阶段是如何思考的""在建设祖国的行列当中了解社会""青春在边陲闪光——与边防战士谈心""练就我们强健的体魄——青春杯体质竞赛""爸爸妈妈您听我说——学生与家长谈心"等多种活动。这些活动，学生都是非常欢迎的。

初二下学期——"我为团旗"班会。班主任可以邀请老共青团员做报告，也可以邀请教师、家长，或者是团组织的负责人做演讲；另外还可以进行入团志愿书介绍、祭扫烈士墓、编报评比、友谊活动、走向社会的义务劳动、集体友谊舞、入团宣誓、篝火晚会等活动。

初三上学期——"谱写人生"。初三学生要毕业了，班主任可以将一些活动与初二暑假结合起来开展，开学后进行交流。学生在暑假中，可以进行很多实践。丁老师主张学生做一些小发明、小制作，或者远足活动，骑自行车远行等，这些活动对初三学生都是非常好的。

初三下学期——"母校永在我心中"。初三下学期的活动应该与学科学习紧密相连，例如，学习成果的介绍、学习经验的介绍、为他人学习献计，等等。最后，还可以写临别赠言，班主任要进行积极引导，让学生知道怎样写赠言。

（四）班级活动的反馈

关注班级活动的反馈，是班主任进行教学工作研究的一个重要方面。很多教师搞了活动以后，不太注意资料的收集。丁老师认为，应加强对活动资料的收集，如班级日记的反馈、学生周记的反馈、活动纪实、活动总结、活动座谈会、书面调查等。

对活动日记，丁老师主张，班主任应该指导学生写班级日记。班级日记怎么写？先给日记本起一个响亮的名字，在具体写的时候，做到"四结合、四为主"：记班级与记个人相结合，以记班级为主；记当天与记以往相结合，以记当天为主；记重大题材与记普通题材相结合，以记重大题材为主；记实与记虚相结合，以记实为主。

对有的教师认为学生的班级日记比较差的说法，丁老师认为，班主任应带头写班级日记，班级日记的第一篇都由班主任来写，接下来由班干部写，再依照学号或值日生的序号让全班学生来写。班级日记写好以后，班主任应及时阅读。

丁老师班的班级日记中，学生用的是蓝色的笔，丁老师用的是红色的笔，红蓝相间，就像一道亮丽的风景。在实践中，丁老师班里的一些学生还会和老师一样加批语，称之为留言板，这也是一种非常好的形式。另外，日记写好以后，不只在学生之间传阅，还要及时抄写在黑板上，教师一走进教室就可以了解班情。班级日记怎样让学生坚持写下去呢？丁老师还有一个做法：当天写的学生要对前一天写的日记做一个评价，如抄写是不是工整，篇幅是不是合适等。有学生的评价，还有班主任的正确引导，不仅对学生能力的提高非常有帮助，对班级自动化的管理也很有帮助。

　　总之，班主任开展班级活动，要精心设计。精心设计的班级活动，体现了教育的计划性，有利于形成一个由低到高、由浅到深、呈螺旋式上升的教育格局。精心设计的班级活动也体现了教育的主动性，有利于改变"头痛医头，脚痛医脚"的被动局面。精心设计的班级活动还体现了教育的丰富性，可以让学生在丰富的活动中展现才华，快乐成长。

　　在丁老师眼中，班级活动是最有魅力的活动，班级活动是德育的最佳途径。

　　上面案例中的丁如许老师，自从踏上讲台就开始做班主任工作，20多年以来，他的生命和学生紧密地联系在一起，和学生一起成长，品尝着班主任工作的艰辛、欢乐和光荣。多年的教育经验让丁老师坚信，德育必须"活"起来，用丰富多彩的教育活动，在真实生动的教育情境中，给学生留下终身难忘的印象。因此，丁老师一直注重班级活动的设计，通过开展各种有意义的活动，让学生从中得到了欢乐，感受到成功，体验到艰辛，从而提高了学生综合素质。

　　上海著名特级教师马兰霞老师认为，"在丁如许丰富的德育实践和精彩的德育著述中，最惹人注目的是他对班级活动的研究"，他"形成了具有中国特色的德育理论。比如将班级活动与'生命体验''人际交往''回归生活'等最时髦的教育理念相互打通"，"使班级活动焕发时代气息，开辟出一条切实有效促进学生素质全面发展的途径"。

　　班主任要想像丁老师一样，把班级活动搞得卓有成效，可以尝试采用以下一些策略。

第三章　班级活动创新
重互动，重参与

1. 虚心请教，掌握班级活动基本规律

班主任，尤其是新班主任，除了要亲自积累掌握学生的资料，对学生的思想状况及时了解，并根据学生的情况来确定班级活动主题外，还要虚心向优秀班主任学习，从他们的言传身教中，感知、领悟并逐步掌握一些开展有效班级主题活动的规律，以便更好地学习其活动的形式与内容。

2. 给所有学生创设机会，让活动做到全员参与

在活动创新之前，班主任一定要考虑清楚，什么样的活动才适合全员参与。班主任面对的每个学生在性格、认知水平等方面都各不相同，因此，设计活动时一定要尽可能照顾到所有学生，而不能把目光锁定在少数尖子生、特长生身上。只有全员参与，才会让活动更具广泛的影响力，才会更加高效。

3. 要善于协调人际关系

班级学生在共同活动中会打破平时稳定的人际关系，他们会进入各种角色，从而产生多边交往与互动，因此就易产生一系列的社会心理现象，如暗示、从众、模仿、感染、舆论、心理相容、心理冲突、心理气氛等。

此时，班主任要相机而动，针对各种利弊因素作出反应，或利用，或引导，或纠偏，等等，而不能因新角色的出现影响了学生的人际关系，造成不必要的不和谐。

4. 要注重培养学生的班级意识

班级活动因为具有全员参与的特性，因此，班主任要教育学生，让学生学会从大局出发，并努力在活动中培养学生的班级意识，避免一些学生以自我为中心而把活动搞砸。

5. 要善于洞察并及时反馈

班主任要做个有心人，在参与活动时不做"主角"，而要做"场记"，善于发现热闹背后的点滴细节，收集那些被学生忽略或遗忘的闪光的人或现象，并及时作出反馈，让学生明确怎样做才是对的，应该在活动中规避什么等。

第四章　转化后进生创新
以爱开心锁，以激励促改变

所谓后进生，一般是指那些学习差、纪律差、行为习惯差的学生，既可指素质发展相对滞后的个体，也可指素质发展相对滞后的群体。转化后进生的过程，是班主任彰显师德及人格魅力的过程，也是赢得学生、家长、社会赞誉和尊重的过程。班主任要用真诚对待他们，用善意理解他们，用宽容感化他们，用成功激励他们，帮助后进生树立起追求"新我"、战胜"旧我"的信念，从而进一步提高其综合素质，达到教育转化后进生的目的。

第四章　转化后进生创新
以爱开心锁，以激励促改变

小芳是个很漂亮的女孩，刚接手班级的班主任张老师对这个初二女生也很喜欢，但随着时间的推移，张老师对小芳的印象发生了质的变化：外表漂亮、性格外向、能歌善舞的小芳，不但在学习上门门功课"亮红灯"，而且还像男孩子一样有野性，上课搞小动作，出怪相，下课还带一帮"小姐们"找男生打群架。

虽然张老师对她进行了多次批评教育，但却没有效果，依然我行我素。张老师面对这个"刺儿头"，已经无计可施，苦不堪言。

管理一个班级，班主任总会碰到一些像上面案例中小芳式的后进生。他们要么学习差，要么行为差，要么态度差，总是让班主任头痛不已。

在课堂上，与一些精神饱满、思维活跃、发言积极、敢于争论的学生相比，后进生常常是面目无神、默默无语、似听非听，甚至扰乱课堂，在学习成绩和行为习惯方面的表现比较落后。如果任由这些学生学无兴趣、言无知识、做无能力、争无斗志地发展下去，那么他们是很难适应当今社会变革的需要的。

所谓后进生，一般是指那些学习差、纪律差、行为习惯差的学生。过去人们把他们叫作差生，现在称为后进生，有"后来进步"之意。需要强调的是，后进生不是指由某些遗传或生理的因素造成的智力落后、反应迟钝、脑功能轻微失调（多动症）等的儿童，也不是指已经走上犯罪道路、有"反社会行为"的"问题儿童"，而是指在教育的主导影响下形成的特殊学生，即所谓的"双差生"——在品德和学业两方面都比较差的学生。

后进生是素质发展的某一方面或所有方面相对滞后的学生，是就某个学生群体而言的相对概念。通常情况下，他们最突出地表现在品行和学业成绩等方面相对滞后，而按照素质教育的标准，教师不应局限于品行和学业成绩这两个方面来评判一个学生的后进与否。后进生既可指素质发展相对滞后的个体，也可指素质发展相对滞后的群体，班主任要做的转化后进生的工作面对的不仅是个别人，还可能是一部分人。在科学发展观的视野下，用素质教育的标准来看，后进生与非后进生是相互依存、相互制约、相互影响、相互作用、相互转化的。

班主任要不断认真学习教育教学理论和有关教育法规，提高思想认识水平，树立教育创新理念，科学认识和了解后进生，尊重后进生的人格，平等对待每一个学生，才能使后进生深刻体会到教师的一言一行都是发自内心地对他们关怀与爱护，都是为了让他们不断取得进步。

尽管后进生身上有很多不尽如人意的地方，令班主任的工作很难做，但是后进生也是人，不是产品，班主任不能把他们当成"次品"或"废品"置之不理，而是要在教育教学中，用创新的理念和举措对待后进生，真正关爱他们，转化他们，力求做到"五多五少"（多亲近，少冷面；多鼓励，少指责；多关注，少冷落；多信任，少嫌弃；多尊重，少急躁），把他们从后进生转变为先进生，成为阳光学生。

一、班主任转化后进生创新概述

陶行知先生认为，"从某种意义上来讲，转化一个后进生比培养一个优秀生更重要、更光荣、更有价值"。作为班级管理者的班主任，要摆正自己的观念，时刻提醒自己，评价一个学生的好坏不能仅仅只是依据他的成绩，而必须确立"没有差生，只有差异"的教育理念，抛开成见，转变"朽木不可雕"的思想，对他们动之以情，晓之以理，用"甘露"来浇灌后进生的心田。

班主任要想在转化后进生方面有所创新，就要对后进生进行深入细致的了解，找到导致他们后进的根本原因。

后进生的特点主要表现为以下两点。

（1）自卑感强。

后进生由于各方面表现较差，受到批评较多，实际上在班级里处于弱势

第四章　转化后进生创新
以爱开心锁，以激励促改变

群体的位置。父母的训斥、怒骂，同学的讽刺、挖苦，某些教师的"另眼相看"，使他们感觉自己低人一等，所以容易出现破罐子破摔的行为而自暴自弃。

（2）逆反心理较强。

因为深感别人对自己的轻视，后进生的言行会比较反常。例如，他们觉得违反纪律是"勇敢"，向教师反映情况是"出卖朋友"，他们在处理同学关系时重感情、讲义气。后进生的形成，固然与家庭、社会和学生等因素有关，但与教师的教育思想、教育态度和方法更有直接的关系。

导致学生成为后进生的原因是多方面的，班主任应对此做耐心的了解与分析。

（1）教师太过威严。

平时教师在学生面前总是公文式的语言、严肃的表情，让学生感到一种难以接近的威严。在严师面前，一些成绩中等或偏差的学生往往不知所措，精神受到长时间的抑制，内心焦虑不安，唯恐自己的言行会冒犯教师，于是便对教师敬而远之。久而久之，教师也对这些学生渐渐淡忘，忽略了他们的存在，使他们成为可有可无的个体。

（3）教师批评方式不正确。

课内有些教师常常会这样批评学生："怎么又忘了？讲过几遍了还不懂，你是怎么听课的？"教师的愿望是好的，但却没有考虑这种指责最容易破坏学生的情绪，打击学生学习的积极性，让学生觉得自己确实"笨"，变得越来越不自信，从而变得"安分守己"，不愿意发言，随意听听就行了。

（3）教师的不公平待遇导致学生自暴自弃。

有时教师为了完成教学任务，或追求公开课的效果，对那些口齿伶俐、对答如流的学生特殊照顾，而对一些表现比较差的学生则不闻不问。这种不公平的待遇会使学生耿耿于怀，给他们的心理蒙上失望的阴影，久而久之，学生对教师的这种行为习以为常，形成"反正举了手也轮不到我发言，干脆不举手，反而自在"的心理。

还有一些教师常把学习基础差、听课吃力的学生视为累赘，认为让他们发言是浪费时间，导致这些学生也乐得不动脑，身在教室，心却惦记着下课怎样玩才痛快。

(4) 学生自身原因。

有些学生因为口齿不清、基础不好或身体缺陷等原因,唯恐自己举手发言会引来同学讥讽的笑声,所以他们更愿意保持沉默。

(5) 家庭原因。

一些学生因父母在外打工而成为留守儿童,一些学生因父母离异而成为单亲儿童,一些学生因父母工作迁移而成为随迁儿童……这些学生往往因为父母无暇管教而在性格、行为习惯等方面出现问题,致使他们不能安心学业,最终成为后进生。

(6) 社会原因。

受社会不良风气的影响,诸如受拜金主义、读书无用论和追求物质享受等错误思潮的影响,造成一些学生不思进取,逃学、厌学或离家出走的情况时有发生。

面对后进生的种种问题,作为学生指路人的班主任,有权利和义务在工作方法上进行各种创新,以图尽早让后进生摘掉后进的帽子,变成优秀的学生。

(一) 班主任转化后进生创新的重要意义

不论是哪所学校、哪个班级,后进生问题都是一个令班主任头疼的普遍而又严重的问题。后进生的人数虽少,但其影响大、危害性大,所以,班主任开展后进生的转化工作有着重要的意义。

1. 转化后进生有利于建设优良班集体

优秀班集体的目标要靠每个学生的积极行动来实现,而后进生的言行常常会阻碍目标的实现。

在一个班集体里,好的榜样往往是学生前进的方向,榜样的言行可以直接规范大多数学生的言行。但是,如果有几个后进生联合起来对榜样进行打击、挖苦、嘲讽,榜样不仅难以发挥模范作用,而且自身也会感到无所适从。

更为严重的是,后进生虽然在学习成绩和行为习惯方面比别的学生差,但后进生的社会性往往比别的学生强,在生活的某一方面后进生可以说是

第四章 转化后进生创新

以爱开心锁,以激励促改变

"优生"。如果任后进生自由发展下去,不加以正确引导,后进生可能会变坏,好学生也有可能被"拉下水",使一个班集体变成一盘散沙。

因此,班主任转化后进生创新工作的有效开展,是建设优良班集体的前提,具有十分重要的意义。

2. 转化后进生有利于提升学生的思想修养水平

学生的品行不是先天形成的,而是靠后天的教育养成的。后进生的思想文化水平不高是其一个重要特点,而这也会影响他们将来的发展。因此,每一个班主任都应该牢记教育的宗旨,承担起社会和家长的重托,以赤诚之心去做好后进生的思想修养的提升工作,为学生的终生发展贡献力量。

3. 转化后进生有利于提高教学质量

教学过程包含教师教的过程和学生学的过程。后进生之所以在教学过程中表现出逃学、厌学、课堂捣乱、抄袭作业、离校出走等不良现象,原因是多方面的,但一个根本的原因就是学生学的过程出现了问题。所以,班主任要想让后进生的学习水平赶上来,教师就要仔细研究后进生的学习心理,打通学生学的过程通道,进而反思教师教的过程通道,以更好地服务教学,提高教学质量。

4. 转化后进生有利于社会安定、家庭和谐

后进生的越轨行为不仅会在校内表现出来,而且不可避免地会在校外发生,严重的会危及家庭、社会,扰乱公共秩序。为了使每一个学生都成为合格的社会公民,促进家庭和谐,班主任必须做好后进生的转化工作。

5. 转化后进生有利于彰显师德

有效转化后进生的班主任,必须具有仁爱、仁慈、宽容、理解、远见、智慧、艺术等品质。

具有这些品格的班主任,才会把后进生作为有待发掘的宝藏,发现他们身上的闪光点;才会产生热爱后进生的情感,用心找到教育他们的方法;才会坚信后进生是可以转化的,给他们以细心呵护、关怀体贴、理解尊重、谆谆教导。

可以说,转化后进生的过程,是班主任彰显师德及人格魅力的过程,也是赢得学生、家长、社会赞誉和尊重的过程。

（二）班主任转化后进生创新的基本内容

教无定法，学无定法，转化后进生也无定法。作为班主任，要有整体育人、全面育人的观念，要了解后进生、充分利用新课改的精神，用真诚对待他们，用善意理解他们，用宽容感化他们，用成功激励他们；要采取创新的工作方法，使后进生树立起追求"新我"、战胜"旧我"的信念，引起他们积极的心理反应，从而进一步提高其综合素质，达到教育转化后进生的目的。

转化后进生创新的内容主要包括以下几个方面。

1. 摒弃"包袱"思想，走"亲民"之路

后进生的心理往往会设置一道坚固的防线，把同学、教师甚至包括班主任都拒之门外。因此，教育转化后进生最首要的一环，就是要与后进生建立真诚的感情基础，"亲其师而信其道"。假如班主任与后进生之间没有真挚的情感联系，转化后进生是不可能的。

班主任要摒弃"包袱"思想，走"亲民"之路，把后进生当作亲人、朋友，拉近心理距离，做他们的知心人，在与学生进行交往、沟通的过程中加深彼此之间的理解，在共同的学习生活中建立感情，为彻底转化他们打好情感基础。

2. 放下架子，尊重后进生

后进生的内心往往很自卑，在别人的冷言冷语中他们的自尊会很容易受伤。因此，班主任应该放下架子，不要总是以冰冷的面孔面对他们，而要多关注后进生，善于发现并挖掘他们的闪光点。同时也要让周围的教师、学生尊重他们，关爱他们，重新唤起他们的自尊心与自信心，帮他们树立起新的精神支柱，让他们有尊严地学习，快乐地享受学习时光。

3. 把握心理特点，有的放矢做好转化

班主任转化后进生的关键，是要针对后进生的心理特点开展工作，循循善诱。

后进生也有美好的愿望，有积极的期待心理，他们期待周围的人尤其是班主任尊重他们，看到他们的长处，发现他们的闪光点，期待别人相信他们能够进步，转变为好学生；他们也有自我表现的心理，愿意得到适当的机会来展示一下自己，并通过自己的实际行动得到别人的肯定；他们也有努力争取进步的愿望，不甘心落后、位居下游，希望通过自己的努力成为名副其实的好学生。

班主任要对后进生的心理状态仔细了解分析，选择好教育突破口，才会取得事半功倍的效果。这个突破口可以是他们的闪光点，也可以是他们的弱点，要因人而异。对后进生不能头痛医头，脚痛医脚，只顾眼前，急功近利，而应该从他们的长远利益考虑，有合理可行的目标，要循序渐进。教师要讲究批评的艺术，要努力营造帮扶后进生成长的良好氛围。

4. 多激发，少揭短

班主任应给后进生营造民主、平等、和谐的成长氛围，给他们创造充分展示与表现自我的机会，善于调动、激发后进生自身的积极性，引导他们进行自我教育。对于后进生的问题和缺点，我们也不要有意去掩饰，而应以实事求是的态度，通过适当的自我反思和自我教育的方式妥善指出，并使之逐步改正。

班主任要时时存有捕捉后进生身上闪光点的耐心。对后进生一时表现出来的好思想、好行为等积极因素，要抓住不放，及时表扬。因为后进生的上进表现大多具有非稳定性，如果不加以及时强化，便会很快消失。而教师适时地表扬和鼓励，将使他们燃起希望之火，鼓起继续前进的勇气，使这种闪光点成为名符其实的向好的方面转化的转折点。后进生的闪光点有时表现得可能比较突出，有时也可能是微弱的，有的会表现在他们的兴趣、爱好和特长中，有的会表现在他们对"三好学生"的羡慕之情上。班主任一旦意识到这种闪光点的出现，不管动机如何、背景怎样，都应竭力扶植，使它由小到大、由点及面，直至成功。若后进生心中始终燃烧着不灭的上进之火，成才就有希望。

还有一点需要注意的是，班主任在批评后进生时，要注意谨言慎行，绝不能当众"揭短处""亮伤疤"，做伤害后进生自尊的事情。

5. 允许反复，坚持持久战

学生的生理、心理和思想都是不断发展变化的，因此，每个学生都有很

大的可塑性，后进生也不例外。只要引导得法，后进生也是可造之材。班主任只有以动态的眼光看待后进生，才能认识到教育后进生的意义，才能坚信心血不会白费，必将开花结果。

班主任还要认识到后进生发展变化的反复性和曲折性，这是因为后进生通常比较自卑，意志比较薄弱，长期形成的不良思想和习惯不可能一下子连根拔掉。他们在成长过程中总会接触到一些消极的东西，导致正在进步的后进生故态复萌。比如，他们学习基础差，对学习没信心，易出现"三分钟"热度，顺利时沾沾自喜，一遇到挫折马上就会垂头丧气，心理波动大。

施教之功，贵在持之以恒。育人是一项艰巨的任务，转变后进生也不可能一蹴而就。班主任应坚持对后进生进行长期的、反复的、耐心的教育，不要寄希望于立竿见影。

6. 形成有效的教育合力

转化后进生不能只依靠班主任一人之力，而应该调动各种因素，如学校领导、科任教师、学生家长、学生以及社区的力量，齐抓共管，形成教育合力。

（三）个别班主任转化后进生创新不到位的原因

1. 思想认识有偏差，对后进生缺少关爱

一些班主任在转化后进生方面存在的一个重要问题，就是缺少对后进生的关爱，致使他们得到的温暖太少。一些班主任对后进生往往表现出不同程度的嫌弃心理，如有的教师认为后进生"朽木不可雕"，再多的教育付出都徒劳无益；有的教师把后进生看成包袱，会给班级扯后腿，因而产生厌烦心理；有的教师以偏概全，把后进生看得一无是处，产生偏激心理，动不动就用惩罚的办法来管理后进生，等等。

这样的偏见和错误认识，会让一些班主任对后进生或放任自流，或漠视他们的存在，只要后进生不在课堂上捣乱，学不学、交不交作业教师都无所谓，甚至是对后进生放弃了管理和教育，导致后进生成了"边缘人""隐形人""局外人"。

第四章 转化后进生创新
以爱开心锁，以激励促改变

2. 急于求成，希望转化立竿见影、一劳永逸

后进生身上本来就存在许多缺点和毛病，对他们的转化不可能一蹴而就，在转化过程中，后进生故态复萌，出现多次反复是正常的现象。对转化后进生这项艰巨的工作，班主任一定要有心理准备，要怀着满腔热情，遵循教育规律，"反复抓，抓反复"，因势利导，使后进生保持不断前进的势头，千万不能虎头蛇尾。

个别班主任因缺乏耐心，开始时还对后进生有些要求，也实施了一些批评教育，但时间一长，见不到效果，就打退堂鼓，放弃了。这种急于求成的心态，会导致转化工作的失败。

3. 以罚为主，以罚为宝

后进生犯了错，有些班主任不是进行教育引导，而是动不动就予以处罚，把处罚当作法宝。罚抄写、罚值日、罚站，甚至对后进生进行人身辱骂和攻击。

这样简单粗暴的处罚，会让后进生恐惧，也会让他们疏远与班主任的关系，更会让他们"破罐子破摔"，这与班主任转化后进生的期望是完全相反的。

4. 缺少切实可行的方式方法

"一把钥匙开一把锁。"后进生的类型不是单一的，所犯的错误也会千奇百怪，面对后进生出现的形形色色的问题，一些班主任尤其是新班主任由于缺乏经验而束手无策，为找不到对策而陷入苦恼，甚至产生不当班主任的想法。

造成这种局面的原因，一是班主任的责任心不强，没有把对学生负责的理念落实在行动上；二是没有虚心向有经验的优秀教师学习；三是缺少自信；四是对后进生的深入研究不够，没有掌握他们的心理特征，以至于无法做到对症下药。

二、班主任转化后进生创新案例及养成策略

（一）给留守学生以温暖，让他们不再孤独

某班主任接新班时，发现班级中属于留守学生的有6人，占全班学生的20%。她立即意识到，留守学生的问题已经日趋突出，已成为自己难以回避也不能回避的问题了。

经过一段时间的分析和观察后，这位班主任认识到，由于父母的长期缺位或隔代抚养、亲属代管的局限性，使得留守学生在认知、情感、道德、个性等方面在成长发展的关键时期得不到正常的呵护与教育，从而造成留守学生在心理上的诸多缺陷，他们的心理环境与生活环境是不完整的。而解决这类学生的问题，是对社会的稳定负责，是对家长的重托负责，是对学生的健康成长负责。因此，针对留守学生的具体情况，她积极开展了教育和管理。

针对学生亲情的缺失，为了让留守学生感受到父母般的亲情，她在班里成立了留守学生教育辅导小组，请所有的教师给予留守学生，特别是单亲和父母离异的留守学生更多的关爱和辅导，并制订了严密的辅导计划，早晚自习都有教师辅导留守学生的作业，平时还会进行个别辅导。

班里有个学生叫小明，母亲很早就离家出走，父亲喝酒成瘾，经常不在家，对孩子从不管教，更谈不上爱护。转学几次，由于缺乏关爱和教育，小明的学习很差，身上还存在一些不良习气。学校做了许多工作，但始终没有效果。

班主任还了解到，小明家经济条件很差，他在所住的村子没有亲戚，每到周末回家，都是自己做饭，自己睡觉。

对小明这样孤苦的学生，班主任心里很是同情，就经常把他接到自己家中吃饭，给他换洗衣服，辅导作业。在小明眼中，班主任既是严肃的老师，也是慈祥的母亲，老师的叮咛如春雨一般，滋润着小明的心田。

在班主任和同学们的共同努力、关爱下，小明发生了很大的变化，他的身上已经没有了不良的习气，树立起了生活的信心，学习成绩也有所提高。

第四章 转化后进生创新

以爱开心锁，以激励促改变

班上的小强同学是一个学习成绩很优秀的学生，他的母亲在2003年非典期间病故，父亲又长年在外打工，他与年迈的爷爷一起生活。生活的艰辛让小强饱尝世态炎凉，缺少亲情关爱的他变得越来越冷漠了。

班主任了解到他的具体情况后，就有意识地经常关心他。发现小强在大冬天没有袜子、棉鞋穿，班主任就主动给他买了棉鞋、袜子，学校的其他老师也把自己孩子替换下的衣服送给他。班主任了解到班里的小敏和小强是一个村的，就去做小敏家长的工作，并得到了他们的热情支持与帮助，每到星期天，小强总能在小敏家吃上热乎饭。

小强在大家的关爱下，性格开朗了，对同学也有热心、爱心了。他还主动帮助小敏，一起提高学习成绩。

小强的爸爸看到班主任和其他人都那么热心帮助小强，非常感动，表示自己不出去打工了，他要用父爱呵护小强茁壮成长。

为了更好地转化、温暖留守学生，这位班主任还特意建立了留守学生档案，对父母务工所在地的通信地址和联系方式做了登记，并经常保持联系。班主任会把留守学生近期的学习、生活、思想状况及时通报给家长，并针对这些情况向家长提出具体建议，让家长在了解学生的前提下，有的放矢地与孩子进行对话，解决学生存在的问题。

班里的小晨同学是刚从北京转回本地学习的，由于他从小娇生惯养，没有吃过苦，对学校的住宿生活很不适应，情绪比较低落。班主任及时和家长联系，建议家长每周打一次电话，对他进行鼓励和教育，一段时间后，小晨已经能适应学校生活了。

同时，班主任还对其他留守学生和家长提出要求，让他们每两周至少通一次话，每个月给父母写一封信，也要求家长都及时回信，从而为留守学生架起了信息的桥梁，让亲情在空中传递。

对留守学生而言，最大的难题就是课业没有人辅导。对此，班主任在班级成立了学习互助小组，对成绩差些的留守学生进行帮扶，让他们缩小差距，找回自信。同时，学校、班级还开展了丰富多彩的活动，如特长展示、兴趣小组、科技发明、文体活动，让健康有益的活动充满留守学生的课余生活。

因家庭的不完整或亲人关爱的缺失，在留守学生成长的道路上出现了许

多不利于成长的因素。而要减轻父爱母爱缺失对孩子的影响，就要缩小学生现有监护人的角色与父母角色之间的距离。为此，这位班主任特别注重办好家长培训班，让单亲守候、亲属代管、隔代抚养的主角都能更好地扮演父母角色。

她把留守学生的监护人请到学校，定期讲座，谈留守学生生理、心理的特征以及发展需求，从理论的高度给他们以指导。同时还引导监护人之间相互交流，与教师交流，与学生交流，让这些监护人科学教育孩子，做个称职的"父母"，把家庭关爱缺失的负面影响降到最低程度。

父爱母爱是无法替代的，因此，这位班主任还鼓励有条件的家庭，在孩子寒暑假期间将孩子接到自己的打工地，共享天伦之乐，增进父母与孩子的感情。

针对过去一些班主任侧重于给学生更多的关爱，而对学生感受父母辛劳工作有所不够的缺憾，这位班主任还在适当的时机，邀请回乡探亲的家长做报告，用自己的亲身经历，谈在外务工的艰辛、知识的重要、赚钱的艰难，以唤起学生"寸草报春晖"的感恩之心，让他们感受父母的辛劳，奋发图强，努力学习。

在上面案例中出现的留守儿童，近年来已经成为一种普遍现象。而据相关调查，有50％以上的留守儿童存在较为严重的心理障碍和性格缺陷，学习成绩也令人担忧，甚至在一些人眼中，留守儿童已经渐渐变成了"个人素质特殊生"的代名词。因此，留守儿童的教育问题，也成了一个非常值得班主任关注的问题。如何在创新的基础上帮助、转化这些留守儿童，案例中的这位班主任给我们提供了很多值得借鉴的地方。

留守儿童是指由于父母一方或双方外出打工而被留在农村老家，并且需要其他亲人或委托人照顾的处于义务教育阶段的儿童（一般指6～16岁）。

父母外出务工是一种普遍的社会现象，一方面，改善了家庭经济条件，为留守儿童接受教育提供了更大的可能性；另一方面，父母的外地生活或多或少开阔了孩子的眼界，并在一定程度上激励着他们努力学习，争取考上大学继而走进城市。

然而，除了经济上的些许改善，留守生活带给学生更多的恐怕还是教育上的缺陷。据调查，留守儿童的辍学率约为5％，在校留守儿童有40％学习

第四章 转化后进生创新
以爱开心锁，以激励促改变

成绩较差，30%学习成绩中等偏下，仅有10%的学生学习成绩比较优秀。留守和非留守儿童在完成家庭作业方面也有明显差别。父母在家的学生，作业完成得比较及时、认真；父母不在家的学生，作业经常拖欠，甚至还会出现抄袭、不写的情况。

由于留守儿童短期或长期失去直接监护人，在缺乏父爱母爱的环境中成长，长期的情感缺失和心理失衡导致许多留守儿童心理不能健康发展，而变得厌世自闭、社会逆反、空虚、自卑、胆怯、没有精神寄托等。家庭生活和教育的缺陷使他们轻者经常逃学、打架，重者违纪犯法，给社会造成不良影响。面对留守儿童教育问题的严重性，一些学者警示：他们可能会成为被"毁掉的一代"，成为国家新的不稳定因素，留守儿童的教育问题已经成为农村人口外流的一个潜在挑战。

家庭教育是每个人一生中不可缺少的启蒙教育，健全而有效的家庭教育对一个人的健康成长起着至关重要的作用，但留守儿童基本缺失完整而有效的家庭教育，与父母的长期分离使得家庭教育的作用已经弱化。家庭教育的主体由父母变成了其他抚养者，其中绝大多数是祖辈，还有一部分是其他的亲戚。老年人大多对孙辈较溺爱，加上疼惜孩子，因而对孩子是有求必应，对其顽劣行径也舍不得严厉管教；再者，农村老年人大多文化程度较低，缺乏先进的教育理念和科学的教育方法，更不懂得少年儿童的心理特点和成长规律，加之年纪大了精力有限，无论在体力还是智力上都难以有效承担起对孙辈的家庭教育职能。而寄住在亲戚家的孩子，家庭教育则更加淡薄。因为站在亲戚的立场上也不便对孩子进行管束，孩子也很难在亲戚家中产生归属感，容易和亲戚家年纪相近的孩子产生矛盾。而很多外出务工的父母出于愧疚，大多对孩子也是有求必应。他们认为物质上的丰裕就是"幸福"，所以习惯用金钱来弥补对孩子的愧疚，经常会给孩子大量的零花钱。而处在这个年龄阶段的儿童，由于他们的生理、心理都还很不成熟，易受外界不良现象的影响，手里过多的零花钱往往会进一步助长他们的不良习气。这种监护权的缺失和畸形补偿对孩子的人格发展、社会化和道德发展都会带来负面影响。

因此，班主任在教育工作中应增强针对性，对留守儿童的学习、生活、思想以及心理健康方面给予更多的关注，用强化的学校教育弥补他们弱化的家庭教育，为他们的健康成长营造一个良好的校园氛围和环境，去解决他们身上时不时出现的厌学情绪，畏难、自卑的心理，懒散的习惯，孤僻的心理倾向，与同学交往困难等问题。

班主任在转化留守学生创新方面的策略大致如下。

1. 营造良好的班集体氛围

留守学生由于心理上的障碍可能会使其行为表现不受其他同学的欢迎，常常被排斥于群体之外。如果这种不合群的现象长期存在下去，势必使留守学生冷漠苦闷与孤僻无援的心理变得越来越严重。因此，班主任应重视营造良好的班集体氛围，教育学生要关心集体、爱护集体、团结集体中的每一个成员，把个人的进步与集体的荣誉连在一起。

2. 加强师生间的情感交流

留守学生在成长过程中是最希望被关注的。父母不在身边，如果教师能够关注他们，就可以弥补他们在家庭中缺少的情感交流。特别是当他们对某一事物面临选择或出现行为偏差时，班主任晓之以理、动之以情的言语交流是非常重要的。

班主任应常常有意无意地接近他们，发现他们身上的优势，给他们鼓励。师生之间的情感交流，有利于班主任摸准留守学生的思想脉搏，这对纠正他们的认识偏差、促进他们健康心理的成长具有重要的作用。

3. 帮助留守学生建立自信心

班主任应充分利用"结对子""心理咨询""主题班会"等活动，帮助留守学生确立自信、自强的信念，使其能融入集体，体会与人交往的乐趣。学生，尤其是中、低年级的学生，对自己的评价大多依赖他人对自己的评价，外界的批评和表扬在很大程度上影响着他们的情绪和行为。为了让留守学生在学习、竞争、人际交往中树立信心，班主任应多用创新的方法激励他们，让他们抬起头，挺起胸，从自卑走向自信。

4. 开展丰富多彩的活动，让他们不空虚

对留守学生来说，由于思念父母、心理空虚等原因可能会导致他们的行为失常，因此，班主任要用丰富多彩的活动来吸引他们，帮助他们在集体活动中磨炼意志。

第四章 转化后进生创新
以爱开心锁，以激励促改变

同时，班主任可以通过集体活动的开展，调节留守学生对家庭和社会的种种不满情绪。班主任也可以通过"一帮一"上门补习、分担家务等形式，使留守学生从被动到主动参加集体活动，融入到大集体中；班主任还可以适时适度地通过家访、通电话等情感教育的形式，让留守学生感受到生活的温暖和爱。

5. 加强对留守学生的个别帮助与指导

留守学生的性格类型和性格特征的个体差异是客观存在的，要培养他们良好的性格，班主任就要重视对他们的个别帮助和指导。

在个别帮助时，班主任要分清留守学生的不同家庭情况所带来的不同心理状况，分析其性格中的积极因素和消极因素，帮助他们发展积极的性格特征，调整消极的性格特征。诸如，留守学生学习上有什么困惑；同学之间、师生之间交往上有什么障碍；心理上有什么想不开的，等等，班主任都可以让留守学生去找他们信得过的教师交流，内容可涉及校内外学习、生活的方方面面。这样个别的指导往往更能起到预期效果。

6. 帮助监护人和家长，提升他们的教育水平

班主任应多与监护人或学生家长进行沟通，让他们意识到孩子身上存在的问题及问题的严重性，并给他们适当提出一些建议。

（1）正确对待孩子的错误。

该批评时要批评，要让孩子习惯接受批评，习惯认识错误，并使孩子形成有错就改的良好习惯。

（2）教给孩子正确对待困难的态度。

当孩子面对困难时应该教会他如何解决，而不是替孩子去解决。

（3）让孩子融入集体。

不要让孩子远离集体，而要让他到小伙伴中去，和小伙伴们一起融入集体。

（4）父母的教育关心要得法。

父母要尽可能多回家看望孩子或者经常打电话给孩子，多关心孩子的学习、生活情况，并对孩子取得的每一点微小进步及时肯定，这样能让孩子感到父母在千里之外的关心和呵护。

（二）给随迁学生以安全感，让他们融入班集体

小林是个14岁的男生，学习态度不端正，上课注意力不集中，课后作业字迹潦草，家庭作业基本不做，而且经常逃学。怎么才能让他像其他学生那样，成为一名优秀学生呢？

班主任赵老师为了转化他，决定从造成他厌学的原因查起。

赵老师经过多次与他交谈，以及从学生和他家周围的邻居了解到，他之所以成为后进生，最主要的原因是他很小的时候，母亲就离家出走，对他弃之不顾，而他的父亲经常把他带到自己工作的城市做插班生，对所有老师、同学以及周围的环境的陌生，让他产生了被遗弃的感觉，因此他慢慢变得自由散漫，养成了作业不做、上课不认真听讲、经常逃学等恶习。另外在小学读书时，由于家庭和他自身的原因，周围的同学都看不起他，老师也没有给他足够的重视，使他进一步对同学、老师、学校乃至家庭感到失望，因此也丧失了学习的动力和信心。

通过从其他同学反馈来的信息，赵老师得知小林还是挺喜欢看书的，并且赵老师在课堂上也发现，课堂上前15分钟他基本都能认真听讲，并且有时候还能举手回答问题，正确率也挺高。

针对这些现象，赵老师在课堂上就尽量创造机会让他多发言，并且及时给予恰当的、肯定的评价。另外，赵老师还和其他科任教师交流他的情况，请他们在课堂上对他多关注。经过一段时间的关注后，其他教师都发觉，这个学生在课堂上的精神面貌有了明显的改观，并且学习效率也有大幅度提高，但是作业问题还是没有得到解决。

为了解决作业问题，赵老师找他谈了一次话，和他交流这段时间以来他对学习的看法，他自己觉得对上课比较感兴趣了，但还是不愿意做作业。赵老师问原因，他说不会做。

通过交谈，赵老师了解到他不做作业的真正原因是因为他懒惰不愿意做。对此赵老师没有急于批评他，而是在谈话最后告诉他作业的重要性，老师希望他在今后的学习中能做好这一点。

赵老师起初给他留作业的做法和对他课堂教育的方法一样，重在增强他的兴趣。在那次谈话后，赵老师就经常在课余时间从课本和练习册上选一些

第四章 转化后进生创新
以爱开心锁，以激励促改变

简单的题目让他做，在增强他的自信心的同时，也帮他把基础打牢。

另外，赵老师在做课堂练习时遇到适合他做的题目就让他上前板演。一段时间后，他的课堂练习也做得有模有样了。

等他有了进步，赵老师再次找他谈话，与他交流做作业的好处和不做作业的害处，他深刻地认识到自己在这方面的不足，并表示在今后会努力听好每一节课，做好每一次作业。

赵老师深知，同学的帮助对一个后进生来说是必不可少的，尤其是对小林这样的随迁学生，友情的力量甚至胜过老师的力量。一旦在学生之间建立起友谊的桥梁，他们之间就会无话不说，成为好朋友。

由于在小学时的不良表现，小林几乎没有什么朋友。而在与小林交流的过程中，赵老师发现他其实是很希望能融入班集体的。因此，赵老师就先动员几个班干部，让他们平时和小林多接触，班级活动让小林也多参加。为了更好地转化他，赵老师还特意安排了一个责任心强、学习成绩好、乐于助人、耐心细致的男同学和他做同桌，目的是发挥同桌的力量，在学习和生活中帮助他，两人很快就成了好朋友，并和其他同学也拉近了距离，小林也变得开朗起来。

由于小林在前一阶段的表现很不错，因此，赵老师对他的要求也渐渐提高到和其他同学一样。但可能是因为压力过大，赵老师对他的期望值过高，他在一次放假后居然没有来上学。

赵老师立马到小林家家访，问其原因，是作业没有完成，怕老师责备他，索性就不上学了。赵老师意识到自己可能在教育过程中太心急了，这样反而影响了教育的效果，如果不能及时纠正，可能会导致前面的努力都白费。所以，赵老师决定转变策略，对小林旷课一事没有做过多的批评，而是肯定他前一阶段在学习上的进步，还赞扬他学习态度有所转变，能正确认识到不做作业是不好的行为。接着赵老师在指出他的旷课行为是比不做作业更大的错误后，让他自己思考他的行为有哪些不足的地方，应该怎样改正。

小林在沉默了很久后，说："老师，我知道错了，我今后会好好学习的，我向你保证。"赵老师听到他那样说，也没有再进一步追问他，而是对他说："老师相信你以后会做得更好！那你现在应该知道怎么做了吧？"

小林转身拿起书包走出家门，走向学校。回到学校后，他在两天之内补

齐了所有的作业,并且每一门功课都做得工工整整。

经过一学期的转化,小林在各方面都有了很大的进步,上进心增强了,对自己充满了信心,学习态度、学习习惯等都有了很大的进步,与同学、老师的关系也融洽了许多,整个人的精神面貌有了很大的改变。

赵老师通过转化小林这个随迁学生,自己也获得了很多的感悟:自尊心、自信心是一个人前进的动力;关心爱护学生、尊重学生的人格尊严,是班主任必须要做到的;只有把学生当成朋友,学生才能敞开心扉和老师说真话、实话,教师才能真正知道学生得了什么"病",给学生开什么"良药"才会药到病除。

大部分外出务工人员的随迁子女要比迁入地的学生懂事早、吃苦耐劳、求知欲强、学习认真。然而,由于地域、经济、文化以及之前教育等方面的差距,使得这些学生不同程度地存在自卑、孤僻、敏感、排斥、压抑等心理。特别是中途转入学校就读的学生,他们或多或少地承受着一种"外来户""低人一等"的心理压力。假若他们的这种心理状况不能得到有效的调整,对他们个人的成长是极为不利的。为此,班主任应该像上面案例中的赵老师那样,尝试从随迁学生的心理进行探究,寻找问题的根源,以找到解决外来务工人员随迁子女弱势心理的消除策略,让他们能健康快乐地成长。

作为班主任,在转化创新之前,应对随迁学生的心理特征有比较详细的了解。

(1)随迁学生的学习心理较差。

随迁学生在学习习惯上明显不如迁入地学生。最重要的一点是,与迁入地学生相比,随迁学生在学习上明显存在焦虑、畏难等弱势心理。据调查显示,有49.6%的随迁学生认为自己的学习成绩不太好;42.4%的随迁学生认为自己没有养成良好的学习习惯;学习上跟不上其他同学,58.6%的随迁学生会感到着急;作业做错了,43%的随迁学生会感到紧张;59%的随迁学生认为学习上的困难难以应付。虽然大多数随迁学生对迁入的学校还是认可的,喜欢在里面学习,但他们的学习动机处于低层次需求,只是为了以后能找到好的工作,多挣点钱。

(2) 随迁学生有脆弱的自卑心理。

从自我意识情况来看，随迁学生存在自卑、胆小、敏感的弱势心理。31.3%的随迁学生认为自己不是一个出色的学生，也不是聪明的学生；20.86%的随迁学生认为自己比不上其他人；66.8%的随迁学生从来没有主动跟教师打过电话或者聊过天；54%的随迁学生害怕在课堂上回答问题，而迁入地学生中只有39%。这些数据从不同程度上反映出随迁学生有较强的自卑感。

另外，这些随迁学生还呈现出双重性格，在迁入地范围内他们往往表现得自卑、胆小和敏感，而一旦回到他原来生活的场所，便会一改自己自卑、胆小的心理，表现自如。例如，当被问及"回到老家时，你会把在这里的所见所闻自豪地告诉家乡的小朋友吗"这个问题时，回答是肯定的比例高达91.3%；当问及"你觉得自己比家乡的小朋友优秀吗"这个问题时，回答是肯定的比例占90%。

(3) 随迁学生交往心理弱势。

从交往情况看，随迁学生明显存在孤僻、压抑、敌对等弱势心理。34.4%的随迁学生不爱结交新朋友，只愿意和那些同样从外地来的同学来往；同学交谈时，不想加入的随迁学生有28%；不喜欢同别人谈话的随迁学生占20%；16%的随迁学生感到很难交到朋友。而当问及"你会不会把不高兴的事情跟父母讲"时，49%的学生表示不会；"遇到伤心、难过的事情"，不愿向别人倾诉的随迁学生占80%。这些数据表明，随迁学生在与人交往方面存在明显的孤僻心理。

另外，有部分随迁学生还存在敌视、反叛的心理。如36%的随迁学生认为很多人都不可信任；27%的随迁学生经常会跟别人打架。而当被问及"同学踩了你一脚后你的反应"时，会采取报复行动的随迁学生占38%，而同样有这种心理的迁入地学生占11.3%。这表明，部分随迁学生具有对抗性或攻击性行为。存在这种心理的多为男生，女生也有极个别如此。随迁学生中有些人对周围的教师和同学常抱有戒备和猜疑心理，常把他人的善意批评或好言相劝看成恶意的举动，对此，他们轻则置若罔闻，重则寻机报复。

(4) 随迁学生社会适应能力不强。

随迁学生在社会适应能力方面也表现出了相对弱势的一面，存在着失

望、不安和孤立感。33.6%的随迁学生感到有人在背后嘲笑他;75.2%的随迁学生在教师找他时会感到紧张;41.4%的随迁学生认为自己在学校的表现不好;45%的随迁学生经常会感到苦恼不安。

另外,由于自身弱势的限制,随迁学生在生活当中往往会被他人孤立起来。例如,26%的随迁学生感到同学不愿和自己玩;38%的随迁学生感到教师不喜欢自己;31.3%的随迁学生感到邻居不喜欢自己。认为被他人孤立,也使随迁学生对迁入地的生活感到失望和不安。

造成随迁学生弱势心理的成因主要有以下几点。

(1) 学前教育缺失造成的。

很多随迁学生的学前教育远远不如迁入地学生。0~3岁的孩子,其父母绝大部分都没有送他们进幼儿园,4~5岁的孩子上幼儿园的也只占27.8%,大部分外出务工人员随迁子女上幼儿园的时间都只有一年左右。真正的原因可能是经济问题。即外出务工人员感觉孩子的入园费用太高,从经济的角度考虑,选择将孩子带在身边或者放任自流。他们并没有意识到,幼儿园教育是一个人一生接受社会教育最重要的启蒙时期。

(2) 家庭生活环境劣势造成的。

家庭的生存状况严重制约着随迁学生接受教育的条件。相对迁入地的家庭而言,外出务工人员属于低收入群体,除去每月的房租费、水电费等必要的生活支出,他们的剩余收入是极其有限的,基本上只能维持温饱,甚至有一部分人的工资还不能按时足额领取。对他们来说,能维持最基本的教育费用已经不错了,更不用说用于其他的教育投入(昂贵的学习用品、课外书、课外辅导班等)和改善子女物质生活条件,以他们自身的实力很难弥补自己的孩子与迁入地儿童各方面之间的差距。

从家庭居住环境看,外出务工人员随迁子女家庭的居住环境明显要比迁入地学生家庭差。他们由于房租等种种原因,还会经常更换居住地址。住房及家庭设备落后于一般水平,在一定程度上也会影响随迁学生的身心发展。心理学研究表明,一个人如果长期生活在狭小的环境里,他的性格也会变得压抑和封闭。

父母职业的卑微、收入的低下、家庭居住条件的恶劣,使随迁学生通常不愿意让别人知道自己的家庭情况,也就有了过于压抑、孤僻的心理。

(3) 家庭教养方式不当造成的。

外出务工人员文化水平普遍不高，平均文化水平在初中阶段，具有高中以上学历者只占极小比例。家长文化水平的高低，直接影响其对子女的教养方式。一些家长重养轻教，重智轻德，重物质轻精神，重管教轻沟通。

由于职业的关系，外出务工人员大都因劳动强度大、工作时间长而根本无暇顾及孩子的生活和教育，因而亲子关系疏远，亲子互动少甚至没有。由于缺乏关心、爱护、心灵沟通，以及缺乏科学的心理引导等教育意识，致使孩子形成孤僻内向、失落自卑、自私冷漠、脆弱焦虑、任性极端、抑郁暴躁等弱势心理。

(4) 他人歧视造成的。

首先是来自教育者的歧视。外出务工人员随迁子女的学习能力、行为习惯让学校、班级乃至教师都倍感棘手和头痛。学业不良无疑展现了外出务工人员随迁子女这个群体的基本形象。由于随迁学生大多数没有接受正规的学前教育，他们的学习能力和学习习惯都不能跟迁入地学生相提并论。因此，在部分教师眼里，随迁学生是不受欢迎的一个群体，他们经常遭受批评与指责，而少有鼓励与表扬，导致他们容易形成较低的自我评价与自我期望，甚至会"破罐子破摔"，习惯于以一种异常的方式来表现自己，以表达自己内心的不满。

其次是来自同龄人的歧视。由于地域、经济、文化以及学前教育等方面的差距，随迁学生身上有许多与迁入地学生格格不入的地方。迁入地学生往往会用异样的眼光看随迁学生，这使随迁学生倍感自卑苦闷。

再次是来自迁入地人们的歧视。本地人往往看不起外来务工人员，动不动就说"外地人"，发生什么不好的事情，总会将他们与之联系在一起。本地人对外来务工人员的闲言碎语和另眼相看加剧了随迁学生的对立情绪，使他们很难融入到本地的生活中，因而产生敌视、报复、反叛等心理也就不难理解。

班主任要让随迁学生能进得来、留得住、学得好，可以尝试以下一些策略。

1. 建立帮扶组织

成立以班主任为主，科任教师跟进，全班学生热情帮助的帮扶组织，定

期对随迁学生进行家访。对随迁学生给予长期关注和帮扶，是一项有效的举措。

帮扶组织应积极开展社会主义核心价值体系和国学经典教育，帮助随迁学生树立远大理想和抱负。因为大多数随迁学生缺乏自信，存在自卑心理，敏感、孤独、封闭，动辄会为同学的一句玩笑话而大打出手，如果帮扶组织能及时对他们实施心理帮扶和干预机制，就会给他们的身心提供很好的发展环境。

2. 学习上提供辅导，让随迁学生热爱学习

进城务工人员不时更换工作地点，导致部分随迁学生学习基础比较差。为培养随迁学生的学习兴趣，班主任应在实施分层教学的同时，对这部分学生进行特别辅导。在教案设计、教学方式上都要尽量做到符合随迁学生的实际，循序渐进地让他们体会到学习的成就感。

班主任还应发动班干部和学习积极分子建立学习小组，主动邀请随迁学生参加，共同学习，让他们感受到班集体的温暖。班主任还应动员科任教师利用课外活动时间对随迁学生进行"一对一"个别免费辅导，培养他良好的学习品质，提高他们的学习成绩。

3. 生活上给予关怀，让随迁学生感受温暖

班主任要关心随迁学生，在生活上给予他们帮助。班主任应在保护随迁学生自尊心的基础上建立贫困生档案，及时将国家"两免一补"政策落实到位。同时，班主任还应邀请全班学生在力所能及的范围内向随迁学生伸出援助之手，让他们感受到温暖、友爱、尊重。

4. 多尊重，善鼓励

随迁学生因为各方面表现较差，常常在班级中遭人白眼。他们在同伴们中找不到自尊、自信，在教师面前，更是觉得自愧。

尽管在课堂上，看着别人高举的双手，随迁学生也渴望能像他们一样胸有成竹地回答问题，得到老师、同学或多或少的赞美的目光。可是，他们觉得自己不行，经常出错让他们表现的机会越来越少。

作为班主任要明白，随迁学生也是孩子，也渴望掌声和鲜花。此时，班主任应多寻找他们的优势，比如，绘画好的，就多让他出板报；热爱劳

动的，就把集体劳动的指挥权交给他；喜爱运动的，就让他当体育委员……

班主任的尊重、鼓励，从某种意义上说，就是随迁学生前进的动力。

（三）给网瘾学生以寄托，让他们的精神得到安慰

随着电脑的普及，拥有电脑的家庭越来越多，上网也越来越方便，然而，痴迷电脑游戏的学生也越来越多，这些学生一旦沉迷于电脑游戏，就难以自拔，严重影响了他们的身心健康。

小王是六年级学生，班主任最近一个学期发现他上课总是无精打采，变得不爱举手回答问题，作业也经常不能按时完成，每天都表现得若有所思似的，考试成绩下滑很快。以前总是喜欢与其他同学打成一片的他，变得喜欢独来独往。班主任多次与他及家长沟通，均不见效果。

后来班主任经过多方了解得知，小王在上网玩游戏，而且谁也拦不住，如果不让他玩，他就很难过，每天都不由自主地要玩很长时间。

为了帮助小王戒掉网瘾，班主任把他请到办公室，让他坐在自己的身边，给他倒了杯水后，就跟他谈论起了电脑，谈论起了网络。

开始小王还想隐瞒什么，可是当他看到班主任的真诚举动后，把心放下来了。

从谈话中班主任了解到，小王很喜欢电脑，对电脑操作很精通，他也非常喜欢打电脑游戏，在周末，他可以一天连续玩十几个小时的游戏也不觉得累。小王的父母工作较忙，大多数时间都是由爷爷奶奶在家带他，奶奶很疼爱他，可以说小王在家中就是老大，说一不二。

了解到这些情况，班主任为了确定正确地转化小王的方案，首先用下面的方法对他的网络成瘾程度进行了测试。

以下内容请选择是或否，内容有：
（1）我会全神贯注于网络，并且在下网后继续想着上网的情形。（是　否）
（2）我觉得需要更多的时间在网上才能得到满足。（是　否）
（3）我曾努力过多次想控制或停止上网，但没有成功。（是　否）
（4）当我企图减少或停止上网时，就会觉得沮丧、脾气暴躁。（是　否）
（5）我上网花费的时间比以前想象的长。（是　否）

(6) 为了上网,我甘愿冒风险。(是　否)

(7) 我曾向家长、朋友说谎隐瞒上网的程度。(是　否)

(8) 我上网是为了逃避或释放一些情绪,如焦虑、孤独、沮丧等。(是　否)

对上面的测试,小王选择了六个"是",所以班主任诊断小王有严重的网络成瘾症。

班主任经过初步分析认为,小王网络成瘾的最初原因是想逃避现实,他感到自己不能得到像正常孩子一样的父爱与母爱,对现实生活产生了不满情绪。后来,随着他上网时间的增长,游戏在他的心中占据了很重要的位置,他只有通过玩游戏才能寻找到快乐,结果就导致他离现实生活越来越远,学习无精打采,成绩越来越差,变得独来独往。

为了消除小王的网络成瘾行为,班主任制订了如下三个不同阶段的创新转化方案。

第一,通过真诚沟通,转变小王的思想观念。

阶段目标:转变小王对网络、学习的认识,为克服网络成瘾打下思想基础。

在真诚的谈话面前,班主任跟小王像朋友一样,让他把从未与别人说过的想法,以及他的上网经历、发生的事情都坦诚地展露出来。班主任经过多次与小王沟通,发现他已经能够正确认识网络,明白上网的利与弊,有了想要像其他同学一样回到认真学习的轨道上来的想法。

第二,制订契约,约束小王的上网成瘾行为。

阶段目标:减少上网次数,控制上网时间。

从小王有了想改变自己现状的想法后,班主任就和他一起制订了一个为期一个月的行为契约,内容如下:

小王同意减少上网和玩游戏的次数和时间,具体如下:

1. 从周一到周五,每天上网的时间只能在晚上六点到八点这一段时间内,时间不超过一个小时。

2. 周六周日,每天上网的时间不超过三个小时。

3. 任何时间不得去网吧或其他同学家上网。

4. 任何一次上网都必须先征得父母或奶奶的同意。

监督执行标准:

第四章　转化后进生创新

以爱开心锁，以激励促改变

1. 如果我违反了以上标准，如私自打开电脑或上网时间延长等，则从违反规定的第二天起，连续四天不能上网，还得打扫家里的所有房间。

2. 如果我能连续一个星期遵守规定，父母或奶奶就必须给我五元零花钱。

3. 如果我能一天不上网，父母或奶奶就发给我一个凭证（事先设计好的不上网凭证），积攒十个凭证，父母或奶奶就得带我去城里玩一次。

我愿意接受老师、同学和父母、奶奶的监督，配合父母、奶奶每天记录我的上网时间。

我们（父母和奶奶）愿意每天监督和记录小王的上网行为，并严格执行以上规定。

学生签字：

家长签字：

小王同意了以上行为契约，家长也愿意为此配合并做出相应的行为承诺。他们都在行为契约上签了字。

因为有了思想上的转变，在包含严格奖惩制度的为期一个月的行为契约面前，小王开始收敛了很多，在减少上网次数与时间的同时，他得到了父母更多的关爱与奖赏，对自己的现实生活也变得更加自信了。

第三，重新制订契约，引导小王正确利用电脑和网络。

阶段目标：进一步减少小王上网的次数与时间，并引导他正确使用电脑与网络。

适当进一步缩短小王玩游戏和上网的时间，并制订奖惩方法，用契约形式约束其执行；通过耐心谈话与沟通，引导小王科学合理地利用电脑和网络，科学合理地利用自己的业余时间，在学习方面加大引导的力度。

第四，效果评估。

通过对小王网络成瘾行为的认真分析与真诚的沟通，经过制订并执行以上三个阶段方案，小王已经能够正确地认识网络和游戏，能合理地利用网络，基本能够很好地分配学习活动和玩电脑及游戏的时间。

从那以后，小王找回了自我，成绩明显提升，上课的精神状态明显好转，参与集体活动的积极性明显提高，也愿意和老师、同学及父母沟通和来往，转化创新初见成效。

但班主任对小王这一网络成瘾心理健康问题的转化创新工作并没有就此结束。虽然这一工作已经取得了阶段性效果,但班主任还在继续探索让小王巩固的新方案,并有决心和信心让他不再沉迷网络,从游戏世界回到现实中快乐的学习世界。

网络科学技术的高速发展是一把"双刃剑",一方面给人们铺设了方便快捷的信息高速通道,另一方面也催生了许多新问题。一些学生开始沉迷于网络世界而不能自拔,久而久之便有了网瘾。网瘾会妨碍学生学习进步,让他们养成说谎的恶习,疏远家庭,并损伤身心健康,还会导致各种慢性疾病发生,降低个体免疫力。

如果把网瘾学生当作病人的话,要治病就先得知道其生病的病因,才好对症下药,进行医治。班主任应像上面案例中的教师那样,发现了网瘾学生后,先要耐心倾听学生的心声,了解学生为什么上网,上网干什么,而不能不了解情况就急于实施转化策略;要多认真观察,与网瘾学生多谈心、多接触,找到解决问题的突破口。学生上网成瘾的主要原因有以下几点。

(1) 缺少关爱和有效的教育管理。

网瘾学生的家庭背景,以单亲或问题家庭的学生数量较多,或者是父母的教育方式比较粗暴或疏于沟通等。

在单亲家庭中,父母经常吵架、闹矛盾,甚至离婚,使孩子在心理上得不到家长的关爱,感受不到家庭的温馨,生活上得不到基本的照料,在这样身心都受到伤害的背景下,他们很容易上网成瘾。

(2) 缺少肯定和收获成功的乐趣。

网瘾学生的学习基础一般比较差,学习没有成就感,作业不能按时完成,考试成绩落后,经常得不到同学的尊重,还会受到教师的批评,进而产生一种逆反心理。有时在课堂上他们就会故意制造乱子,扰乱课堂纪律,被教师批评、惩罚,形成了恶性循环。因此,只关心学生成绩的学校生活对他们根本没有乐趣可言。

但是在网络游戏中,网瘾学生通过闯关打游戏,找到了自我实现的感觉,被他人认可的感觉,能收获成功的体验,这也许是他们心灵深处最深切的渴望。现实世界无法获得的成就感在虚拟世界里获得了充分的满足,成为网络对他们最有诱惑力的一个因素。

第四章 转化后进生创新
以爱开心锁,以激励促改变

(3) 强烈的孤独感。

现在的学生大部分是独生子女,他们在大人的关切和监督下长大,说话做事都有严格的限制,很难实现他们对自由的渴望。从小缺少同伴成长和互动的环境,也让他们容易养成孤僻的性格,不善交往,得不到与同伴交流的快乐。而网络世界却给了他们无拘无束的空间,虚拟世界的交友聊天可以随心所欲、无所顾忌,容易找到共同语言,满足他们交往的愿望,找到"我的地盘我做主"的感觉。

对比之下,网络对学生就有致命的吸引力,不断地诱惑他们越陷越深,而不能自拔。

对于上网成瘾的学生,强制性地完全禁止他们上网是让他们很难接受的,班主任可以像上面案例中的老师那样,通过正反教育、协议约束、知心交流、转移兴趣等方法,帮助网瘾学生在现实世界里感受关爱、获得自由与肯定,帮助他们逐步解除网瘾。

转化网络成瘾学生的创新策略大致如下。

1. 讲清利害,因势利导

网络不是老虎,更不是毒品,班主任不能"谈网色变",要戒除学生的网瘾并不是让学生完全杜绝上网。班主任应该先从正反两方面对学生进行教育、引导。

例如,在学生中经常开展辩论赛、演讲、主题班会和作文等多种活动,让少管所的领导安排关于网瘾少年的现场报告会等,让每个学生都能正确认识网络的利与弊,让学生知道,上网不只是聊天、玩游戏,让他们懂得只要正确对待网络,加以合理利用,网络还可以成为他们生活、工作、学习的好帮手。

再如,教育学生上网占用时间过多会疏远亲情、友谊,荒废学业,损伤身心健康,上网要花钱,有的学生钱不够便会养成说谎的习惯,不利于其心理的健康发展。

2. 签署协议,靠协议加以约束

班主任应和家长一起与网瘾学生进行协商,制订出戒除网瘾的总体计划,在规定时期内逐步减少上网时间,最终达到偶尔上网或不上网的目标,

可适当与奖惩挂钩。

3. 多沟通，做他们的知心人

班主任和网瘾学生要像朋友一样协商，不要说教，双方要互相尊重。班主任要做到知己知彼，就应多了解网络常用语言，通过"行话"和学生交流；班主任还可以抱着学习的态度向网瘾学生询问、请教，让学生有成就感，从而与之建立起信任的桥梁；班主任还可以大胆进行角色交换，亲身体验学生上瘾的游戏，并经常知心交流，收到"老师下海，学生上岸"的意想不到的效果。

4. 转移兴趣，让他们充实起来

学生需要充实的精神生活和娱乐活动，需要成功与自信，因为他们有很强的表现欲，对新事物充满好奇，并且渴望尊重。所以要戒除学生的网瘾就必须找到别的爱好，如丰富多彩的文体活动和探究实践活动来充实学生的业余生活。比如，班级可以广泛开展歌咏比赛、读书活动、艺术节、科技周、运动会、手挽手活动。班主任还可以抽时间和网瘾学生一起观看球赛，甚至在条件允许的情况下带学生去游泳、打球、登山、旅游等，来满足他们的好奇心，培养他们的自信心与自制力，用健康的活动占领学生的思想阵地，重塑、充实他们的精神家园。

第五章 班会课内容创新
摒弃"老陈旧",追求"新奇特"

班会是班主任向学生进行思想品德教育的有效形式和重要阵地。有计划地组织和开展班会活动是班主任的一项重要任务。班会组织得好,对学生思想的转化和良好班风的形成有不可低估的作用。班会课既可以增强学生的责任意识,也有利于完善班级的各项制度,同时还能增加师生间的友谊。班会的形式多种多样,其中,主题班会就是一种深受师生欢迎的、富有教育意义的组织形式。

第五章　班会课内容创新

摒弃"老陈旧"，追求"新奇特"

班会课上，班主任从开始到最后，用了整整45分钟的时间，把班里的主要问题、次要问题讲了个遍，然后从不点名批评，到点名批评，不但自己越讲越气愤，学生听得也大都垂头丧气、愁眉苦脸。

然而，班主任苦口婆心开完班会课后发现，自己的教育并没有起到效果，存在的问题并没有得到相应的改善。面对这样的结果，班主任不禁思考：班会课上的这样没有效果，问题出在哪呢？

班会课是班主任教育学生的阵地，是与学生交流沟通的平台。但如果班会课上得像上面案例所述的那样，不但会让学生觉得十分枯燥，教师自身也会觉得没有太大的意义，也很难起到相应的效果。因此，班主任要改变对班会课的认识，把班会课当成教师与学生互动交流、交心的好机会，是实施教育的良机。

但班会课切忌泛泛而谈，如果一节班会课什么都强调了，就等于什么都没说，就如同一堂课我们要讲求一课一得一样，班会课也应该有明确的主要内容，让学生在开完班会后能够明理，思想认识加强，进而落实到行动上，做到知行统一。只有这样，班会课才算取得初步成功。

一、班主任班会课内容创新概述

班会是班主任向学生进行思想品德教育的有效形式和重要阵地。有计划地组织与开展班会活动是班主任的一项重要任务。如果班会组织得好，对学生思想的转化和良好班风的形成有不可低估的作用。班会课可以增强学生的责任意识，在班会课上，学生们自由发表个人意见，同时班主任也参与其中，大家各自提出自己的看法，这样有利于完善班级的各项制度，同时也能增进师生间的友谊。因此，班会课是班级每个星期必不可少的交流课程。

班会也是学校集体活动中最主要的组织活动之一，是班主任或班委会对班级进行有效管理、指导和教育的重要途径和形式。在班会上，每个学生都可以发表自己的意见，参与集体管理，研究解决班级中的各种问题。

班会一般分为固定班会或临时班会。固定班会是指每周、每月、每学期、每学年中较固定已形成惯例的班会。其内容往往比较固定。临时班会，是指由班主任根据学校要求或形势需要而临时决定召开的班会，通常是为了解决具体的问题的。

班会的形式是多种多样的，其中，主题班会是一种深受师生欢迎的、富有教育意义的重要组织形式。

主题班会是指在班主任的指导下，由班委会组织领导开展的一种自我教育、自学成才活动，是班主任对学生进行思想教育的一个重要途径。主题班会能充分发挥集体的智慧和力量，让个人在集体活动中受教育、受熏陶，从而提高个人综合素质。

另外还有事务性班会，它是指为了研究、解决班级管理事务而召开的全班会议。如选举班委会、评选先进个人等。

班会的开展内容没有一定的限制，丰富多彩的班会主题既可以是专门为解决班级目前存在的某个问题而召开，也可以就某项教育展开，如热爱祖国、热爱集体、团结互助、文明礼貌、助人为乐、学习心得交流、环境保护、遵纪守法，等等。班会活动形式也多种多样，不同的班会主题，开展形式和具体程序也会有所差异。

班会课有很多讲究，班主任应注意以下事项。

（1）主题要鲜明，一般一次班会一个主题。

（2）班会主题要贴近学生的学习和生活，让学生能够有话可说。

（3）班会主题要尽量选择具有人文情怀的话题。

（4）班会最好让学生预先充分准备。

（5）班会形式要活泼多样，避免重复，不能使学生丧失兴趣。

（6）班会的主题要能调动每个学生的发言积极性，对于学生的不正确见解，要及时予以纠正。

第五章 班会课内容创新
摒弃"老陈旧",追求"新奇特"

(7) 班会时间不宜过长,以一节课为宜。

另外,班主任也应注意班会课的一般程序,程序大致如下。

(1) 预先确定鲜明主题。

(2) 班委会召开预备会,布置、传达全体学生准备参加班会。

(3) 正式班会开始。

(4) 主持人开场白(班主任或班委成员)。

(5) 发布主题。

(6) 确定讨论形式(分组或集体讨论等)。

(7) 自由发挥或讨论。

(8) 班主任点评总结。

(9) 结束。

至于班会课的主题内容,范围比较广阔,班主任可以根据具体情况而定。

一些新班主任很怕开班会课,尤其是主题班会,因为他们缺少对主题班会的认识,也缺少相应的经验,对主题班会难以把握。因此,这些班主任应该尽快补足、整合这方面的功课。具体来讲,班主任主持主题班会,应注意做好以下一些工作。

(1) 划分好主题类型。

班会课主题的确立必须有很强的针对性、可操作性,教育的目的一定要明确。针对学生中存在的倾向性问题,班主任应及时作出分析,并能够正确归因,寻找解决问题的方法,找到教育的突破口。

从主题班会的活动类型看,可以分为以下这样几种。

体验型:这是最常见的一种类型,即在主题班会里通过对一个主题比较深入的体验,来使学生达到对这个主题的深入理解。

讨论型:对一个问题进行深入的讨论。

表演型:通过角色的扮演去体验当时的情景,这种类型被很多班主任采用。

叙事型:通过讲述一个事件、故事调动学生对这个故事的体验,唤起学生的共鸣。

综合型:以上介绍的几种类型,实质上都是一种理论上的划分,在真正

的主题班会类型里面往往是一种综合型。比如做一个感恩主题的班会，在这个过程当中会用到叙事、讨论、体验等方式。

从主题班会的主题来划分，可以分为以下几种：

日常主题：这是最常见的。日常生活的很多主题都可以作为班会的主题来使用。

政治主题：像以"中国梦"为主题所进行的主题班会，就是属于政治主题。

阶段性主题：阶段性的主题在学校的各个年级段都会使用到。比如，在初中阶段，学生在面临中考的时候会有很大的心理压力，而且很多学生在中考以前也会有很多需要解决的心理问题。在这个阶段，班主任就可以组织一次"怎样以正确的心态去应对中考"主题班会，这就是一个比较典型的阶段性主题班会。

节日性主题：在生活中有很多节日适合作为班会的主题，像禁毒日、学雷锋纪念日、植树节，等等。

偶发主题：一些班主任常常结合社会、学校、班级的偶发事件，举行主题班会。

（2）要做好准备工作。

开主题班会，班主任首先要像准备一堂教学课一样，充分了解学生的情况，特别是思想状况，占有大量的资料，对课堂中的每一个细节都予以充分考虑。

其次是学生的准备，需要学生发言的时候要做好布置，布置可以笼统一些，防止念稿子等流于形式的发言。

此外，如果主题班会对场地、场景等有特别的要求，那么同样也应提前做好安排。

（3）充分发挥学生的主体作用。

无论什么内容、哪种形式的主题班会，都要发动全体班级成员共同参与，以达到自我教育的目的。班主任要相信学生的能力，大胆放手让学生去做事。班主任在主题班会课中只扮演一个幕后工作者的角色，这样学生才能放得开，在讨论时才能畅所欲言，气氛才会更加活跃，对问题的讨论更加深入，收到意想不到的效果。

第五章 班会课内容创新
摒弃"老陈旧",追求"新奇特"

(4) 主题班会要入理入情。

对学生的教育首先要"晓之以理",而不是"施之以威"。班会课上,班主任要把道理跟学生讲清楚、讲透彻,要让学生明白什么可以做,什么不可以做,应该怎样做,不应该怎样做,要让他们不仅"知其然",更要让他们"知其所以然"。

先让学生明理,学生才能做到知行统一。因此,班会课更应该注重情感教育,以情感人。

(5) 班会课形式应追求创新。

班会课的形式应灵活多样,教师可以讲,学生也可以讲;可以唱歌,也可以演出。对场地的选择也不应仅仅局限于教室。学生在特殊的场地、特殊的氛围之中,更易进行自我心灵的解剖,更易敞开心扉与别人做交流。另外,充分利用多媒体技术开班会课,不仅可以增加课堂的容量,而且能使课堂变得更直观可感、丰富具体,充分发挥班会课对学生的教育功能。

主题班会的功能和一般的固定班会、临时班会不同,它最重要的功能在于对学生的思想品德教育。主题班会具有六种主要的功能:教育、情感感染、凝聚、品德教育、导向和激励。

主题班会具有教育的功能,在于它不是以直接的方式来告诉学生要怎么做,而是一种隐性的规范功能。另外,主题班会往往运用的是体验或讨论的形式,在这个过程当中,它要调动学生情感方面的一些元素,要激发学生道德情感,所以它要行使情感感染的功能,最终通过情感感染的功能形成班级的凝聚作用,所以它具有凝聚的功能。除此而外,主题班会要行使思想品德教育功能,告诉学生应该做什么、不应该做什么,它有强烈的导向性,并最终通过这种导向,对学生发挥鞭策的作用,行使激励的功能。

班主任办好主题班会应遵循以下四个设计原则。

(1) 计划性原则。

主题班会不是可有可无的点缀品,也不是查缺补漏的替代品,它是班主任整个学生教育管理当中一个重要的组成部分,是班级整个学期计划和整个学年计划当中的一个重要部分。

(2) 针对性原则。

主题班会的设计一定要针对学生的心理特点,针对班级学生关注的内

容,这样的主题班会才能真正抓住学生、深入学生的内心。

(3) 整合性原则。

整合性包括以下两方面内容。

一是班主任的主导作用和学生的主体作用的整合。在主题班会的设计和实施过程当中,最重要的、起着核心作用的是班主任和学生的互动组合。在这个过程中,班主任是起主导作用的。班主任在主题班会课上虽然要调动学生的兴趣,把班会的主动权交给学生,但是班主任绝对不可以放任不管。班主任在主题班会设计和实施过程当中,要有办法、有设计的具体步骤,要经常回到主题班会的现场上来。

二是媒体演示和语言解说的整合。在主题班会设计的过程当中,有很多班主任在使用媒体的资料时很容易犯一个错误,就是把媒体的资料展示出来以后没有任何解说。其实,没有班主任的讲解、没有班主任对图片深入的解释,学生是很难理解和体会图片所出现的内容的。

(4) 创新性原则。

主题班会不管是形式设计,还是主题选择,或是实施过程,都贵在创新。班主任应力求通过创新,牢牢抓住学生的注意力,通过创新,取得积极的班会效果。

(一) 班主任班会课内容创新的重要意义

主题班会是班主任工作最有效的途径和形式之一,在教育学生和管理班级中发挥着十分重要的作用。主题班会除了配合学校的重大活动、整体部署之外,也便于针对学生在某一阶段普遍存在的最敏感、最有感触、谈论最多的一些问题展开探讨,以便及时了解学生的思想动态,进行较深层次的对话,并进行有针对性的引导。

班主任实施好班会课内容创新的重要意义主要有以下几个方面。

1. 对教育学生和学生自我教育有积极意义

主题班会是具有明确教育计划、指向和内容的教育活动。它不仅通过计划实现对学生的教育,而且还能通过策划实施学生的自我教育。

主题班会为学生创设了教育场景,由学生直接参与,并在班主任的引导

第五章 班会课内容创新

摒弃"老陈旧",追求"新奇特"

下构建教育意义,习得教益。主题班会比其他课堂教学活动具有更大的灵活性和时代性,而且主题班会要求学生收集资料、自己动脑、动手琢磨、思考,能锻炼学生观察问题、分析问题、解决问题的能力。因此,无论是主题班会的准备过程还是实施过程,都是锻炼、提高学生的过程,尤其是对后进生的转化作用更大。

2. 既能增强班级凝聚力,又能和谐师生关系

班级凝聚力以良好学风、班风的形成为基础。主题班会可以实现对学生集体价值观念的培养。它通过创设亲切、平等、宽松的课堂或户外活动氛围,及时、有效地批评和纠正学生的错误想法或行为偏差,逐步构建刻苦学习、努力锻炼、互相关心、求实向上的班集体,从而形成强大的班级凝聚力。

班集体的奋斗目标是通过一个又一个的活动来实现的,主题班会课是其中一条重要的实施途径。每一次主题班会课的成功召开,都会使班级向总体目标跨进一步,所以,主题班会是班集体发展的基础,同时它也能使班风、班纪和班级的人际关系得到强化和巩固,增强班集体的凝聚力。

同时,主题班会可以创造一个师生同欢共乐的情感交流场所。师生在互动、平等、和谐的气氛中达到共鸣。这种多向的、混合式的教育模式,是构建良好师生关系的最佳桥梁。

3. 既帮学生树立正确人生观,又能提升学生的综合素质

在主题班会活动中,学生以饱满的主体意识参与,进行积极主动的探究,从鲜活的体验中习得对世界、人生、自我的认识,从而更好地保证了素质教育的实施。素质教育就是关于人全面发展的教育,尽管学科教育能够体现素质教育的理念,但是由于学科本身的局部性和教学目标的需要,往往使得学科素质教育缺乏综合性和全面性,而主题班会恰好弥补了学科素质教育的不足。

同时,主题班会课还能够充分发挥学生的特长和个性,使学生真正展示自己的才华,真正实现学生的全面发展。

(二) 班主任班会课内容创新的基本内容

班会课在学校教育中起着重要作用,是进行德育、智育和美育的一个重

要载体。班主任应当科学规划,创新班会课课型,使班会课成为学生终生受益的课程。班会课具体创新内容如下:

1. 班主任要从转变思想观念入手

班会课是培养全面发展的人的课程,是与其他学科有相互促进作用的课程,是学校教育的一个有机组成部分。因此,班主任应转变观念,首先具备探索和创新的精神,才会有创新的行动,这是至关重要的。

另外,提高个人综合素质是创新班会课课型的关键。

班会课的组织、实施者是班主任,班主任的学识修养、兴趣爱好和教育智慧是组织、实施创新班会课课型的基本条件。班主任应力求做到以下五个"注重"。

(1) 注重丰富自己的知识。

广泛涉猎政、经、文、史、哲、科学、艺术等方面的知识,做好知识储备,以渊博的学识感染人、教育人。

(2) 注重提高自己的修养。

德高为范,具备高尚道德修养的人才能成为学生的榜样。

(3) 注重发展自己的兴趣和爱好。

因为学生群体当中既有各异的爱好,又有相对一致的爱好,班主任必须兴趣爱好广泛,才能跟他们更好地融合在一起。因此,教师要根据自身实际发展共性爱好,以便能和大部分学生更好地融合在一起,使学生"亲其师,信其道"。

(4) 注重了解新知识、新观念,多角度思考问题,认识、接纳新事物。

现今的世界是开放的世界,是人生观、世界观和价值观多元化的社会,学生是最容易接受新事物、新观念的一个群体,班主任如果不注重了解新知识、新观念,不注重多角度思考问题,认识新事物、接纳新事物,就无法跟上时代的步伐,就会和学生形成代沟,影响师生的交流、沟通。世界上没有两片完全相同的叶子,教育对象是流动的水,是时刻会变化的,班主任只有以自己的变,才能应万变。

(5) 注重发展自己的演讲与口才。

班主任光有丰富的学识还不够,还要借助良好的演讲与口才表达出来,良好的演讲与口才会使班主任自身的学识才能得到尽情的发挥,使班会课收

第五章 班会课内容创新

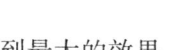
摒弃"老陈旧",追求"新奇特"

到最大的效果。

2. 熟悉教育主体,因材施教

班主任只有"知彼知己",才能因材施教,开导学生才能"百战不殆",才能发挥学生的最大潜能。

3. 要注重激发学生兴趣

兴趣是最好的老师。学生对于感兴趣的事物能锲而不舍地追求。因此,激发出学生的兴趣,就容易培养学生探究学习的好习惯。因此,班主任在班会课的设计、组织、主题的确立等方面,要兼顾到学生的兴趣,让他们乐于参与班会课。学生对班会课的内容津津乐道,才会积极接受教育引导。

4. 创新班会课课型,为学生的终身发展打基础

班主任应尽量在创新班会课的课型上下功夫,创新出一些学生喜闻乐见的课型。

(1) 打造益智型班会,开阔学生视野。

学生的知识面较窄,阅历也较浅,班主任举办的班会课要引导学生扩大视野,做到"家事、国事、天下事,事事关心",让学生放眼世界,关注民生;扩展高中生的知识面,培养学生透过现象看本质的能力;让学生学会联系地看问题,全面地看问题。

(2) 打造德育型班会,培育学生的健康情感能力。

班主任要教育学生,人在社会存在中产生情感,人的情感又表现为个性,人的素质的形成和发展是以情感为基础的个性和社会性相互作用、互为表现的结果。情感对人的发展起着深层的、内在的、持续的、长效的影响作用。

在班会教育中,班主任致力发展学生的情感能力——情绪识别能力、情感调控能力、情感体验能力、情感沟通能力等,促使学生自能控制情绪,纠正不良思想行为,自能学习提高,自能独立发展。

因此,在德育型班会课上,班主任应把重点放在发展学生的情感能力上。良好的情感能力是形成良好道德品质的基础。

(3) 打造美育型班会,提升学生的辨别、审美能力。

要肯定好人的优点不难,但要肯定功过参半、毁誉参半的人的优点、肯

定自己讨厌的人的优点、肯定自己对手的优点却很难，这需要勇气，需要度量，需要智慧。

在学生阶段发展学生的审美观，通过品评历史或现在的人物、事件，通过客观分析形成辩证看问题的能力，有利于学生形成"真、善、美"的品行，有利于提升学生的审美能力。

美育是以培养审美的能力、美的情操和对艺术的兴趣为主要任务的教育。音乐和美术是美育的重要内容。在美育型班会上，班主任可以通过音乐欣赏、美术欣赏的方式，陶冶学生的情操，提升学生高雅的审美能力。

5. 创新班会课授课形式

班会课的魅力，来自于丰富多彩的授课形式。陈旧的讲授法很难适应现代学生的需要，只有"新瓶装新酒"，才能引起学生的持久兴趣。班主任可以在以下一些方面进行创新。

（1）借助多媒体手段。

借助影像和音效媒体使班会课充满视觉和听觉冲击力，给学生留下深刻的印象，但又不能让班会课变成纯粹的视频课、音频课。多媒体只是现代化教学的一个手段，不是全部。

（2）增加互动体验。

新课程标准强调过程和方法，通过互动体验，学生才能有所感悟、有所发现。因此，创新型班会课还主张让学生走出教室，融入自然和社会。如组织学生到工厂、部队、监狱、新农村、大自然去体验，去调查研究，通过自己的劳动过程、体验过程获得知识经验，这样的班会课能使学生充满成就感，激发学生的创造热情，使学生自觉养成良好的习惯。

（3）正反面案例相结合。

在这样的班会课上，班主任要以正面案例为主，以反面案例为辅。班主任可以让学生通过与榜样进行交流座谈，感动自己的心灵；通过听反面人物的忏悔，使自己有所触动，引以为戒。正反面案例一起运用，让学生在对比审美中发现善恶、美丑，自觉去恶扬善。

（三）个别班主任班会课内容创新不到位的原因

尽管在倡导素质教育的今天，主题班会从形式与内容上都发生了较大的

第五章 班会课内容创新

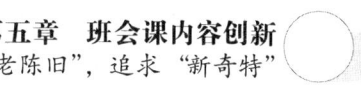
摒弃"老陈旧",追求"新奇特"

变化,也取得了较为丰硕的成果,但在中小学主题班会的开展过程中还是存在一些问题。比如,一些主题班会不同程度存在着"无主题、无计划、无教育、欠科学""大杂烩、群英会、歌舞会"的现象。这与当前班主任的教育观、德育观、学生观的偏差密不可分,有的班主任片面强调教师的主导作用而过于忽视学生的主体地位,结果造成了主题班会德育目标的设置过于空泛、内容过于脱离学生生活实际、方法和形式单一等问题。除此而外,班会课内容创新不到位的原因还有以下几个方面。

1. 对班会课的重要性认识不足

一些班主任在实施过程中,对班会课的督查、管理和评估仍然重视不够,甚至仅仅把它作为一个德育任务来看待,没有真正从思想深处认识到班会课在班级教学中的重要性;个别班主任仍然存在重智轻德的现象,认为文化课是主要任务,尤其是在应试教育模式下,对文化课的重视更是呈现一边倒的趋势,班主任忽视了班会课对学生的思想品德的形成、对学生综合素质及能力的培养的作用,因此对如何上好班会课研究不够,有的班主任仅仅是用几分钟时间讲讲目前班级存在的问题,便转入课本内容,使班会课流于形式,甚至是名存实亡。

2. 班会课安排零散,缺乏计划性

一些班主任虽然也制订班会计划,但没有把班会课德育内容的五大要素(道德教育、法纪教育、心理教育、思想教育、政治教育)的结构和层次区分开来,也没有根据学生身心发展的特点、认知水平和德育规律,系统地提出针对不同年级学生的现状采取不同的德育目标、内容及要求,从而使班会课显得盲目、零散、缺乏系统性、整体性,导致班会课的内容脱离学生思想实际,空洞无味,收效甚微。

3. 班会课模式、评价形式单一

一些班会课普遍存在集中灌输多、启发引导少,理论讲得多、学生实践少,消极应付多、解决实际问题少,政治教育多、品德内化少的现象。

课堂形式主要还是班主任对德育知识的宣传灌输,板着面孔训人,指手画脚管人;对学生的要求不注重从学生的实际出发,不研究学生的心理现象,致使班会课难以发挥应有的作用。

4. 班会课内容随意，缺乏针对性

有的班主任举办的班会课在内容方面，一是随意性、主观性较强，缺乏以社会学和心理学为基础的德育内容；二是虽然制订了计划，但真正按计划行事的如凤毛麟角，常常是想到哪里就说到哪里。班会课的随意性也是班会课质量不高、学生不愿听的原因之一。

5. 班主任应付差事，学生走过场

班会是教师和学生实现心灵交流、碰撞、沟通的重要活动场所，是学校对学生进行德育、智育、体育、美育、劳技教育的综合教育形式。但一些班主任仅仅把班会作为一个任务布置给班委，班委也只是把它当作一个任务，在班主任的指导下按部就班完成，参与的学生也是抱着完成任务的心态在表演、在观看，从而达不到班会进行德育应有的效果。

二、班主任班会课内容创新案例及养成策略

（一）班会媒介多元化，用新奇的视界抓住学生

案例一

广西百色市高级中学的黎志新老师认为，影视艺术是激活德育课的良方。

"这是一个视听艺术极其发达的时代，人们足不出户就可以欣赏到各类影视作品。优秀的影视作品'文质兼美'，让人回味无穷。

我时时留意影视讯息，遴选优秀作品，让学生欣赏到精品。这些年，我推荐学生观看的影视作品有《战争子午线》《紫日》《冲出亚马逊》《背起爸爸上学》《一个都不能少》《爱国者》《亡命天涯》《辛德勒的名单》《国际大营救》《拯救大兵瑞恩》《美丽人生》（意）《东京审判》《小公主》《一公升眼泪》《士兵突击》《亮剑》等。

聆听的讲座有陈安之的"信念激励你成超人"、李践的"做自己想做的人"、李开复的"做最好的自己"、王国权的"如何挑战高考的极限"、李阳

第五章　班会课内容创新

摒弃"老陈旧"，追求"新奇特"

的"疯狂演讲"、于丹的"《论语》心得""《庄子》心得"，等等。

看过的访谈类电视节目有：《变形记》《人物新周刊》《鲁豫有约》《东方之子》《共同关注》《实话实说》等；还有各种颁奖晚会："中国骄傲"颁奖晚会、"感动中国"颁奖晚会（从2002年开始，每一届都看）、"少年强"颁奖晚会；就连公益广告也是我德育活动的素材：《让座》《公益广告是一盏灯》《最后一滴水》等。"

长年担任高三班主任工作的黎老师，常为学生们的"考试综合征"苦恼，不少学生埋怨中国的高考制度，埋怨各种各样的模拟考试。但是，在通往未来的路上，这又是一座无法绕开的"桥"。就这个话题，黎老师开过不少主题班会，希望学生以"既然我无法改变它，我就愉快地接受它"的心态面对高考。但语言是苍白的，黎老师更想通过"艺术形象"说理，并为此上下求索，寻找合适的影片，而意大利影片《美丽人生》无疑是合适之选。

影片讲述的是"二战"时期一个犹太人家庭在纳粹集中营的故事：在纳粹集中营里，有一个犹太人家庭，父亲小心翼翼地呵护着儿子幼小的心灵，告诉他这只是一场游戏，要遵守游戏规则，等到游戏结束，胜利者可以赢得一辆大坦克。父亲用自己的幽默与智慧为孩子在层层乌云的笼罩下撑起一片晴朗的天空，观众在笑声中感受父亲博大厚重的爱，感受积极乐观者的巨大力量。

在组织学生看完影片后的班会课上，黎老师说："如果你是一个乐观幽默的人，身处高三的你就不会仅仅看到黑色，还会看到更绚丽的颜色。如果你们觉得高三生活比黄连还苦，那么生活回馈你的绝对是苦涩的味道。"

学生观影后，对黎老师这样的感言非常认同，世界观也悄然发生了改变，"考试综合征"也得到了缓解或解除。

另外，还有一部电影，黎老师在近10年里看了近10次，它就像黎老师手中天天用的教科书。黎老师组织每一届学生欣赏这部影片，甚至能预知学生会在哪个情节感动得泪光闪闪，会在哪个情节鼓响如雷的掌声，会在哪个情节紧张得握紧双拳。每次听到他们如雷的掌声，看到他们激动的神情，黎老师总是感慨万端："谁说他们是'情感荒漠化'的一代呢？如果说他们不易感动，那也只是因为心弦蒙上尘埃；我们要做的，就是把心弦上的尘埃轻轻拂去，然后轻轻弹奏，他们情感的心弦就会流淌出美妙的旋律……"

这部神奇的电影就是《冲出亚马逊》，它陪伴黎老师一路走来，也让黎

老师带着一届又一届的学生努力冲出自己的"亚马逊"。但黎老师绝不是简单地让学生看电影,而是布置了相关人物,让学生与电影互动,让"电影班会"起到更大的作用。

1. 看电影,举行台词记录比赛。

看电影前黎老师会布置一项任务:台词记录比赛。评分原则:第一,看谁记得多;第二,每句台词看谁记得完整准确;第三,看谁能把影片中最精彩的台词记录下来。

2. 展示学生记下的精彩台词。

我们将用意志和肉体战胜一切!(学员)

现在,你们将没有姓名,没有军衔,在这你们需要做的:第一是服从,第二是完全服从,第三是绝对服从!(校长罗斯将军)

别给咱们国旗丢脸!(王晖对胡小龙说)

快把枪还给他,战场上你无法替他去死!(代号"鳄鱼"的教官对王晖说)

这不是学校,这是魔鬼,只能下地狱!(丽娜医生,罗斯将军的女儿)

如果没有严格的训练,就没有以一当十的士兵!(罗斯将军)

如果他们连这都承受不了,那我还指望他们干什么!来到这里,只有"猎人"和"被猎者",这是一对生死冤家!(罗斯将军)

来了就别后悔,别人能承受的,咱也别当孬种!(王晖常跟胡小龙说的话)

快起来,别半途而废!(罗斯将军和女儿丽娜为错误受罚,女儿摔倒之后他说的话)

我认为这里不是学校,是地狱!只有魔鬼才下地狱,我要对他们的身体负责。(丽娜医生对"鳄鱼"教官说)

这是猎人学校,不是修道院。你是医生,你有你的职责;我是教官,我有我的要求。("鳄鱼"教官对丽娜说)

你们是钢铁,纪律是模具,把你们塑造成一件件成品——真正的军人!

……

3. 交流观后感悟。

4. 看完电影,黎老师和学生分享了电影人物原型的资料:《中国特种兵参加国际反恐怖集训纪实——记〈冲出亚马逊〉的原型人物:王亚林,扈华国(王晖,胡小龙)》

5. 布置课外阅读作业。

查阅西点军校的有关资料,并将之整理在读书笔记上。

这些年,黎老师感觉自己和学生就像一只只蜜蜂,在百花园中采撷百花,然后师生共同努力,一起在这百花园中编织生命的美好,一起策划一节又一节的班会课。通过这些班会课,不但提升了学生的思想水平,也形成了班级独有的文化氛围。

案例二

某班主任为学生举办了"珍爱生命,增强自我保护意识,提高自我保护能力"的主题班会活动。

【活动准备】

找有关主题的视频资料和物品。

【活动背景】

近两年,全国各地相继发生多起校园惨案,校园安全已升至国家高度,成为最近举国大事之一。接二连三的惨案都发生在这些无辜、手无缚鸡之力的学生身上。在危险来临的时候,学生的自我保护能力是那么得弱。如果学校能够提前让他们产生危机意识,并教给他们一些应急技巧,使他们能够巧妙地避开歹徒而有效地保护自己,那么,在伤害来临时,他们就能够做到自己保护自己,就不会因受惊吓而呆呆地站在那里"等待"死亡或乱跑乱叫而误撞进歹徒的"怀抱"。

悲剧已造成,也已成为历史。除了追究引发这些惨案的原因,痛恨这些惨无人道的凶手外,我们更多的应是思考可以为这些天真无知的学生做些什么,如何让生命掌握在学生自己的手中,让安全伴在学生的生活当中。

【活动目标】

1. 使学生产生危机意识,进而引起对安全的注意。

2. 引导学生正确应对伤害事件,并使其掌握一定的逃生技能,增加其逃生的信心。

3. 增强学生对安全的关注和生命的尊重。

【活动流程】

1. 视频展示:2010年陕西南郑县发生恶性校园血案。

班主任:看完这些新闻报道后,想必大家都是心情沉重,对自己的人身

安全感到担忧。其实面对可能发生的暴力威胁，我们需要做的是，提前做好准备，主动寻找有效方法，努力保护自己，甚至保护他人。

2. 案件重现。

目的：通过重现孩子们遇到歹徒持刀进入校园的情景，展现他们因惊吓或不知所措而未能成功逃生所造成的悲剧的案例，引发学生的思考，并从中获取经验教训。

班主任：接下来，我们会通过情景剧，再现一个校园暴力案件，大家在观看的过程中，要发挥自己的聪明才智，尽可能想出多种保护自己不受伤害的方法，等下请几位同学为我们出谋划策。

3. 共同决策。

目的：通过让学生共同讨论和决策如何逃生，来调动学生关注安全的积极性，加深学生的安全逃生意识和主动性。

班主任：感谢同学们的表演。对于刚才那些不幸遇难的同学，大家是不是感到十分惋惜和痛心？有谁能想出好方法来避免这种悲剧的发生吗？请各位同学积极和大家分享自己的想法吧。

（分别鼓励学生起来说自己的想法）

班主任：感谢大家积极的回答。看到大家能想出这么多好的自我保护的方法，真是让人欣慰。

4. 教师支招。

（1）当亡命歹徒再来……

① 见到可疑人物（手持刀或匕首、眼神恐怖、怒气冲冲）要避开；

② 不一定见义勇为，自保为先；

③ 学会躲避和逃跑，择路而逃，快速向空旷的地方走散，并求助保安或者大人；

④ 用书包或手上一些硬物护身、护头；

⑤ 抓起地面上的沙子，向歹徒眼睛撒去，并快速离开；还可用脚狠狠地踩坏人的脚背；或可用脚或膝盖趁其不备猛撞其要害部位；

⑥ 倒在地上装死。

（2）视频展示：校园安全启示。

目的：通过观看视频，提高学生的自我安全意识，使之掌握一定的危险

第五章 班会课内容创新
摒弃"老陈旧",追求"新奇特"

预防措施,学会一定的安全逃生技巧。

班主任:除此之外,我们再来看一个校园安全启示的视频,注意从中学习更多自我保护、防范歹徒的好方法,请看大屏幕。

班主任:好的,有了这一系列有效方法的指导,相信我们只要努力将它们牢记在心,即使遭遇校园恶性事件,我们也能好好保护自己,安全逃出坏人的魔爪。

5. 情景剧:当危险再来的时候。

目的:通过情景剧的再表演,加深学生对成功逃生技巧的印象和理解。

班主任:几位同学都平安无恙地逃出了行凶歹徒的魔爪,歹徒也被警察抓住了!真是太好了!希望在座的同学,都能像刚才几位同学一样,提高危机意识,学会自我保护,快快乐乐上学,平平安安回家!

6. 总结。

班主任:同学们,老师希望大家能从今天的班会上受到启发,学会真正的自我保护。

生命是一种美丽,要学会欣赏;生命是一种善良,要学会感恩;生命是一种关爱,要学会在乎;生命是一种责任,要学会履行;生命是一种宽容,要学会谅解;生命是一种付出,要学会磨炼;生命是一种尊重,要学会理解;生命是一种和谐,要学会相处。珍惜生命,我们应该一丝不苟地学习交通、家庭安全知识。不仅要自己学好这些知识,还要自觉地去向其他人做好宣传,让更多的人都意识到生命的重要性,都懂得珍惜生命,保护自我。只有这样,我们的社会才能减少悲剧的发生;只有这样,我们的家人才能为我们的健康成长感觉到幸福快乐,我们的世界才能变得更加健康美好。

上面两个案例中的班主任,都是通过在班会课上把影视、视频资料等内容,通过多媒体播放的形式,把学生的注意力牢牢抓住,让学生产生兴趣,从而乐于接受班主任的引导、教育,较好地完成了班会课的任务。

随着多媒体技术的迅速兴起、蓬勃发展,其应用已遍及国民经济与社会生活的各个角落,已经对人类的生产方式、工作方式乃至生活方式产生巨大的影响。同样,多媒体技术对教学活动也产生了积极的效应,为学生提供了最理想的教学环境。

因为多媒体具有图、文、声并茂甚至有活动影像这样的特点,具有许多

对教育、教学过程来说特别宝贵的特性与功能。对传统枯燥的班会课来说，充分发挥多媒体教学的优势，对吸引学生的注意力，迎合学生的好奇心理，让学生乐于参与班会课，具有重要作用。

传统的班会课，一般都是由班主任决定。班会内容、实施策略、引导方法、实施步骤甚至学生的回答都是班主任事先安排好的，学生只能被动地参与这个过程，即处于被灌输的状态。

而人机交互、立即反馈是多媒体技术的显著特点，是任何其他媒体所没有的。多媒体图文并茂的、丰富多彩的人机交互方式，能够有效地激发学生的参与兴趣，使学生产生强烈的探究欲望。

与普通班会课相比，多媒体运用的优势在哪里？

（1）具有直观性，能突破视觉的限制，多角度地观察对象，并能够突出要点，有助于概念的理解和方法的掌握。

（2）图文、声像并茂，能多角度调动学生的情绪、注意力和兴趣。

（3）具有动态性，有利于反映概念及过程，能有效地突破教育教学难点。

（4）具有交互性，学生有更多的参与机会，学习更为主动，并通过创造反思的环境，有利于学生形成新的认知结构。

（5）通过多媒体实验实现了对普通实验的扩充，并通过对真实情境的再现和模拟，培养了学生的探索、创造能力。

（6）可重复性，有利于突破班会课的难点，加深记忆。

（7）大信息量、大容量性，节约了空间和时间，提高了班会课的效率。

班主任把多媒体引入班会课以增强实效的具体策略如下。

1. 应注重创设班会情境，激发学生兴趣

班主任应注重运用形象、直观的多媒体技术，为班会课创设出生动有趣的班会情境，以其独特的形、声、景扣动学生的心弦，化无声为有声，化静为动，使学生进入一种喜闻乐见、生动活泼的学习氛围，从而使学生产生极大的兴趣，让学生觉得班会课既轻松又新颖，激发他们学习、探究的浓厚兴趣，唤起学生求知的好奇心。

2. 应注重增加班会课容量，提高效率

班主任在多媒体的运用上，应力求迅速把班会课资源显现在学生面前，

第五章 班会课内容创新

摒弃"老陈旧",追求"新奇特"

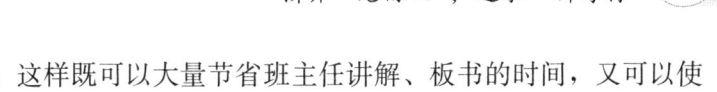

增加课堂的容量,这样既可以大量节省班主任讲解、板书的时间,又可以使班主任把更多的时间和精力用在与学生的互动上,取得较好的班会效果。

3. 应注重突出重点、淡化难点,提高教学质量

一节班会课上得好坏、成功与否,很重要的一个方面就是看有无突出教育重点、突破教育难点,而许多班会课内容仅借助于传统的教学手段是很难达到目的的。

班主任通过多媒体的运用,可以让不易理解的重点、难点变得生动、形象、具体、清晰易懂,使教育收到事半功倍的效果,提高班会课的质量。

4. 应注重提高学生的想象力,培养学生的思维能力和信息技术素养

多媒体的运用,不仅能帮助学生理解、记忆信息技术知识,而且能帮助学生建立形象思维,提高解决问题的能力。

班主任通过多媒体在班会课上的应用,教学生通过分析、综合、概括、判断、推理,培养学生的思维能力和信息技术素养,帮助学生形成正确的、全面的动手、动脑本领。例如,利用多媒体的动画模拟、过程演示,使静止图成为动态图,从中观察到事物的整个变化过程,让学生边观察、边思考、边讨论,从而培养学生的观察能力、想象能力、综合分析能力、解决问题的能力,形成正确的信息技术有关概念,促进思维向纵深发展,使信息技术素养得到很大的提高。

5. 应注重提高学生的自主探究水平和学习成就感

班主任通过多媒体网络将多姿多彩的信息引入班会课,要注重拓宽学生的视野,为学生提供更为广阔的自主活动空间和时间,让学生在主动探索未知空间、独立发现问题、丰富自己知识的过程中,对教师的依赖性相对减少,逐渐形成正确的阅读、分析、运用的能力,使学生感受到成功的喜悦。

(二)摒弃枯燥乏味,用多种方法为班会课创高效

案例一

某班主任接手的是一个普通班,这个班的班情是:学生成绩整体水平差,学习能力弱,学习行为散漫。还有两三个学生因家庭问题对自己完全放弃,在校无法进行正常学习,虚耗时光。就整体而言,比较叛逆的学生不

多，对集体没有造成恶劣的影响，同时几个有正义感的学生担任班干部，班集体的可塑性还有很大的提升空间。大部分学生愿意学习，但是因为难以克服自身的惰性，表现比较懒散，自律不够，需要班主任、班干部及时提醒和督促。

根据这个班集体的情况，加上临近期中考试，班主任有了开班会的设想，目的是为了让学生了解自己、认识自己，从而感悟生活、生存的意义，激起学生学习的斗志，在期中考试中能有所突破。因此，班主任把班会的主题定在了"肯定自己　超越自己"。

【设计意图和方法】

坚持动之以情、晓之以理的原则，结合多种心理学原理和方法，配合现代电化教学技术，营造一个生动、感性、震撼力巨大、情感气氛浓烈的主题班会。

1. 播放 flash 短片，形象生动，时代感强，学生容易接受，也容易感动。

2. 通过讲故事，深入浅出地阐明道理，触动学生的心灵，给学生留下深刻的印象。

3. 运用一些心理测验、心理调适法，以及讨论交流等多方面的活动，使学生充分融入这个主题班会，并获得真切的感受。通过互动，活跃主题班会的气氛，放松班会的节奏，让学生在参与活动的过程中得到教育。

4. 音乐与心理测验是主题班会的特色，心灵的震撼就来自于这几步关键的设计。

【过程及内容】

班会的整个过程都伴以轻柔独特的背景音乐。全程播放音乐，目的是给学生一个洗涤心灵的空间，让学生在音乐营造的气氛里打开心灵，进入班会的意境，从而产生共鸣。

1. 请学生思考：你了解自己、肯定自己吗？你活着的意义是什么呢？你的将来是怎样的呢？

这几个问题突如其来，却能把学生的注意力一下子抓住，让他们不由自主地去思考这几个从来没有想过，或没有深入思考过的问题。在思考的过程中，学生或许得不到答案，就会开始期待教师能给出答案。

2. 播放 flash 短片：《心愿》。

学生的思考会随短片一步一步深入，然后屏幕显示几句箴言："看完短片后，你可能也会与片中人一样有同样的感受，你也感到人生的迷茫，也感到十六岁的自己很彷徨……""但，无论未来如何难以想象，今天的你，今天的十六岁应该是灿烂而美好的，能够把握住今天，就能够拥有今天，就能够拥有明天的绚烂……"短短几句提示，令学生在迷茫中略有放松，心情不至于太过沉重。

3. 心理测试。

"请同学们用一分钟的时间思考一下自己，并在纸上描绘出来。想一想，这是不是你将来希望的、你追求的理想自己？然后，再想一想自己有什么优点。"

这样的心理测试，会使学生在一个限定的、专门的情境下，认认真真地思考自己，并挖掘自己的优点，进行这样的思考，目的在于引导学生学会肯定自己。

4. 组织讨论，说说彼此的优点。

等学生把自己的优点思考出来，班主任组织进行现场讨论，让学生能够学会欣赏身边的同学，把同学的优点总结出来，并敞开心扉赞扬出来；肯定他人的同时，也从他人口中得知别人对自己的评价，得知自己的优点，由此，学会肯定自己。

5. 播放关于毕业生度过辉煌高中的短片：《骊歌》。

通过短片，让学生感受毕业生在完成拼搏、经过人生的奋斗后发出的感叹和燃起的骄傲，激发在场的学生期待将来也如短片中的人一样充满成功的喜悦，进而激起万般豪情壮志。

6. 讲故事：《你不能失败》。

班主任请主持讲述一个关于"你不能失败"的故事。"马断了腿，马当然还能活，只是作为一匹马来讲，腿断了，马活着还有什么意义？"为了不让学生的激情退却，为了让学生明白现实的残酷，更为了让学生有挑战困难的决心和勇气，班主任通过讲故事的形式让学生明白，他们不能失败。

7. 提问题。

"你想过自己的将来吗？你认为未来的自己会是怎样的一个人？"同时打

开多媒体,屏幕显示出三种典型角色:"孱仔强""天才成""阿凡"。

班主任继续提问:"将来,你会成为他们其中一个吗?如果不是,你会是……"学生在这一连串问题里,又回到对自己将来的思考中。当他们经过讨论,把自己的设想讲出来后,绝大部分学生都不甘心成为"阿凡",这一个过程,可以把学生为了将来而努力的决心激发出来。

8. 通过比较三个人物,提出:我们肯定了自己,我们还要超越自己!

班主任对学生讲:"最强的对手,不一定是别人,而可能是我们自己。在超越别人之前,我们先要超越自己!"学生有了这样的信念,就容易激发起战胜困难的勇气和力量。

9. 帮学生树立"超越自己"的信念。

班主任要激励学生:"从一开始,我们就不让它错;我们要从现在开始,打赢每一场仗;一定要克服'自我妥协'的天性,实现超越自我。"

然后,班主任把学生最关键的几个弱点指出来,并以励志故事的形式,用生动、感性的语气缓缓讲述,让学生在一个个故事中得到正能量。

10. 做游戏。

每个学生在纸上写出自己近段时间最紧要的几件事情,并按照重要性排一下顺序,想一想解决的办法。

这只是一个简单的游戏,步骤简单,内容简单,却可以根据普通班学生学习能力差的特点,教会他们如何解决身边的多个困难,如何分清主次,如何理清条理,从而帮助他们解决困难,并制订出决心振作努力学习的计划。

11. 闭眼欣赏玛莉亚·凯丽的《英雄》。

主题班会的最后,应让班会气氛平缓下来,让学生有一个反思并调整心情的机会。班主任让学生闭上眼睛,听一听这首英文歌,歌词简洁易懂,震撼力非凡,让学生在群情激荡中决心超越自己。

最后,在歌声中结束主题班会。

主题班会后就是学生的中段考,通过这次班会,学生考前的学习气氛非常浓厚,表现出前所未有的决心和毅力。班主任在收上来的周记中发现,学生坦言自己接受了一次前所未有的心灵洗礼,对人生的思考比较积极了,对将来的方向比较清晰了,对学习的困难有了勇气和力量。中段考后,进步的学生不少,班级形成了激烈的竞争氛围。此外,集体的凝聚力也有所增强,

第五章 班会课内容创新

摒弃"老陈旧",追求"新奇特"

学生对学习和生活的热情比较高涨。

案例二

某班主任为了让学生更好地了解诚信,也为了让学生在学习生活中做到诚信,远离谎言、抄袭等不良行为习惯,特地举办了一堂"诚信"主题班会。

班主任的实施步骤如下:

1. 由班长朗诵一段话,引入班会课主题。

班长:诚实,即忠诚老实,不隐瞒自己的真实思想,不掩饰自己的真实感情,不说谎,不作假,不为不可告人的目的而欺瞒别人。守信,就是讲信用,讲信誉,信守承诺,忠实于自己承担的义务,答应了别人的事一定要去做。忠诚地履行自己承担的义务是每一个现代公民应有的职业品质。因为《中学生日常行为规范》中特别规定:中学生应该守信,答应别人做的事要按时做到,做不到时应表示歉意。我们今天的班会课的主题就是:"诚实守信"。

2. 请主持人发言。

主持人:21世纪是信息社会,信息化浪潮汹涌而至,加速推进信息化进程已成历史必然。而社会的全面信息化又是建立在良好的社会诚信体系之上的,没有诚信,信息化就无从谈起。

那什么是诚信?

诚,即真诚、诚实;信,即遵守承诺、讲信用。诚信的基本含义是受诺、践约、无欺。通俗表述,就是说老实话、办老实事、做老实人。人生活在社会中,总要和他人及社会发生关系。而处理这种关系必须遵守一定的规则,有章必循,有诺必践,否则,个人就失去了立身之本,社会就失去了运行之规。诚实守信是中华民族的传统美德。几千年来,"一诺千金"的佳话不绝于史,广为流传。

3. 由学生小王为大家讲述《曾子杀猪》的故事。

小王:曾参,春秋末期鲁国有名的思想家、儒学家,是孔子门生中七十二贤之一。他博学多才,且十分注重修身养性,德行高尚。有一次,他的妻子要到集市上办事,年幼的儿子吵着要去。曾参的妻子不愿带儿子去,便对他说:"你在家好好玩,等妈妈回来,将家里的猪杀了煮肉给你吃。"儿子听了,非常高兴,不再吵着要去集市了。

这话本是哄儿子说着玩的，过后，曾参的妻子便忘了。不料，曾参却真的把家里的一头猪杀了。妻子从集市上回来后，气愤地对丈夫说："我是哄儿子说着玩的，你怎么就真把猪杀了呢？"曾参说："孩子是不能欺骗的！他不懂事，还没有辨别能力，接触到的是父母，所以什么都跟父母学。你现在哄骗他，等于是在潜移默化地教他学会欺骗。再说，你现在欺骗了孩子，孩子以后自然也就不相信你了，你以后还怎么教育孩子？"

在我们的生活中，老师、家长在我们很小的时候就给我们讲了许多诚信的小故事。诚实是一种作风，一种实在，一种可靠。诚挚、严谨的人做人做事自然磊落，一言既出，驷马难追。诚信准则的含义已超出了本身，而带着光彩的人类理想和精神，正气蕴在其中。

主持人：时代的进步推动着观念的更新，随着社会的发展，社会生活巨大而深刻的变化也赋予诚信这一传统美德日益丰富的时代内容，也促使人们对诚信的理解从伦理道德的范畴提升到了制度建设的层面。诚信不仅是一种品行，更是一种责任；不仅是一种道义，更是一种准则；不仅是一种声誉，更是一种资源。就个人而言，诚信是高尚的人格力量；就企业而言，诚信是宝贵的无形资产；就社会而言，诚信是正常生产生活的秩序；就国家而言，诚信是良好的国际形象。接下来请同学们讲讲古今中外关于"诚实守信"的故事（如《一壶水的故事》《孔子的取舍》《吴起言必信》《卢梭的忏悔》，等等）。

4. 互动环节：分组讨论问题。

问题1：诚信是一种理想化的美德，现实生活中做不到，讲诚信者往往吃亏。这种说法对不对？请谈谈你的看法。

问题2：有人认为，自己是讲诚信的，但别人不讲，我也只好不讲了。这种说法对不对？请谈谈你的看法。

问题3：应该在哪些方面做到诚信？

问题4：诚信应如何培养？

5. 诚信格言大比拼。

(1) 人而无信，不知其可也。（孔子）

(2) 民无信不立。（孔子）

(3) 人背信则名不达。（刘向）

(4) 如果要别人诚信，首先要自己诚信。（莎士比亚）

(5) 诚实是人生的命脉，是一切价值的根基。（德莱塞）

(6) 失去了诚信，就等同于敌人毁灭了自己。（莎士比亚）

(7) 诚实的人必须对自己守信，他最后的靠山就是真诚。（爱默生）

(8) 不宝金玉，而忠信以为宝。（不要把金玉当成宝物，而忠诚与信用才是宝）

(9) 精诚所至，金石为开。（人的真诚所达到一定程度，能感动天地，使金石为之开裂）

(10) 身不正，不足以服；言不诚，不足以动。（行为不正的人，不让人服气，言语不诚实的人，不必与他在一起共事）

6. 互动环节。

先请学生做有关诚信的小游戏，然后引领学生发表感想。

班主任：诚信，对于人类，或者说得具体一点，对于我们每一个个体，都是极其重要的为人准则。诚信之于生命，正如同珍珠之于贝壳，那么晶莹剔透而凝重；如月亮之于夜幕，那么明亮皎洁；如山雀之于森林，那么生机盎然。这凝重、这皎洁和这盎然的生机，一直被诚信的美德所带领着、引导着、感动着。

生：我不能忘记《皇帝的新装》里的那个小男孩。那天真的话语和发自内心的真言，曾一度令我惊诧而感动。很多时候，我们往往会被外在因素所左右，还不如一个小孩子那般诚实如一。

生：是啊，诚信的力量塑造了多少优秀的自我，它已不仅仅是一种为人的准则，它更是一种勇气，一种责任，砥砺着精彩的生命。

生：有个杀了警察的激进分子，在逃亡了23年，成为一家大酒店的老板并拥有两个优秀的儿子后，居然投案自首。当记者问他为什么要这样做的时候，他说了一句令记者震动的话："曾经，我逃避自己，面对的是生活；今天，我回到自己，面对的是生命。"是啊，一个人可以因为逃避、因为隐瞒、因为虚伪而有许多种不同的生活，但真真实实的生命只有一个！而只有诚信的力量才能让你的生命永远绽放出最真实、最淳朴、最灿烂的光芒。

……

主持人：同学们看看吧，诚信何其可贵，何其重要。诚信不可抛！唯有

诚信,才能让你的生命如一股清泉,沁人心脾,永不枯竭!

……

班主任对这次班会的感悟是:这次活动,不仅让学生在头脑中树立起诚信的意识,更重要的是提醒他们在实际生活中要以诚信的准则来约束自己的诸多行为。这次活动比较受同学们的欢迎,其主要原因是:活动有较强的现实意义,同时活动又有较活泼的形式。学生希望今后能多搞这样的活动,真正提高他们的道德素质。

班会课是班主任工作的重要组成部分。在大力倡导创新教育的今天,在强调教师和学生的素质结构重组的今天,班会课也应该与时俱进、大胆尝试创新,适应新时期学生的特点,采用他们乐于接受和易于表现的形式,寓思想教育于活动之中,达到教育的目的。

上面两个案例里的班主任在班会课的创新方面都做了大胆的尝试,把班会课搞得有声有色,也符合学生的心理特点,取得了不错的效果。

班会,就是班级会议,但它不等同于三天一小会、五天一大会,更不等同于教师的每周例会、考前培训会、考后总结会、年终考核会、专家报告会……这些会名目繁多,花费的时间精力也颇多,却未见多大成果。班会绝不能如此低效,而要想方设法让它变得形式多样、轻松活泼起来,最大限度发挥其教育功能,使之成为班主任和学生之间的沟通媒介,成为学生参与班级民主管理和进行自我教育的途径。

实现创新、高效班会课的策略有以下几种方式。

1. 以故事促思考

一个小男孩因为个子太高了,常被有些人取笑是"傻大个",为了报复他人,他也给别人起过一些侮辱性的绰号。有一次,当他恼羞成怒地去咒骂一个小男孩时,却看见了站在不远处的父亲。父亲走到他面前,十分严肃地对他说了两句话,说完便走了。那天他一直呆呆地站在那里,好久才发现自己哭了。

后来,他的儿子个子也很高,当这个小家伙开始为自己的高个子烦恼时,他把父亲当年敲醒自己的那两句话转告给了儿子:"你只有尊重别人,才会得到别人的尊重。既然大家都要仰头和你说话,请给他们一个仰视你的理由。"

第五章 班会课内容创新

摒弃"老陈旧",追求"新奇特"

他就是美国NBA著名球星,身高2.16米,外号"大鲨鱼"的沙奎尔·奥尼尔。

故事,是班主任最具教育力的法宝。在班会课上,假如班主任给学生讲述上面的故事,学生就会明白,一个人不但要丰富自己的头脑,更要丰富自己的灵魂。不论自己处在什么样的境地,都应该给别人一个仰视、尊重自己的理由。

这样的故事,往往要胜过班主任苦口婆心的说教。

2. 以益智游戏促互动

游戏是最符合学生年龄特点的活动之一。在班会课上,班主任应尝试做一些益智类的小游戏,让学生在互动中开发智慧。

比如,让学生做"龟兔赛跑"游戏,但必须有新意:这次比赛,兔子一改以前的骄傲,用心卖力跑,但结果仍然是乌龟赢。请学生思考怎样才能使乌龟必胜呢?

这样的游戏是在训练学生的发散思维,需要他们打破常规、大胆设想,积极开动脑筋,才能想出一个又一个的"金点子":终点在池塘的另一头,兔子跑要绕大圈,而乌龟可以直接游过去,乌龟赢;乌龟贿赂裁判,所以判乌龟赢;乌龟驾驶汽车,比兔子跑的速度快;比赛规矩是规(龟)定的,所以龟赢了……

这样的班会课,学生时而静心沉思,以求思维缜密;时而奇思妙想,挣脱思维牢笼,动静皆宜。在轻松的游戏中,享受创意的思考之旅,收获冲破思维局限的喜悦,使学生获得在生活和学习中运用更多可能的视角解决问题的能力。

3. 以竞赛去调动积极性

在班会课上,班主任可以开展一些竞赛活动,并通过竞赛来调动学生参与的积极性。学生都有争强好胜的不服输心理,在竞赛活动中,班主任可以设置一些不同梯次的难题来为难他们,让他们踊跃地参加竞争。这样的班会课不但生动活泼,而且能极大地提高效率。

4. 以才艺展示增强学生自信

传统的班会课给人以沉闷、压抑的感觉,所以班会课的创新应给学生一种清新的感觉,要让他们眼前一亮。才艺展示,就是不错的选择。

才艺展示既可以表演二胡、古筝、武术,也可以是书画展示,还可以唱歌、跳舞,只要是学生比较拿手的,都可以让他们亮出自己的"绝活儿",以此来激发他们的自尊心和自豪感,同时也可以使学生受到艺术的熏陶,在不知不觉中积累文化底蕴与内涵。

(三)全员参与,突出学生主体性

某班主任围绕"我努力,我能行"的主题举办了一次班会,具体班会内容如下。

【活动目的】

通过这次班会使学生明白九年制义务教育最后一年的关键性和重要性,教会学生如何在这短暂的一年、紧张的一年、非常的一年战胜自我,找到行之有效、事半功倍的学习方法。

【活动重点】

1. 重在全员参与,提高所有学生的思想认识——优秀的学生不可骄傲,中等的学生不可迟疑、松懈,落后的学生不可气馁、灰心。坚信一分耕耘,一分收获。

2. 传授各科行之有效、事半功倍的学习方法。

【活动过程】

(一)导言

同学们,进入初三的第一次月考已经结束,成绩已揭晓,有的同学取得很大进步,有的同学停滞不前,有的同学略有退步,有的同学退步很大。一样的试卷,一样的教师,一样的上学,一样的教室,为什么所取得的成绩却参差不齐呢?导致成绩下降的原因很多——基础知识底子薄、学习习惯不好、学习态度不端正、学习方法不得当等。失败并不可怕,只要我们善于分析和总结失败的原因,并加以改正,最终一定能取得成功。今天,我们班会的主题就是要研究并探讨解决这个问题的方法,我们先请这次考得好的同学介绍他们的学习方法,以达到提高学习效率的目的。

(二)活动过程

请同学介绍各自的学习方法和学习小窍门。

第五章　班会课内容创新

摒弃"老陈旧"，追求"新奇特"

生（语文课代表）：课本是一课之本，哪一门课的学习都应首先抓住课本，学习语文课本最有效的方法莫过于认真预习、认真听讲、认真记笔记、认真复习这四个"认真"。另外，课外阅读和写作也很重要，课外书籍无论是中外名著、文学小说还是诗歌散文，多阅读，既可以帮助自己更好地理解课内所学知识，又可以提高阅读水平和写作能力。此外，还要做一些基础知识的训练，只有多记多练，才能达到熟练的境界。写作方面，可以每天记日记，多练笔，这样时间久了就会培养出兴趣和灵感。总而言之，只要多读多背，端正态度，肯努力，肯吃苦，学习语文不是难事，而是乐事。

生（数学课代表）：学习数学要背定义定理和多做题目。定义定理不能死记硬背，而要建立在对定义定理有深刻认识的基础上，要了解定义定理表达的数学规律，以及它的应用范围。背完后，要做一定的题目辅助、巩固记忆。做同一题型的题目不应多，而应题型广泛。题目要循序渐进，从基础题到开放性试题都要有所了解。在平常的学习中，要时常总结题型、解题方法和易错点，这些总结会成为复习的第一手材料，对应试有很大帮助。

生（英语课代表）：英语没有懂和不懂之分，只有学过和没学过之别，只有会和不会之说。目前我们在英语课上的目标就是，所有学过和讲过的单词、句子、语法要会；语法知识只要了解就可以了，不需要深入研究，更不能钻牛角尖。英语是一门可感知的学科，它是活动的，是有生命的，是无法固定的。学习英语，要进行大量的实践，就是多听、多说、多读、多写、多练。最后总结一下，学好英语，自信是关键，是基础，坚持是保证。

生（物理课代表）：学好物理并非难事。物理是一门非常实用的科学，要学好它首要的是培养兴趣。如果你没有兴趣，可以从生活的一点一滴开始培养兴趣。兴趣是学好物理的基础，但要学好它关键还要做到以下几点：（1）做好课前的预习工作。（2）上课认真听讲，认真做好笔记。（3）认真做好复习工作，注意总结。另外，还要多做习题。不在于习题的量，而在于题型。适当做些难题，应试时就会有一种居高临下的感觉，就不会害怕难题，就能对试题应付自如。那么我们的物理成绩一定会大大进步。

生（化学课代表）：化学是一门新开设的学科，我们目前只要努力学习，再加上一点方法，就不难掌握。例如，在"原子"一章之前所学的内容，都是只要背的，"原子"一章稍有灵活性，不过也有办法，你可以把原子当作鸡蛋，把蛋清当作电子，蛋黄当作原子核，把微观的东西宏观对待，易于理解。总之，只要你努力，有方法，化学成绩就会有进步。

　　生（政治课代表）：政治是需要记忆的，但不应死记硬背，而应该在理解的基础上去熟记这些知识，使它们成为自己分析问题、解决问题的方式方法。对于解决一些实际问题，则应该注重老师上课时反复强调的解题技巧。除了书本上的知识外，平时还要了解时事政治。学习政治千万不可偷懒，我们应做到节节清、课课清、天天清、周周清、月月清，做到今日事今日毕，这样在考试前夕，就不会手足无措地去背政治了，只要在考试的前几天把所学的内容大略复习一遍，就可以了。

　　主持人：六位课代表的发言使我们受益匪浅。让我们吸取他们有效的学习方法，改进自己的方法。下面我们请成绩有所退步的学生来谈谈感受和决心吧。

　　生：对于我来说，初一、初二时的学习成绩简直就像一场噩梦。刚进班时我的成绩还算不错，对自己还颇有信心，但是由于学习方法不正确、学习态度不端正，导致自己的成绩直线下滑，落到了300多名的低谷。刚上初一，由于过惯了小学的玩学生活，认为只要上课专心听，下课看不看也无所谓，所以直接导致期中考试语文考得极差，其实这就极其明显地反映出学习不刻苦的结果。初二，增添了一门新学科物理，刚开始学习时我兴趣盎然，谁知也是碗里的热水——三分钟的热度，学习浮躁、不踏实，结果又导致了初二学习成绩的再度挫败。初三开学了，第一次月考由于以前旧毛病改得不彻底，成绩仍不理想，但我并不灰心，因为我坚信只要我努力，我就能行！

　　生：第一次月考过后，本来成绩不佳的我，又退步了100名，一时之间我不知如何是好了。今天的班会课对我的启示很大，课代表的学习经验之谈，使我找到了新的航标，找到了和优秀生的差距。就拿政治来说，我就没做到课代表所说的节节清、课课清、天天清、周周清、月月清，而是每次都临时抱佛脚，所以政治考试成绩不理想是必然的。还有大部分的课代表要求课前预习、课后复习，可我大多都做不到。由此看来，成绩差并不是头脑不灵活所造成的，而是自己应做的事没有做好的缘故。我最好的一次考试进过200多名，说明我也有能力，只要我努力，我也一定能行。

第五章 班会课内容创新
摒弃"老陈旧",追求"新奇特"

(三) 班主任总结

全员参与的班会课才是最值得提倡的。上面案例中的班主任并没有对考试成绩好的学生进行大肆表扬,也没有对暂时落后的学生进行批评,而是让他们一起参与到班会的互动中来,通过同学的现身说法,让他们学有榜样,自检自查,找漏洞,提信心,为全班学生向新的起点努力提供了坚实的基础。

一个班有几十名学生,这些学生来自不同的家庭,他们在思想、品德、智力、兴趣和性格等方面各有不同的特点,把他们组织起来形成班集体,让他们在良好的集体中学习和生活,对于班主任来说,是一个难点,这是一项艰巨的工作。怎样统一学生认识,让他们拧成一股绳,使学生都能在班主任的引导教育下,形成良好的班风、学风、积极愉快地学习,是班主任开展班会课的一项重要内容。

在班会课上,让学生全员参与活动,突出学生的主体地位,是增加学生对班级的认同感、归属感、和谐师生关系、增强凝聚力的关键。

班主任尊重学生的主体地位,打造全员参与的班会课的策略大致有以下几个方面。

1. 融洽师生关系,营造良好班级气氛

民主平等、和谐融洽的师生关系是提高班会课质量的前提。这种师生关系可以成为学生学习的动力,驱使着学生积极主动、自觉地学习;教师也会由于学生的用功学习而更加勤奋地从事教育教学工作。

(1) 尊重赢得尊重。

班主任要建立良好师生关系的前提是尊重学生,尊重学生的人格,确立学生的主体地位。爱默森曾说过:"教育成功的秘密在于尊重学生。"班主任要认识到,学生在人格上和班主任是处于平等地位的。

在班会课上,班主任要尊重每一个学生,绝对不能恶语中伤、体罚或变相体罚学生。即便学生犯了错误,班主任的批评也应具有情感性,应以情感人。班主任对学生的批评应建立在对学生关心和爱护的基础上,以平等的态度、关怀、爱护的口气,推心置腹地引导学生平心静气地认识自己的错误,进而鼓起勇气承认错误并改正错误。批评应该讲理,以理服人,而不是以势压人。班主任要通过摆事实、讲道理,让学生心服口服。

（2）与学生真诚相处、真心交流。

班主任不仅要成为学生的"良师"，还应成为学生的"益友"。要放下班主任"盛气凌人"的架子，走到学生当中去，了解学生的学习状况、家庭状况，积极帮助他们解决学习、生活中的困难；细心观察学生，分享他们的喜怒哀乐，成为学生的"贴心人"。当师生在情感上产生共鸣，形成尊师爱生的氛围时，班会课上就能真正建立起和谐融洽的师生关系，也就更加有利于班主任开展班级工作。

（3）讲民主，不搞专制。

不管是班会课前、课中，还是课后，班主任都应尽量广泛听取学生意见，对班会主题、实施环节等请学生建言献策，而不要利用班主任的"权威"压制学生，不要扼杀学生的想法，不能班主任一个人说了算。班主任要鼓励和允许学生在班会课上畅所欲言，发出心声，从而培养学生的参与意识。这种集思广益、民主平等的班会课，体现了学生的主体地位。

2. 一碗水端平，秉持公平公正

班会课上，不管是优秀生还是后进生，班主任都应一视同仁，而不能厚此薄彼，对好学生放任娇宠，对后进生冷漠、嘲讽。

相对而言，后进生更容易因班主任的冷漠而受到伤害，他们更渴望得到班主任的关注、理解和信任，他们对班主任是否公平也是格外在意。如果班主任能够秉持公平公正的原则，则更有利于调动学生全员参与的积极性，班会课的效率也会因此而大大提高。

3. 活动环节问题设置因人而异，给每位学生以参与机会

学生存在差异是不争的事实，那么，在班会课上，班主任设置的问题难度、活动项目等也应因人而异，力争让优秀学生有超常发挥的空间，让基础差的学生有参与的机会，并让他们在参与的过程中享受成功的喜悦，从而提升他们的信心，和班集体一起成长。

第六章　家长会形式创新
用情联家校，用心聚合力

家长会一般是由学校或班主任、教师发起的，面向学生、家长以及教师的交流、互动、介绍性的会议或活动。它是学校德育工作的重要窗口，召开家长会，意在与家长沟通交流，形成家校教育合力，更好地促进学生身心健康发展。班主任搞好家长会创新，和谐了学生与家长的亲情关系，为家教营造了良好氛围，也为家长提供了交流、学习和受教育的机会，为家校形成合力提供了契机，为学生全天候接受教育监督提供了保证。

第六章　家长会形式创新
用情联家校，用心聚合力

看着到班级参加家长会的家长已经到齐了，班主任开始像往常一样，向家长们宣读了学生的考试成绩，然后对成绩好的、有进步的学生进行表扬，对成绩差的、退步的学生进行批评，并要求家长配合班主任，在家里负起责任，对孩子严加管教，否则，就要批评家长对孩子太过溺爱，没有尽到当家长的责任。

参加这样的家长会，一些家长觉得自己很没面子，要么设法逃避，要么不配合，要么回家对孩子一阵责骂……更为重要的是，这样毫无新意的家长会几乎是没有任何效果的，搞不好还会引起家长和班主任的冲突。

开家长会是学校与家庭沟通的传统模式，也是教师与家长沟通的有效方法之一。随着社会的发展，像上面案例中那样的旧的家长会的模式已经越来越显现出它的弊端。案例中的家长会是班主任或教师讲，家长听，听完介绍、看过成绩后，优秀学生的家长眉飞色舞，后进学生的家长垂头丧气。结果，家长会成了一部分学生家长的受气会。这部分家长将自己的情绪带回家，就难免会对孩子进行训斥、打骂，这样不仅加深了家长与孩子之间的隔膜，也使家长失去了教育孩子的信心。

因此，有相当一部分学生不愿意家长到学校与班主任、教师沟通，他们会想尽一切办法，不通知家长到学校参加家长会，或向家长隐瞒开会时间，或找人代替家长，甚至花钱雇人开家长会。

还有相当一部分家长也认为家长会对自己根本没有什么指导意义，也以没时间等种种借口拒绝参加家长会。这样的情形无疑违背了开家长会的初衷。

班主任要想改变这种现状，就必须改变传统的学校与家长之间的关系，要让家长亲近学校、热爱学校、支持学校，变"单一教育"为"合力教育"。

班主任要尝试改变家长会的模式，在创新上下功夫，将家长会变成"学生、家长、教师交流座谈会""学生校园生活成果汇报会""家庭教育主题案例交流会"等多种形式的会议，真正让家长会成为形成教育合力的纽带和桥梁。

一、班主任家长会形式创新概述

学生的成长离不开教育，而任何形式的教育都应是教育者与受教育者心灵的沟通与交流，都必须在平等对话、相互尊重的基础上进行。德育工作尤其如此。家长会是学校德育工作的重要窗口，召开家长会，意在与家长沟通交流，形成家校教育合力，更好地促进学生身心的健康发展，它理应成为教师、家长和学生之间沟通心灵的桥梁和纽带，成为促进学生身心健康发展的重要媒介。

家长会，一般是由学校或班主任、教师发起的，面向学生、家长，以及教师的交流、互动、介绍性的会议或活动。

班主任要充分认识到，今天的学校，已经从文化"孤岛"转变为开放的社会组织，社区、家长对学校发展有着直接和重要的影响。学校的发展离不开家长的支持，学校办得越好，家长参与的积极性越高；而家长参与越深入，对学校的支持也越大，学校也就能办得越好。

为此，班主任要开辟更多的途径、搭建更多的平台，使家长积极地参与到班级教育中来，切实把家长会当作一个重要平台，通过家长会，让家长了解自己孩子的学习情况，让家长了解学校的办学理念、培养目标，从而共同为孩子的健康成长发挥重要作用。

从以往的家长会情况看，班主任举办的家长会通常都是在考试后举行，家长会成了教师与家长之间有关学生学习成绩的通报会。在学生的"魔鬼词典"里，家长会的诠释就是"今夜有暴风雪"。因此，从某种程度上讲，家长会往往被开成了"告状会"。

从家庭教育现状看，随着时代的发展，大多数家长对孩子的教育普遍感到茫然和困惑。不少家长根本没有接触过心理学、教育学，在家庭教育中摸

第六章 家长会形式创新
用情联家校，用心聚合力

着石头过河，普遍存在着以下几种不当的教育方式：溺爱型、否定型、过分保护型、放任型和暴力型。有时候家长的知识更新难以赶上学生，平时很难与孩子有共同语言，难以沟通交流。

受应试教育的影响，很多家长认为，只要给了孩子良好的学习条件，就尽到了父母的责任和义务。家长关注的焦点就是孩子的成绩，至于孩子的心理需求、情感需要，根本没有在意或者无暇顾及。

从学生心理发展规律看，初中生正处在心理成长的叛逆期，这些"在电脑前长大的一代"平时与家长缺少交流和沟通，在有限的"饭桌交流"中又往往被家长"讨伐"，容易形成与家长的隔膜，滋生叛逆情绪。长此以往，学生容易形成心理疾患，产生诸多心理和行为问题。

而新的教育理念下的一切为了每一个学生的发展目标，不仅需要新的教学观念的变革，更需要新的教育观念尤其是育人观念的创新。因此，新形式的家长会应以促进每一个学生的身心健康发展为根本，从教育观念、活动形式和方式方法上做一些有益的探索，这无疑是有一定的开创性和积极意义的。

从教育资源角度看，新型家长会是开发隐性教育资源的重要方式，是整合校内外教育资源的重要桥梁和纽带。

现在的家庭大多是独生子女家庭，每位父母都对孩子寄予了很高的期望。在日常的教育中，大多数家长都会以"现在努力学习，将来就可以找一份好的工作，就可以拥有高品质的生活"为指导思想，这种想法是好的，但是对于心理还处于发展时期的孩子来说，这样的一个目标似乎太遥远，让他们感受不到学习的重要性。尤其是对于那些自制力较差的学生来说，他们宁可拥有眼前短暂的快乐，也不愿意把时间花在去实现那遥不可及的目标上。

很多家长都有这样一个错误的观念，认为只有对孩子严格要求，孩子才能发挥出他最好的水平。这种认识忽略了孩子的身心还处于急剧发展时期，他们对自己的评价是基于生活中周围的人的评价之上的：如果孩子一直处于一种被打击的状态，就可能会对自身评价过低而导致信心不足，而如果周围的人给了他比较高的评价，他就会对自己产生充足的信心。

因此，在家长会上，班主任一定要引导家长对孩子的教育有个正确认识，让家校合力更牢固有力。

（一）班主任家长会形式创新的重要意义

班主任搞好家长会形式创新具有以下重要的意义。

1. 有利于和谐学生与家长的亲情关系，为家庭教育营造良好氛围

学生的健康成长，需要良好的环境与教育做舞台。这种教育既包括学校教育，也包括家庭教育，尤其是学校教育与家庭教育的协同配合，更为重要。作为学校，不仅可以通过家长会主动与家长沟通，提高服务意识，更重要的是，学校可以通过家长会对家庭教育进行指导，引领家长确立正确的教育理念，引领家长实施正确的家庭教育。

班主任通过家长会的平台，可以让家长进一步了解孩子的学习、爱好、心理、情感等，也让孩子了解父母，了解父母的创业艰辛，了解父母对他们的爱，让学生与家长拉近距离，让学生与家长从中受到教育，大大增强家庭教育的实效性。

2. 为家长提供交流、学习和受教育的机会

有不少家庭在教育方面存在不少问题，如有的家长望子成龙心切，关心孩子成绩多而顾及孩子的学习过程和方法少，更不用说关注孩子的心理和情感；有的家长对子女的期望值过高，但又缺乏正确的施教方法；更有甚者，还有少数家长不重视身教，家庭教育环境有待改善。创新家长会不仅可以在教育的方式方法上给家长提供交流和学习的机会，也能给家长在教育孩子方面提供一些专家的指导，让家长受到教育，大大提升家庭教育的水平。

3. 为家校形成合力提供契机

家长会的创新举办，为班主任、教师和家长提供了相互交流的平台，对班主任、教师了解学生在家里的学习、生活情况，对家长了解孩子在校学习情况打开了方便之门。班主任、教师、学生和家长的有效沟通为形成家校合力提供了良好契机。

4. 为学生全天候接受教育监督提供了保证

班主任、教师只能负责学生的在校情况，而通过家长会这一有效方式，就可以和家长建立紧密联系，为全天候教育、帮助、督导学生提供了有效保证，为学生全面健康发展具有极大的促进作用。

(二) 班主任家长会形式创新的基本内容

班主任要想搞好家长会形式创新，首先要弄清楚应该如何组织家长会。

（1）要明确家长会的目的。

确定家长会的主题，即通过这次家长会，需要达到什么样的目的，是通报学生的学习、生活状况，还是辅导家长如何做好学生的思想工作，等等，班主任要有一个明确的主题和目的。这是基础，有了这个基础，班主任才能围绕这个主题组织好家长会。

（2）要确定家长会的形式。

根据主题和内容的不同，班主任要选择和确定合适的家长会形式，家长会的形式可以多种多样，不必拘泥于固定的形式。

（3）要做好家长会前的"备课"。

班主任应对学生和学校的情况了如指掌，为将要开的家长会做一些相应的准备，比如，刚刚出来的考试成绩情况，或教育部门、学校新发布的教育政策等。班主任要做到未雨绸缪、有备无患。

（4）要确定家长会的流程。

家长会的流程应从家长的召集准备开始计划，要对会议的发言顺序、总体时间的把握等多个方面进行明确。通常可以时间为顺序，把会议涉及的人、事、物尽量明确下来，比如，要明确发言的顺序、讨论的范围、会议的整体进行时间等。

明确的流程，有利于班主任尽量避免疏漏和掌控会议全程，还可以让与会的家长和学生知道接下来的会议内容等。所以，制订流程的步骤一定不可缺少。

（5）拟订家长会的发言内容。

无论是什么形式的家长会，班主任的发言都将是家长会的重要开场白或结束语，它将引领会议的议题和进程。所以，拟订一份家长会上的班主任发言稿十分重要。

（6）做好家长会的通知和召集。

列示出席家长会各方的名单，然后将会议时间、主题等通过各种形式，及时通知到与会者方。最好能够同时收集一下明确赴会的名单。

(7) 做好会场布置和家长的到会接待。

在家长会开始前,班主任应做好家长的接待、位置安排,以及会场布置等工作,可以动员学生一起来完成这件事。

(8) 进入家长会的实质进行阶段。

家长会开始,根据先前制订的计划和流程,班主任可以稍微灵活地开始会议进程。

(9) 做好家长会的活动或会议记录。

班主任可安排学生或笔录或采用录音等方式,做好家长会的会议记录,把家长会上遇到的问题记录下来,以留日后解决或借鉴。

(10) 适时做好家长会总结。

家长会的会议内容结束,在经过其他交流后,应动员学生做一些家长的欢送工作。同时教师应结合会议记录,做好家长会的总结。

(11) 向学生有选择地通报家长会的内容。

一些家长会是没有学生参与的,除了家长在与会后,将会议内容和孩子交流之外,教师也应适当向学生透露家长会的一些内容,起到疏导、解惑,以及安定学生内心猜测的效果。

(12) 做好回访。

班主任要做好回访以及家长会后重点问题的跟进工作。

办好家长会的另一个关键是完成"四个转变"。

(1) 变"一人讲"为"校长、老师、学生、家长共同讲"。

班主任应将传统的家长会上只有班主任一个人讲的方式,转变为首先由学校校长向全体家长汇报本学期学校教育教学情况,请家长参与学校管理,对学校教育教学工作提出意见、建议与希望;再由所有科任教师向家长进行一学期工作情况的述职,使家长了解教师的工作情况,争取家长的配合;最后要给家长说话的机会,使家长有被重视、被尊重的感觉,让家长愿意并积极主动参与班级管理。

(2) 变"批评、训斥"为"表扬、鼓励"。

家长会上,班主任对学生的评价要用表现性和真实性评价相结合的多元化评价方法,用个人与个人、个人与群体、群体与群体的互动参与评价的评价方式,对学生进行更具针对性、实效性的评价。班主任不要用固定的眼

第六章　家长会形式创新
用情联家校，用心聚合力

光、固定的模式评价考核学生，不要用一把尺子、一个标准评价衡量学生，而要充分挖掘学生身上的闪光点，本着"人人有第一，个个有最好"的标准，在家长会上将每位学生身上的优点展示给家长，鼓励学生进步。同时，将学生存在的问题以期望的形式提出，更易于家长接受。这样，每一位学生都得到了认可，家长也看到了希望，对自己的孩子才会充满信心。

（3）变"教学生"为"既教学生又教家长"。

绝大多数家长对子女的教育还是负责任的，他们只是苦于没有正确的方法。因此，班主任应充分利用家长会，为学生家长举办"树立正确的家庭教育观念""向家庭延伸的教育"等专题讲座。班主任应根据本班学生实际向学生家长进行"家庭教育"方法的培训、辅导，向家长开展"学习习惯高于学习成绩""如何正确引导孩子学习""帮助孩子，家长做什么""如何帮助孩子养成良好的学习习惯"等主题的培训辅导，用这些培训为家长在家庭教育方面提供指导。

（4）变"单向反馈"为"双向互动交流"。

家长之间的交流互动、家庭教育的案例交流是对以往只有教师一人向家长反馈信息的传统家长会模式的又一个挑战。

班主任组织家长将他们好的、科学的教育方法以及他们在家庭教育中的困惑进行交流，更容易促进彼此之间的沟通了解，同时也能使家长之间将彼此的好方法做到共享。这一双向互动交流反馈形式会使家长掌握更多家庭教育的良好方法。而家长的教育方法科学了，也愿意积极配合班主任的工作，那么，班级管理也就容易多了。

班主任在召开家长会时还应遵守以下一些原则。

（1）全体与个体兼顾原则。

班主任在组织家长会时，讲话既要做到面向全体家长，又要注意个别特殊（后进生）家长的感受，做到语言中肯、有分寸；既要调动全体家长的教育积极性，取得各位家长的密切配合，又要激发个别家长的教育信心，使每一位家长都能理性地处理孩子面临的问题。

（2）互相尊重原则。

尊重家长、以平等人格对待每一位家长是创设和谐氛围、建立良好家校关系的核心。从心理学的观点来看，受尊重是人最基本的心理需要，也是一

切正常教育活动所必备的前提条件。班主任要在家长会过程中处处尊重家长，家长也要处处尊重教师，努力成为教育学生学习的指引者和帮助者。互相尊重，互相听取不同的教育意见，有利于达成教育共识。

(3) 沟通原则。

班主任和家长应该成为共同教育孩子的朋友，要学会做孩子的心理医生。班主任要掌握与家长沟通的艺术，家长也要学会与孩子沟通的技巧。家长要了解自己的孩子，主动并经常地与孩子进行心理上的沟通。教师也要做工作中的有心人，经常与学生多沟通，建立彼此信任的关系，使班级和家庭的教育要求能被学生自觉接受，从而达到最佳的教育效果。

班主任家长会形式创新的主要内容包括以下几个方面。

1. 力求家长会主题化与系列化

不管什么形式的家长会，都不可能是一把万能钥匙，不要希望一次家长会就解决所有问题，也不要希望家长会解决所有人的问题，但也不能回避问题。班主任要根据班级和学生实际，一次集中解决一至两个问题（如上网、课外阅读、新生适应新环境、毕业生心理调适、早恋、青春期心理、人际交往等），这就是家长会的专题化或主题化。同时，家长会的模式不能僵化，而要形成系列化，在新理念的指导下不断出新、不断变化，以适应新问题。

2. 班主任的角色定位

首先，班主任是家长会的组织者和编导者，要用新的理念对家长会进行设计和构思，要解决什么问题，怎样解决这些问题，事先都必须有整体的安排。其次，在家长会中，班主任又是家长交流和学习的指导者，虽然班主任不可能在家庭教育中先知先觉，但应该在已经掌握的教育学、心理学的基础上不断学习和进步，努力为家长提供指导和帮助。再次，班主任既是学生心声的代言人，又是家长声音的传达者，在学生与家长之间起着桥梁和纽带作用。班主任要站在"一切为了每一个孩子的发展"的高度，不偏不倚，要有自己的独立的声音，而不能让自己的声音淹没在任何一方的声音之中。

3. 让学生成为主角

让学生成为家长会的主角，是新型家长会的一项重要创新内容。这种家长会能充分展示学生的能力，又能促进家长与孩子、教师和家长之间的了解。

班主任在家长会前,要布置每个学生精心准备展示的节目,做好充分的准备,即让学生展示自己的特长,或朗读,或表演唱歌,或表演小品,或讲一个小笑话、小故事,或展示自己的作业,人人有展示的任务。然后请学生家长来班级观看自己孩子精心编排的节目。

这种家长会一改由班主任唱主角的状况,让学生成为家长会的主人,成为家校联系的主动参与者,而不是被动听训;让家长在"听"中受到教育,在"看"中得到启发,为他们拓宽家庭教育途径打开眼界。

4. 让家长充分交流

家长也应该是家长会的主角。在家长会上,班主任要让家长回归主体地位,就要给家长发表意见的机会,让家长有参与感,愿意来参加家长会。不同的家长有不同的教育方式,各有所长。班主任要精心组织家长进行家庭教育经验交流,让家长相互理解、取长补短,端正教育思想,改进教育方法,提高家庭教育质量。

开这种家长交流式家长会,班主任要在平时充分了解每个家长的教育方法、教育效果的基础上,事先有针对性地选择好发言家长,商定好发言主题和发言提纲,避免泛泛而谈、零敲碎打现象。

5. 让"批斗会"变为"赏识会"

素质教育时代呼唤"赏识教育",这要求班主任要用发展的眼光看待学生的成长。为了不让家长会开成"批斗会",班主任要有创意地召开赏识孩子式的家长会。

在一些家长和班主任的思维定式中,家长会常是"批斗会",由家长或班主任指出孩子的不足之处,以引起家长的重视。

班主任要创设机会,让家长会成为互相赏识孩子长处、树立教育信心的平台。让家长会成为每位家长了解学生在校学习状况和精彩表现的桥梁和平台。根据"面向全体原则",教师应在家长会上请每一位家长说出自己孩子的一个或几个优点,让各位家长一起来分享、一起来构筑爱心教育环境,让孩子更好地成长。

6. 主题活动式家长会

主题活动是对学生进行思想教育、养成良好行为习惯的重要途径。结合

活动的不同主题，班主任可以有针对性地请部分学生家长来参加，增进学生和家长相互的了解。这种家长会的方式比较灵活。

例如，结合"母亲节""父亲节"，班主任可以邀请学生的父母来班级一起参加活动，然后请学生精心准备演讲稿、制作礼物、写下感人的感恩话语等。在活动中，全班学生和父母一起做游戏，父母也可以表达自己对孩子的期望。这种主题活动式家长会，有利于取得很好的教育效果，激发学生的感恩情感。

7. 展览式家长会

班主任可以运用班级实物投影仪或班级环境，把班级布置得充满文化氛围，将学生的读书卡、优秀作文（发表的作品）、美术作品和答卷，以及集体的小报、奖状、荣誉证书等展示出来，布置成一个小型展览会，让家长翻阅、观看，了解班级及学生的学习成果。在这种家长会上，班主任应在家长观看时给予介绍，会后让家长反馈评价意见。

（三）个别班主任家长会形式创新不到位的原因

家长会是家校联系的"传统项目"，但在过去，这种联系的呈现形态往往是单向的，由学校或班主任发通知，家长参加；班主任讲要求，家长记录……久而久之，家长参加家长会成了例行公事，除了自己孩子的学习成绩外，什么都不感兴趣，从而使家长会丧失了作为家校联系与沟通平台的功能，也很难形成家校合力。

除此之外，个别班主任家长会形式创新不到位的原因还有以下几种。

1. 家长会成了"批斗会"

家长会是班主任、教师向家长介绍学生在校学习、表现情况的重要途径，也是家长了解孩子在校情况的主要通道。而有的班主任却把家长会开成了"批斗会"，即班主任只介绍班级集体、学生个体在学习、表现、活动等方面所存在的问题，全部是学生的缺点和不足之处，而且措词过激，使家长的自尊心也受到伤害，也让学生对这样的家长会产生了心理压力和恐惧感，甚至个别家长回去后还会对孩子进行责骂。

2. 会场布置缺乏气氛

家长会毕竟不是课堂上课，因此会场布置应有别于上课的课堂。而大多

第六章 家长会形式创新
用情联家校，用心聚合力

数的家长会上，班级的课桌还是如往常一样，摆成四排，班主任站在讲台前讲话，而家长却坐在自己孩子的座位上听。

这样的会场，班主任讲话汇报高高在上，与每位家长拉开一段距离，家长像学生一样坐在位置上，抬头听班主任讲话，班主任没有和家长建立平等、民主的关系，会场气氛比较严肃。

3. 学生被排除出局

过去家长会的对象是教师和家长，而不是学生，是家长来到学校参加会议。因此，以往召开家长会，考虑到种种因素，会通知家长，不要带学生来校参加家长会，学生被排除在外，只能在家里如坐针毡，忐忑不安地等待着家长的回来，等待着一场暴风雨的到来，特别是对于后进生来说，在家等待更是一种煎熬，在家等待承受着巨大的心理压力。

4. 家长会后学生遭殃

家长会成为会后家长和孩子关系紧张的"导火索"。家长开会后，有了与其他孩子的比较，或是班主任的告状，使家长的心理失去平衡，窝了一肚子的气，没有耐心好好教育孩子，回到家，就开始打骂、批评孩子。因此，家长会后，孩子遭了殃。

5. 形式单一，内容不丰富

一些班主任的家长会通常是一个学期开一次，会议都是由班主任或教师从头讲到尾，内容都是学生在校状况，家校交流较少。由于人数较多，学生家长有时端坐一个多小时也听不到期望了解的情况，更没有交流互动的时间保证，有些家长从而开始失去对家长会参与的热情。

6. 针对性不强

一些班主任的家长会较少针对家长的实际需要，开展一些有现代家教意识的培训讲座；较少针对新时期学生的现况，教授家长解决新难题的方法；较少针对当前复杂的生活环境，指导家长开辟能让学生开展健康文体活动的场所和游乐项目。

7. 班主任的观念存在问题

一些班主任存在着家长会模式以教师为中心的观点，认为家长只是来参加，并不需要积极地参与。有的教师经常照本宣科，把开家长会当作学校布

置的一项任务,而且认为开家长会是班主任一个人的事情,造成某些班级科任教师在家长心中地位下降,既不利于班级各项活动的开展,也不利于同事间关系的融洽。

二、班主任家长会形式创新案例及养成策略

(一) 多方参与形成合力,意在注重实效

案例一

钱清镇中学的楼全莉老师曾参加过儿子小学的家长会。家长会先是领导讲话近一小时,然后班主任读事先准备好的发言稿,读完后问家长有没有问题,没问题就散会。楼老师认为,这样的家长会仅仅是一种形式而已,没什么效果。

鉴于这种情况,本来要期中考试结束后举行家长会的楼老师,经过两天思考,决定将这次家长会改变一种形式,举行一次"专家门诊"式的家长会:班主任退出"主角"的位置,将全班所有科任教师都推上前台"坐诊";改变以往家长会教师"一言堂"的形式,给家长"说"的机会,更多地聆听他们的心声。

1. 确定召开家长会的目的。

开家长会的目的是为了进一步加强教师与家长之间的交流,让家长更清楚地了解自己孩子在学校的表现,促使家长能够积极主动地参与到孩子的教育管理中来;让科任教师聆听家长的心声,了解学生在家的表现,以便于教师及时调整工作、研究对策,激发学生学习的主动性,努力提高教学质量。

2. 做好家长会准备工作。

(1) 制作家长签到表。

(2) 将每位学生的期中成绩制作成如下表格。

丁*:语文68.5分、数学78分、英语58分、科学79分、社会28分、思政24分。

总成绩:335.5分

交流内容:

第六章　家长会形式创新

用情联家校，用心聚合力

把此表分发给每位科任教师，让每位科任教师在家长会前在"交流内容"栏中写上该学生在学习本科目中的表现，以表扬为主，同时指出存在的问题（主要是学习方法方面）；后面记录家长会中家长反映的情况、意见和建议。

（3）制作播放课件。家长会的气氛如果过于严肃，往往会影响到教师和家长之间的良好交流，而生动活泼的家长会则更富有成效。由于这一次家长会班主任不再发言，因此课件主要是以照片展示为主，将学生平时的学习生活照片放入课件中，配上一些教育标语和轻松的欧美轻音乐。家长走进教室看到自己孩子的照片就有一种亲近感，家长想说就说、想问就问，家长之间也能尽情地交流。

（4）设计调查问卷。为了在交流中提高效率、节约时间，让家长一到校先填写家长会信息表，内容涉及孩子在家的学习生活情况、家长对孩子的看法和期望目标、家长想与教师交流的内容、家长的意见、建议等。

3. 会场布置。

在黑板上写上本次家长会的主题——家校携手，共创辉煌；教室里只摆放15张课桌，其余的搬到教室外面，三张课桌排成一排，四周放八把椅子，形成一个交流区。旁边贴上交流区名称，如"语文老师：吴老师交流区"等。

4. 举行家长会。

在这次家长会中，楼老师没有硬性规定家长到会时间，允许家长根据自己的实际情况决定，可以略早一点到，也可以略迟一点来。然后放上轻松音乐，展出学生快乐学习的照片。

此时，科任教师早早地各就各位，迎候家长的到来。

家长进入教室，先签到，然后看调查表并填写。因为这是第三次开家长会，很多家长都相互认识，他们边填写调查表边聊，自己的孩子成绩怎样，别人的孩子成绩怎样，自己的孩子近期在家怎样，别人的孩子近期在家表现如何。

每个交流区都已经有教师"坐诊"，即使家长还没和教师交流，教师也能了解情况了。大致填写完调查表后，家长就可以和教师交流了，教师会认真地回答家长的提问，认真地聆听家长的介绍，并做好记录。

楼老师说:"家长会,顾名思义,家长应是会议的主要参与者,即家长应该是家长会的主体,班主任所担当的角色是会议的主持者和召集者。但不可否认,如今大多数家长会似乎恰恰相反,主体处于被动、旁观的地位,很难参与到家长会的里面。不少家长在参加家长会之前,连会议的基本内容都一无所知;有的家长会成了'成绩报告会',成绩不好的学生的家长心理也很不平衡,影响了家长的积极情绪和参与意识,影响了家长会应有的效果,从而影响了家校管理的合力。

以往家长会中,大多数的家长只是以听众的身份出席家长会,他们几乎没有说话的时间和机会,即使会后有部分家长找教师了解孩子的情况,也会因为时间已经很晚而不好意思与教师多交流。这种传统的家长会要么起不到应有的效果,要么得不到家长真诚的支持,给我们教育工作的开展带来很大的被动。"

通过创新,在楼老师举办的这次家长会上,家长从被动听讲转变为主动参与和交流,不少家长形成了共识,即好的家庭教育有利于孩子不断进步、健康成长。他们也进一步意识到:好父母都是学出来的;好孩子都是教出来的;好习惯都是培养出来的;好成绩都是激励出来的。于是,家长们争相与教师交流,说明孩子在家的表现,了解孩子在校的情况,有提问,有建议,有意见。同时,科任教师的收获也不小,大家一致认为,与家长沟通可以聆听到许多合理的建议和宝贵的意见,有利于教师改进教育方式,提高教学质量。

比如,有的家长说孩子经常看电视、玩电脑,难以控制,家长的话又不听,希望教师对孩子多提醒,多正面教育。尤其是孩子沉湎于电脑游戏的,家长要求教师帮助教育改正等。教师聆听家长的建议,一一作了记录,以便适时与学生进行谈话沟通。这是科任教师从家长会获得的一种信息,也是一种收获,可以使自己的教育对症下药、有的放矢。

这样的家长会打破了旧程式,拓展了新思路,符合家长心理,容易达成共识,更能得到家长的支持与配合,同时,也使各科任教师的教育教学更有方向了。

楼老师通过这样的家长会,认识到改进家长会方式、注重家长会创新的重要性。这种创新家长会模式有以下几个优点。

第六章 家长会形式创新
用情联家校，用心聚合力

第一，通过与教师的个别交流，以及教师有针对性的学习方法介绍，让每位家长更清楚地了解自己孩子的在校表现、孩子的优点和缺点，以及克服缺点的方法，促使家长能够积极参与到孩子的教育管理中来。

第二，通过与家长的个别交流，让教师了解了学生在家的表现、做作业情况，以及学生的个性特征，有利于教师及时调整工作，研究对策，不断提高教学质量。

第三，通过家长之间的交流，使家长意识到家教的重要性，孩子的人生观也取决于家长的影响，使家长能及时反思自己的家教方式，吸取别人的优秀家教方法。

第四，通过旁听，也能增长知识，了解情况。某些不善讲话的家长不会主动找教师交流，也不会主动与其他家长交流，他（她）就会静静地走到某个交流区，听其他家长提出的问题，听教师的回答，也会走到几个家长集中的地方，听其他家长的家教经验。

这样的家长会，就孩子的学习、生活、纪律等方面情况家长和教师进行了面对面的讨论、交流，更好地搭建了家庭与学校相互沟通的教育平台，形成了良好的家校互动氛围，使家庭教育与学校教育进一步形成了合力。

案例二

班主任要联合多方力量办好家长会，还有一点很重要，就是要和本校领导联合起来，这样会让声势更加浩大，校领导和所有教师参与，更能让家长感受教育的重要，对形成教育合力有更大的推动作用。下面是河源市连平县第一小学副校长许志阳老师，就学校、班主任、家长共同举行创新家长会，形成教育合力的经验，对班主任如何让自己的家长会更能形成合力有很好的借鉴意义。

2005年11月20日上午，我校召开了主题为"做合格家长，育合格人才"学生家长会。全校学生家长1500多人参加了会议。会议分两段进行，前半段由校长给全体家长作"转变家庭教育观念，提高家庭教育水平"讲座；后半段分班级召开，请家长进教室参观、交流。下面就此活动为案例作具体分析。

【活动设计】

做合格家长，育合格人才——家长会活动

一、活动目的

1. 通过讲座的形式，积极向家长宣传先进的家庭教育理念，逐步使家长树立正确的教育思想和全面发展的人才观。

2. 把家长请进教室，让家长看到自己孩子的成绩和特长，欣赏到别的孩子的特长，调动其教育孩子的积极性。家长被请进课堂，深感教师、学校对他们的尊重和信任，拉近了家长与教师之间的距离，有利于教师、家长共同担负起对孩子教育的责任。

二、重点和难点

使家长了解现代教育观、人才观，转变家长的教育观念。

三、参加对象

全校学生家长、教师及礼仪队的学生。

四、准备工作

1. 会场布置：校门欢迎标语，会场标语，家长座位安排。

2. 讲座发言稿。

3. 班级布置：学生作业、成绩册、评比栏、学生书画作品、手工制作展览等。

五、活动形式

讲座、参观、交流等。

六、活动内容及过程

（一）家教知识讲座

开场白

先猜谜：这个世界上有一种职业，是全天候的：从做上的那天起，就永远没有退休的可能，而且不准请假，不得偷懒，不可以休息，白天黑夜都得上班，并且没有薪水——薪水得在其他地方挣，然后在这儿花，它是终身制的。有时候，它带给你的不止是荣耀，还有紧张、压力，压得你喘不过气……这是一种什么职业？

1. 什么叫"家庭教育"？

旧教育观：家庭中父母（长辈）对子女（晚辈）的教育。

第六章　家长会形式创新
用情联家校，用心聚合力

现代教育观：由家庭成员之间互动共同创造的并影响其自身成长的文化的过程。

2. 素质教育取决于家长素质。

（1）问题少年是问题父母的产物。

（2）在孩子自我中心背后隐藏着的是家长的自我中心。

（3）教育的是否成功在于父母的价值观是否一致。

3. 当前指导家庭教育的关键和突破口是转变家长的教育观念。

（1）为家教子→为国教子。

（2）重分轻德→六个学会、四有新人（举云南马加爵杀人、北大学生刘海洋用硫酸泼熊之案例）。

（3）驯服规矩→独立人格、创新素质（举考验优等生和差生社会生存能力之例）。

（4）专制单向→平等互动。

（5）只重教子→以身作则（选《中学生致大人们》的部分内容进行讲解）。

（6）闭门独善→开放视野。

（7）只有训育→注重习育、注重化育（举例说明培养好习惯是世界上最划算的事情。因为培养好习惯就像往银行里存钱，随时都可以拿出来用。有了一个好习惯，就像在银行里存了一笔钱，有了两个好习惯，就像在银行里存了两笔钱……好习惯多了，就等于在银行里存了很多钱，一辈子都可以取之不尽。因此说，培养好习惯就成了最划算的事情）。

（8）家校对立→家校协力（转变对教师家访的认识，希望家长和教师、学校多联系、沟通，相互支持）。

（9）重身轻心→身心平衡（举市高考状元自杀、一位母亲与家长会的故事）。

（10）操纵专权→尊重儿童（举孩子学父亲打人、美国孩子维护自身权益、我国制定《未成年人权益保护法》之例）。

（11）成龙成凤→大众成才、平凡有为。

通过上面的讲座，帮家长树立正确的人才观：

人才三层次：①首先是成人，做一个合格公民，做"四有"（有理想、有道德、有文化、有纪律）新人（所有人）；②德、智、体全面发展，或是学有所长（大多数）；③出类拔萃（少数人）。

4. 了解孩子。

（优缺点共生，优劣势并存。父母对孩子不了解，调查表明许多孩子称母亲为"河东狮吼"、父亲为"武松打虎"之例）

（1）独生子女六大不良习惯。

① 自私；② 任性；③ 适应能力差；④ 依赖性强；⑤ 不爱惜财物及盲目攀比；⑥ 学习被动不刻苦。

（2）面对的"三大困惑"。

① 流行文化（举例说明迷信超级女生、歌曲《老鼠爱大米》《莫名我就喜欢你》的影响）；② 网络；③ 情感。

5. 号召家长与学校携手做好孩子的教育工作，为孩子的健康成长和全面发展尽心尽力。

（二）家长走进班级

1. 班主任向家长汇报本班情况。
2. 家长参观学生作业、书画作品、手工制作等。
3. 家长与教师交流。
4. 家长之间交流。

【活动收获与思考】

将孩子培养成什么样的人是每个家长都关心的问题，很多家长为孩子设计了一条辉煌之路，上重点小学、中学、名牌大学，直至功成名就。为达到这个目标，家长或物质刺激，或棍棒教育，这种家长对孩子的高度期望反映了当今家长对成才观念的错误理解。李岚清同志在考察湖南汨罗市素质教育实施情况时讲道："国家需要多方面的人才，人才是分层次的，结构必须合理，初级、中级人才在任何国家、任何时候都是最大量的。"这次家长会讲座，使家长对人才观有了正确的认识，也使大多数家长的家庭教育观念得到更新，使家长知道适度的期望是孩子健康成长和正常发展的催化剂。否则，就会阻碍孩子的健康成长，甚至酿成悲剧。

另外，请家长走进班级，让学生在家长面前展示自我，向家长证明：我们已经长大，我们会努力，请家长放心。这次家长会一改以往学校领导、教师讲，家长听；教师批评，家长受气的压抑气氛。相比较而言，这样的家长会更有利于家长接受现代家庭教育理念，同时也让家长更深刻地了解到孩子

第六章 家长会形式创新
用情联家校，用心聚合力

在学校的生活以及掌握知识的实际情况，而不应仅仅是单凭分数就来评价孩子。因此，这样的家长会还是比较成功的。

【活动建议】

为提高家长会的讲座效果，不妨日后以年级为单位在阶梯教室，利用电教多媒体进行生动、形象的讲解。

班主任通过家长会要达到的目的，就是要形成家校合力，对学生进行更有效的教育引导，让他们都成为合格的人才。然而要达到这样的目的，光靠班主任和家长还是不够的。

像上面两个案例那样，开展家长会活动，把班级里的科任教师都调动起来，把校领导也邀请进来，形成的家校合力才会更加强大。这样不但有利于搞好与领导的协作关系，搞好同事间的协作关系，搞好家长、学校、教师、学生的关系，而且能对家长产生更大的冲击力，更能引起家长的重视，也为形成共同的教育目标，同心协力搞好学生的教育工作提供了很好的保障。

而这种多方的合作关系，对班主任开家长会也提出了更高的要求，比如，班主任要和校领导好好沟通，争取得到校领导的支持、参与；要和科任教师详细研究家长会的每一个细节，对所有过程都要预先设计好；要和学生沟通思想，让他们提出建议，请他们协助搞好准备工作；要和每一位家长取得联系，讲清楚家长会的主题，以及要家长协助做的工作，等等。因此，班主任要事先做好方方面面的协调工作。

班主任搞好多方协作，形成教育合力的策略主要有以下几种。

1. 注重营造轻松和谐的氛围

对多数家长来说，参加家长会是一件非常严肃的事情，他们在心理上往往处于较为内敛、紧张的状态。因此，作为家长会组织者的班主任应当尽量营造轻松愉快的气氛，缓和家长紧张的心情，拉近家长与会议的心理距离。

班主任可以通过精心布置教室，让家长产生亲切感和被尊重感；通过轻松幽默的介绍，让家长与教师尽快熟悉；通过师生、亲子互动活动，让家长看到学生丰富多彩的一面，甚至可以通过让家长主持阶段性会议等方式营造良好愉快的氛围。

2. 避免班主任"一言堂"

家长参加家长会，既想了解孩子的学习情况，也想发表自己的看法和意

见，如果家长会从头到尾都是班主任一个人活跃在会场上，家长就会感到被动、乏味。家长会应当尽可能地让家长说说自己的想法。有的班主任担心一些家长盲目地乱发议论会影响会场秩序，但只要教师事先适当做些准备，在会上有理有节地加以引导，这样的局面是不会出现的。家长听到了其他家长的发言，彼此分享了经验，既感到有收获，也感到心情舒畅，是一举两得的好事。

3. 尽量传递学生积极的信息，切忌点名道姓批评

开一次家长会不可能解决教育中的所有问题，短短几个小时的会议，如果班主任更多的是向家长传递信任、理解、信心和期望的信息，则可能有相当一部分家长就会把这样的信息传递给孩子，好的影响、好的教育往往就是从积极的信息传递开始的。如果在家长会上班主任对家长传递的都是学生的缺点，都是批评、失望，那么，这不仅使家长不愉快，而且会使他们把这样的情绪转化成对孩子的愤怒，这样的家长会，其最终的效果也就可想而知了。

4. 给家长的建议要"少而精"

在个别家长会上，一些班主任往往不遗余力地给家长提出很多建议，面对自己的孩子，这些建议往往令家长无所适从。好的建议不在多，有一两个就可以，关键是班主任要告诉家长怎么做，同时给他一个家校之间相互约束的方法和机制。

5. 班主任的言论要言之有物

家长会上，班主任是主角，家长会是班主任展示自己水平和能力的重要平台。因此，班主任的发言如果只是班级事务的罗列或者空发议论，家长就会感到你华而不实。尤其需要注意的是，班主任发言切忌颠三倒四、前后矛盾、思维不清、分析欠严。召开一次家长会，班主任最辛苦也最重要，恰如其分的发言，会让班主任在每一次家长会中提升自己的威信，也可提高自己的教育水平。

6. 要和校领导及时反馈对家长会的感悟

班主任光把校领导请来还不行，家长会后，还要把自己对本次家长会的感悟及时反馈给领导。不管是跟领导面谈，还是以书面形式反应情况，班主任都要做到条理分明、实事求是,既要讲成功之处,也不要回避问题。这样真实的反馈,才有助于领导帮助班主任群策群力地、更好地改进措施,把下次家长会办得更好。

(二) 构建家长会大舞台,把更多正能量聚拢过来

一般的家长会都是在校内、班级内举办的。然而,随着学校与社区联系的日益紧密,一些学校开始尝试创新之举,把家长会放在了社区这个大舞台上,让家长会焕发出了更耀眼的光彩。

下面是东莞市常平实验小学校长戴彦勋、校语文学科带头人黎自然两位教师分享的家长会经验。两年来,他们着力创新家长会的形式与内容,尤其在创新型社区家长会方面进行了研究探索。

他们开展的创新型家长会遵循学生为本、服务家庭、氛围推动的原则,其基本流程是:会前开展调查研究工作,精选合适的主题,安排注重人性化,提高家长参与率;开会注意转换教师角色,发挥家长主体作用和学生的参与积极性,营造互动氛围,达到相互学习、相互促进、资源共享,提高教育效率的目的;会后进行信息反馈,改进工作,为创建社区家庭教育共同体打下坚实的基础。

"加油,加油,该出脚时就出脚啦!"噼里啪啦,真像过年的鞭炮声,场面热闹非凡,孩子们忙得不亦乐乎。过年了吗?并不是,这是常平实验小学二年级组在常平隐贤山庄举行的社区家长会的一个亲子游戏场景——踩气球。气球的爆破声打破了往日沉闷枯燥的家长会老传统,轻松愉快的气氛拉近了家长、孩子和老师的距离。

一、基本定位与主要原因

为什么要将家长会改革的主阵地定位在社区?主要原因有以下三点。

第一,常平实验小学服务的社区数量多,要面向四个村、周边10个花园小区招收当地户籍学生和符合政策条件的新东莞人,学校服务的辐射面较大,社区数量多,生源比较复杂,开展家校联动教育是常平实验小学的一项基本教育措施。社区数量多的现实条件决定常平实验小学必须立足于社区,通过社区家长会来推动家校联动教育是主要途径。

第二,社区能为家长会带来便利。各社区都是比较成熟的住宅小区,都

有条件良好的活动场所，可以为家长会组织提供场所，如村委会的大会议室、花园小区的会所等，都是良好的家长会场所。学校通过与管理部门沟通，充分利用这些场所举办家长会，既拉近了学校与家庭的距离，又为家长提供了方便，家长在家门口就可以和学校面对面交流。同时，学校也会组织同一个社区的家长到区外召开家长会。

第三，组织社区家长会能营造互动氛围，提高教育效率。学校把家长会放到社区，将社区的家庭组织起来，可以发挥合力，通过定期家长会组织家庭教育共同体，可达到相互学习、相互促进、资源共享、共同提高的教育目的，家长很乐意接受。

二、组织原则与实施办法

新型的社区家长会与传统家长会相比，变革的最主要的一点就是将尊重、平等、民主观念融入家长会的过程中，使家长会变成深受学生、家长欢迎的家长会。

（一）组织原则

1. 学生为本。不论何种形式的家长会，主要目的是促进孩子的发展，为孩子的学习与成长提供更优质的服务，家长是家长会的主体，孩子始终是家长会的重心。

2. 服务家庭。就近开家长会，为家长带来方便，为家庭带来更多的贴心服务，学校教育改变以往观念，以服务为宗旨，为家庭教育送来关怀与温暖。

3. 氛围推动。以创建社区家庭教育共同体为主要途径，通过家庭之间的互动，相互学习、相互促进、资源共享，以社区为基本单位，营造浓厚的家庭教育氛围，推动教育发展，让教育效果扩大。

（二）实施办法

1. 转化旧格式——会前安排人性化，提高家长参与率。

新型的家长会从单向命令变为双向交流，从布置任务转变为共同研究，从单一模式过渡到多元表达，共商育人良策。尊重、民主、合作体现在家长会的全过程中。而要提高家长的参与率，要把家长会开得成功，首先要定好中心议题，要做到有的放矢、有备而战。会前，教师就需作大量的调查研究工作。

第六章 家长会形式创新
用情联家校，用心聚合力

（1）开展会前调查研究工作，精选适合的主题。

为了确立家长会的主题，可从以下两个方面进行调查研究。

一是对学生情况的调查研究。教师对学生的思想动态、日常表现以及各科成绩要有一个全面的了解，针对不同的类别，拟订不同的对策。

二是对家长情况的调查研究。教师要研究学生的家庭特点，提出不同对策，这样做，可使学校教育与家庭教育得到完美的结合。教师可以通过发放《学生情况登记表》了解如下情况：

① 家庭的成员及经济状况。

② 家长的文化水平、职业、性格、处世态度。

③ 家庭的氛围（如家庭和睦与否、家风情况等）。

④ 家教状况（如对孩子是溺爱放任、粗暴严厉，还是不闻不问，教育内容与方式是否恰当等）。

教师了解到这些情况，可以为制订教育措施提供详细的依据，使教育有的放矢，对症下药。在此基础上再确定家长会的主题。

在二年级社区家长会中，我们选择了大京九作为试点，经过分析，我们认为在这一区的学生的性格特点有如下共性：学生较顽皮，家庭经济条件较好，父母较忙，对孩子的生活及学习习惯培养方面有所欠缺。针对这一情况，我们选择了"如何培养孩子的良好习惯"为这一次家长会的主题。因为这一主题落到了家庭教育的点子上，切入点较好，所以很快就打开了家长的话匣子，许多家长提出了自己在家庭教育方面出现的困惑，如有的家长表示孩子总是不按时完成作业，有的家长表示孩子不爱看书等。针对这些问题，有的家长马上就做出反应，把自己成功引导教育孩子按时完成作业和培养孩子良好的阅读习惯的好方法介绍出来，气氛一下就浓了，大家畅所欲言，和谐快乐，就像朋友聚在一起。

（2）设计带有"温度"的家长会通知单。

传统的家长会是由学校单方面决定开家长会的时间、地点，它特别强调的是要家长务必参加，而且是准时参加，缺乏人情味。新模式下的家长会则细化考虑了家长的工作时间，更人性化，更注重的是心灵与心灵的沟通。

例如，这一次家长会，我们选的地点是大京九社区，考虑到家长周一至周五要工作，时间较匆忙，于是我们通过家长代表协商选择适合的时间召

开。发出了如下家长会通知单：

尊敬的家长，您好！感谢您一直以来对我们工作的支持。您的孩子升入二年级半个学期了，有什么变化呢？我们计划于本周日在常平隐贤山庄以烧烤活动的形式举行二年级社区家长会，欢迎您的参与。看看孩子们的表现，与教师和其他家长谈谈您的困惑、您的教育体会和您的经验。

带着几分温暖与商量，这份通知单让一个三角关系上的各边相互间多了几分尊重、了解和沟通，家长和学生多了几分对教师的感激与敬意。

2. 转换角色——不当主角当导演，甘当绿叶护红花。

"谁是家长会的主人？"一项随机调查，结果有90%以上的家长回答"教师是主人"，因为家长会什么时候开、讲什么内容全由教师说了算。传统的家长会，教师成了家长的家长。家长盲目地来，茫然地听，然后无味地离开，家长成了会议内容的"通讯员""传达员"。创新的家长会是家长、教师、学生三方围坐一起，敞开心扉的零距离沟通。会中教师要有意识地把时间和空间让给家长、学生，让他们成为家长会的主角，让家长全面了解孩子的情况，转变对孩子关注的角度，有机会倾听其他家长的教子经验与困惑。

在二年级班级家长会上，我设计了"心灵对话"这一环节。一开始，家长有些尴尬，我就先作了一个引导，让孩子回忆爸爸妈妈在生活中都帮自己做了哪些事，接着让孩子对父母说一句让父母开心的话。有了孩子的真情告白，家长的话匣子也慢慢地打开了。一位家长激动地流着眼泪说："我觉得我的女儿真是很乖，前一阵子家里发生了不愉快的事，女儿对我说，妈妈你是最棒的，雯雯永远在妈妈身边！在这里我想对着女儿说：谢谢你！女儿，你是妈妈最好的女儿！有你的支持妈妈挺过去了！"接下来大家争先恐后地发言，气氛极其浓厚。通过心灵对话等设计可以让学生把想说的话说出来；让家长说出他们的良苦用心。这样学生和家长的关系改变了——学生变得善解人意，能体会、理解家长的苦心；家长也能理解孩子心中的困惑与迷茫，体验子女在校学习生活的苦与乐，缩短了心与心的距离，学生和家长都有收获。在这里，教师也不再唱"独角戏"，而是当家长会的绿叶，起着穿针引线的作用，为家长与孩子搭建交流的平台。

隔行如隔山。作为家长，对教育及辅导孩子有很多的困惑，有的甚至一窍不通，这就需要教师有目的地在学习、教育方面多给予家长指导，让家长

第六章　家长会形式创新

用情联家校，用心聚合力

回归主体地位，以家长为中心进行面对面的多向交流，让家长有参与感，让家长成为家长会的主角，教师在家长会中充当信息交流的传播者和组织者。

大多数家长对教育孩子的问题还存在许多误区。在家长会上，我们给家长提供一些先进的教育方法，提醒家长注意倾听孩子的心声，要学会听、学会察言观色，要随时了解孩子的思想和情感的变化，知道孩子最烦与最渴望的是什么，要调整好家长自己的心态，营造和谐的家庭气氛，让孩子一回到家就感到心情舒畅，让家成为孩子动力的加油站、心情的停泊港。

3. 转变模式——为家长会化上美丽的妆容。

你说我听的传统交流方式让人感到乏味、烦腻。新型的家长会模式可围绕"实""活""新"等方面来展开。"实"就是实在，不空洞；"活"就是灵活，不死板；"新"就是创新，与时代节拍相吻合，有时代气息。替家长会美容一下——换一种环境、换一种方式，让家长会变得更亮丽。这样调节人的情绪，能更好地激发大家交流的热情。开会之前，放些轻松的音乐，开始后，采用故事导入、操作导入等方式能较快地调动家长情绪。

家长会开展也可以采用以下几种形式。

(1) 节目讨论型。

通过生动形象的节目表演把家教中存在的问题或优势表现出来，再让家长们结合平时的家教谈谈，把好的家教方法推荐给广大家长，促进家教的健康发展。这种类型适合于较小规模的家长会。

此类家长会的特点是：重点突出，形式新颖，内容深刻；交流双向；效果显著。

(2) 成果展示型。

教师在家长会前要作深入调查，选出在某一方面表现较突出的学生案例，布置好展示内容，邀请其父母参加。可分以下三步进行：由学生代表介绍其家庭成员和家长特点；父母简介培养孩子某一方面的成功经验；展示学生特长，如书画、书法、剪纸、折纸、布贴画、作文、贺卡等，请家长参观。

这类家长会的优点很明显：家长能亲眼看到孩子所取得的成绩；通过经验交流，为其他家长树立了榜样；通过展示，让每个学生和家长都认识到每个人都有自己的优势，关键在于培养。

(3) 亲子游戏型。

这种家长会是通过会前调查，针对家长在教育子女中出现的失败的案例，让家长从中受到教益。

此类家长会的特点是：趣味性；深刻性。

新型的家长会形式与内容多样、方法灵活。根据会议的不同内容，家长会可以采取各种形式相结合的方式。我们开展的二年级家长会就是把各种形式都融入进来了。

以下是我们开展的二年级社区家长会的活动流程。

形式：以烧烤活动的形式举行二年级家长会——走进大京九社区。

具体内容：

(1) 发放家庭教育参考资料和二年级家长通讯录。

(2) 以家庭为单位表演一个节目（唱歌、讲故事、绕口令、猜谜语等），发纪念品。

(3) 边烧烤边交流，讨论"如何培养孩子的良好习惯"。

(4) 亲子活动：抬轿子、猜谜语、踩气球。

(5) 推选大京九区二年级家长委员会会长、副会长、常务理事长，颁奖。（拍照）建议每学期举办一次，时间自定。

(6) 家长填写家长会意见反馈表。

在二年级的社区家长会中，我们选择了别出心裁的方式——烧烤形式举行。一炉旺旺的火，让大家的心暖烘烘，拉近了大家的距离。在整个设计中，我们以"如何培养孩子的良好习惯"为这一次家长会的主题，并贯穿始终，让家长共同探讨。中间我们加入了抬轿子、猜谜语、踩气球等亲子游戏和孩子才艺展示的板块。这个家长会综合了讨论型家长会、成果展示型家长会、亲子游戏型家长会特点于一身。

三、实施成效与研究思考

(一) 实施成效

1. 为提高学校与家庭联动教育效率提供了便利。

实践证明，这种新型的、具有时代活力的社区家长会方便了家长——不用总往学校跑，就在家门前更为贴心，也方便了教师——小范围家长会，更有针对性，也更有效地开展了活动，所以深受家长与教师的欢迎。社区式家长会形

第六章　家长会形式创新
用情联家校，用心聚合力

式活泼，主题更鲜明，内容更贴切，家校联动的程度更深，合作效果更好。

2. 促进家庭与家庭之间的互动，构建社区家庭教育共同体。

在同一社区里，每一户家庭都是一个教育的资源库，通过这样的社区家长会，一户连一户，通过家庭之间的互动，相互学习、相互促进、资源共享，彼此取长补短，相得益彰。一个社区就可以构成一个家庭教育共同体，家长之间成为朋友，发挥合力，让孩子的学习和生活空间更大，关怀与教育更加到位。

3. 有效拓展孩子的学习与生活空间。

因为家庭与学校沟通到位，家长与教师的关系也融洽了，同一社区家长组成家庭教育共同体，通过社区家长会，孩子之间相互认识、相互学习、共同进步。孩子的生活空间拓展了，学习的资源扩大了，综合发展的资源更加宽广。

（二）研究思考

1. 创新型社区家长会要走出传统的时空观念。

社区家长会是开放的、民主的、欢乐和谐的，它不再局限于校园，也不局限于社区。它不只是置身于校园内，还可以走出校园，走向更远。它可以在家门前，也可以在一个景色怡人的旅游区里，还可以在某个垂钓的农庄里；聚会的时间不再只是工作日，还可以被安排在暑假、寒假等节假日里。大家一起畅游，一起欢度。这样的社区家长会更具人文性，更和谐，说是会议，其实更像是一个大家庭的聚会。

2. 创新型家长会为创建成熟的社区家庭教育共同体奠定基础。

社区家长会的主要目的是为孩子的成长提供更加周到的教育服务，促进孩子的共同成长，家长会今后要在会议内容方面作更加深入的研究探讨，在组织方面的发展方向是：由家长自行组织，学校参与，定期举行，这样可以发挥家长的作用，让家长真正成为家庭教育共同体的主人，成为不断学习、不断发展的主体。

变一下观念，换一种思路，用一些巧妙的办法，前面就是一片新天地。在新的教育观的引导下，常平实验小学的家校互动将不断寻求新问题，探索新方法，总结新经验，充分发挥和利用新型家长会的优势，为学生个性健康发展奠定良好的基础，让家长会成为教师、家长、学生诉说心声的乐园。

过去的家长会存在着"大而粗，大而统"、粗放简单、形式单一的毛病，尤其是与家长的针对性沟通和交流不够，单项灌输，反馈不畅，最终使学校的办学思想和教育措施得不到家长的理解和支持。鉴于上述实际情况，上面案例中的常平实验小学通过反复调研，决定与时俱进，突破传统做法，对家长会的做法进行了创新，由传统的"请进来"，变为"走出去"，即深入到社区召开家长会。

学校通过深入社区召开家长会和互动交流活动，不仅能了解到学校所处周边社区、学生家庭文化背景和实际状况，掌握影响学生成长的第一手家庭资料，而且通过社区家长会和交流活动，能架起家校联系的桥梁，优化家校教育的合力，指导家长科学开展家庭教育，避免家庭教育误区，提高家庭教育实效。另外，通过召开社区家长会和互动交流活动，还能查找学校工作中存在的不足和问题，听取广大家长对学校教育、教学和管理工作的意见和建议，增进家长和学校的了解与互信，实现沟通与合作的双赢。

在社区举办家长会，走创新家长会之路的策略大致如下。

1. 深入调研，了解社区状况

要想开好社区家长会，班主任应和学校一起，首先对社区情况作深入的了解，找到社区与家长会的契合点，做好充分的准备工作，确保社区家长会有场地、有适宜的环境，能营造良好的家长会氛围和效果。

2. 主动和社区沟通，做好家长会的协调工作

社区毕竟不隶属于学校，班主任要想在社区举办好家长会，就应主动和社区取得联系，积极沟通，请社区工作人员帮助，协助开好家长会。

3. 做好家长的组织工作

社区家长会与学校、班级家长会不同，学生家长也许对学校、班级等经常去的家长会场所很熟悉，但对社区的会场有些陌生。因此，班主任应在家长通知书上详细注明参会地址、联系电话和联系人，以便让各位家长顺利找到场所，确保家长会准时召开。

4. 做好学生的安保工作

家长会的举办离不开学生的参与，而学生离开学校，就会暂时脱离班主任的管控。因此，学生的安全也应引起班主任的高度重视，要预设好安全预案，组织科任教师等确保学生的安全。

第七章　与科任教师协作创新
多尊重，广协商，齐共管

班级是教师教育教学活动的主阵地，在这个阵地上，班主任和科任教师使命神圣、责任重大，为了实现共同的教育目标需要友好地合作。班主任与科任教师的关系是否协调，直接影响着班级的建设。班主任要处理好与科任教师的关系，协助科任教师做好工作，充分发挥教师集体的作用，全面提高教育教学质量。同时，班主任妥善协调科任教师与学生的关系，对搞好整个班级的教育教学工作，促进良好班风的形成也有至关重要的作用。

第七章 与科任教师协作创新

多尊重，广协商，齐共管

物理老师对班主任说："你们班的小齐太能捣乱了，你再不整治他一下，我真的没法上课了。"班主任听后，立即反唇相讥："难道你不是老师吗？学生出了问题，你也有教育责任，你不能摆平他，而指望我，这不成心让我跟学生的关系僵化吗？"物理老师听了，更是气愤："你身为班主任，不做好学生的思想工作，还把责任推给我，那你们班的课还真没法上了。"班主任没好气地说："你爱上不上，又不是我安排的，有事情你可以跟校长说去！"

上面案例中的班主任与科任教师的冲突，不仅给双方关系带来恶劣影响，更对班级管理及学生的成长造成了极大的危害。因此，班主任和科任教师一定要设法规避这种局面的出现。

班主任与班级科任教师在班级教育活动和交往中形成的关系，包括班主任和科任教师之间直接的交往关系，以及以班级学生集体或个体的教育为中介的间接关系。因为存在教育对象上的同一性、教育目的上的统一性、教育方式方法上的互补性，班主任与科任教师存在着建立和谐人际关系的良好基础。但由于班主任和科任教师在工作目标、任务、教育方法、个性特点以及教育对象价值认识上的差异性，两者的关系也需要经常加以调整。

班级是教师教育教学活动的主阵地，在这个阵地上，班主任和科任教师使命神圣、责任重大，为了实现共同的教育目标需要友好地合作。为了共同的目标，班主任与科任教师需要相互理解与支持，这是取得良好教育效果的有力保障。如果班主任与科任教师能相互理解与支持，就可以使班级管理更加灵活，更加全面，同时还可以弥补一方工作中的不足所带来的负面影响。

作为一个班级的"班长"，班主任在班级学生的教育、教学、管理方面有着特别重要的责任，但科任教师也不是局外人，同样需要担负起班级教育、教学、管理的任务。通常情况下，班主任掌握着班级的主要情况，有很

多是科任教师所不知道的，而科任教师掌握的一些细节，也许是班主任所不知道的。从这个意义上说，加强班主任与科任教师的沟通与联系，是全方位管理班级的基础。

作为班主任，应想方设法帮助科任教师与学生建立感情。例如，邀请科任教师深入班级，指导学生的学习；邀请科任教师指导并和学生一起参与一些学科性较强的课外活动；组织班会让科任教师和学生在一起谈心、交朋友；利用大型活动，如运动会、联欢会等，让科任教师与学生多接触、多沟通，拉近师生间的距离，并通过这些活动使科任教师对学生有更全面、更充分的了解和认识。另外，班主任还可以请科任教师帮助学生解决一些心理上的问题，使学生感受到科任教师对他们的关心和爱护，增进学生对科任教师的感情，也使学生更加理解科任教师。

班主任与科任教师的关系是否协调，直接影响着班级的建设。两者关系协调、感情融洽，才能携手建设和管理好一个班集体。

如果班主任和科任教师之间不能形成班级教育合力，教育的效果就要大打折扣。因为科任教师在传授知识的过程中，也在不断地培养学生的道德品质，也在为班级建设作努力。离开了科任教师，只靠班主任孤军奋战是不能建设好一个班集体的。班主任只有依靠科任教师的密切配合，发挥出教育群体对学生教育的共振作用，才能对学生施行全面教育，才能创建一个良好的班集体，才能达到教书育人的最佳效果。

一、班主任与科任教师协作创新概述

班级管理，不是班主任一个人的独角戏，事关班级所有科任教师，如果忽略了各科任教师的重要性，班级工作开展就不会顺利。

班主任与科任教师应建立相互尊重、互相配合的工作关系，形成班级教育的合力。班主任要教育学生客观、公正地评价科任教师。

从工作角度看，科任教师是班主任的同事；从教育角度看，班主任和科任教师是"同一战壕里的战友"。只有拥有共同的目标，心往一处想，劲往一处使，才能形成合力，正常开展各项班务工作。如果班主任与科任教师之

第七章　与科任教师协作创新
多尊重，广协商，齐共管

间缺乏沟通，就会存在隔阂，甚至产生对立情绪，双方必然产生排斥心理。如果双方将这种紧张、消极的情绪带到班级工作或所教课程上，其严重后果不言而喻。因此，班主任要与科任教师保持经常联系，营造一种心心相印的氛围，使彼此心理相容，情绪愉悦地投入到工作中。

作为班主任，工作重点不是他本人所教的学科，而是要承担起班级育人的主要责任；作为科任教师，工作重点则落在了本学科的教学上。因为职责的不同，处理问题的方式方法也就不同，因此，班主任要明白自身与科任教师处理问题的切入点到底有何异同。

在处理学生迟到这一问题上，科任教师只要知道学生迟到了，并对学生进行适当的教育，然后找一定的时间给学生补课就算圆满地完成了本职工作。而班主任却要查明学生迟到的原因，寻求对策，以便让学生以后能准时到校到班，避免类似问题经常发生；

在处理学生上课睡觉问题上，科任教师可能采取叫醒学生或者让学生站起来听一会，或者拿着书本到教室的后面参加听课的方法来处理。而班主任却要知道学生睡觉的具体原因，对每一种原因的发生都要仔细探求，并采取相应的应对措施；

在处理学生不喜欢交流这一问题上，科任教师可能一句话"这学生性格内向"就算交代完事了，而班主任却必须要知道这个学生不喜欢交流的真正原因。

这些处理方法的不同，充分说明了班主任与科任教师在班级管理方面所担负的不同责任，也说明了由于管理地位的不同所带来的工作重点的改变。如果班主任和科任教师都能从对方的工作重点与所承担的管理责任来理解对方的工作，充分进行协调，班级管理一定会取得事半功倍的效果。

首先，班主任要多为科任教师服务。科任教师往往教的班级较多，辅导、检查很难做到及时，班主任要主动分担一些，或许这些工作不一定非班主任亲自去做，可请班干部、科代表代劳，但只要班主任参与，就能使学生的重视程度提高。班主任还应多给科任教师一些时间，做到自己的学科在课内完成，不占用课下时间，将更多的时间留给科任教师。特别是在科任教师有病或有事时，班主任要主动安排好该学科的学习活动。遇到需调课时，应想办法满足科任教师的要求。

其次，班主任如与科任教师有了摩擦，应主动妥善解决问题和矛盾，切忌打小报告、告状。不可否认，班主任与科任教师相处，一定会遇到一些不尽如人意的事情，如有的班主任不满意科任教师的某些做法，是常有的事。这时，班主任要多看到科任教师的优点，找适当的机会和恰当的方法，把问题摆到桌面上，诚心诚意地和科任教师交换看法，弥合矛盾。这样，科任教师的积极性就容易被调动起来。只要班主任把科任教师的积极性调动起来，就等于找到了管理和建设班集体的动力源。倘若班主任经常抱怨科任教师，甚至向领导打小报告，这显然是非常不明智的，极有可能影响科任教师的工作热情，使矛盾加剧。

再次，班主任应主动成为科任教师的知心朋友。班主任和科任教师的合作往往有几年的时间，期间交往的频率自然很高，极有可能在长期的合作中产生真挚的友谊。倘若班主任和科任教师之间能像朋友一样畅所欲言、直言不讳，做到心胸坦荡、推心置腹，何愁班级没有凝聚力？因此，班主任应主动创造一些机会，让班主任和科任教师成为娱乐伙伴、知心朋友、工作战友。

另外，协调科任教师与学生之间的关系不仅是班主任的职责，也是班主任工作的一项重要任务。妥善处理好科任教师和学生之间的关系，对搞好整个班级的教育教学工作，促进良好班风的形成有至关重要的作用。

学生由于知识视野的扩大，评判能力不断提高，但又缺乏客观性、全面性，常对科任教师提出过高的要求。在这种情况下，班主任要教育学生学会用实事求是、一分为二的观点评价教师。要号召学生学习各科教师的长处，汲取丰富的营养，使自己健康地成长。

对科任教师的不足，班主任要提示学生找教师单独交换意见，也可向班主任或学校领导反映，而不应在公开场合评论、指责科任教师。班主任更不能在学生面前指名道姓地说科任教师的不是。如果这样做，既有损科任教师的形象，也有损自己的威信。

班主任如果发现科任教师的不足，要本着团结互助、共同搞好教育教学工作的目的，向科任教师及时指出，使科任教师自觉地调整自己的言行。在班主任注意了以上几方面工作的基础上，再通过科任教师自身的努力，教师的威信就能在学生中逐渐地树立起来。

第七章　与科任教师协作创新

多尊重，广协商，齐共管

但科任教师毕竟不是班主任，学生在对待班主任和科任教师时，心理上是有一定区别的，这也是学生为什么在其他科任教师的课堂上敢说话、敢做小动作甚至顶撞教师，而在班主任的课堂上不敢的原因。因此，为了加强科任教师对学生的教育，班主任很重要的一项工作就是加强学生的尊师意识，让学生信任每一位科任教师，尊敬每一位科任教师，积极配合每一位教师的教学工作，珍惜每一位教师的劳动成果，使教师有成就感。

维护良好的师生关系，化解学生与科任教师之间的矛盾，是班主任协调工作中的重头戏。由于学生思想意识不强，是非分辨能力不够，易受外界不良行为的影响，在日常教育教学活动中，容易与科任教师产生一些误解、矛盾甚至冲突。

师生间的矛盾比较复杂，有时完全是由学生的错误引起的，有时则是由教师过严、态度过硬而导致的。无论哪种情况，如果处理不当，都有可能造成师生之间的对立，不利于教学工作的正常开展。

因此，当科任教师与学生因某种原因出现对立情绪时，班主任一定要妥善处理学生与科任教师的矛盾，坚持实事求是、尊师爱生的原则，及时疏导协调，使双方矛盾化解，绝不能出现贬低科任教师或同科任教师共同训斥学生的现象。班主任的协调既要维护科任教师的威信，也要让学生心服口服，不要产生怨恨与隔膜。

班主任在协调科任教师与学生之间关系的同时，也要协调教师之间的关系，使教师的整体教育功能得到充分的发挥，为教育教学工作取得满意的效果奠定基础。只有充分发挥教师集体的作用，才能全面提高教育教学质量。

（一）班主任与科任教师协作创新的重要意义

协调各方面的力量共同做好教育工作，是班主任工作的一项重要任务。和科任教师沟通，处理好与科任教师之间的关系，协助科任教师做好工作也是班主任工作职责的一部分。同时，科任教师关心和参与班级建设，并与班主任密切配合、协调一致，对于班集体的形成、巩固和发展也有着十分重要的作用。

1. 有利于形成优良班集体

班主任与科任教师的关系是否协调直接影响到班级的建设，两者关系协

调、感情融洽,才能很好地建设和管理一个班集体。全班所有教师都紧紧地团结起来,使每一位教师都愿为该班倾注更多的热情,寄予更多的希望,奉献更多更大的力量,班级才会形成强大的正能量。

2. 有利于形成互相促进的良好人际关系

班主任与科任教师的关系协调得好与坏,直接影响到双方在教育教学中的情绪。

班主任与科任教师的关系和谐,就容易形成"我关心,你长进""你批评,我改进"的相互激励机制,能充分发挥双方在教育教学中的积极作用,心往一处想,劲往一处使,为共同的目标而奋斗;如果班主任与科任教师之间缺乏和谐的人际关系,就会存在隔阂,甚至产生对立情绪,双方必然产生排斥心理,从而造成"你见不得我""我眼中没有你",相互斗狠的紧张关系,甚至把消极情绪带到班级工作或所教课程上。

因此,协调好班主任与科任教师的关系,对营造一种心心相印的氛围,使彼此心理相容,能情绪愉悦地投入到工作中,有重要的积极影响力。

3. 有利于学生提升学习水平

学生学习水平的提升是靠综合因素促成的,需要每一科目的教师付出相应的心血,也只有在这些教师的共同努力下,学生才不会出现"瘸腿""短板"现象。

班主任与科任教师协作创新的成功,无疑会让科任教师焕发更大的激情,会对学生投入更多的时间和精力,因此,学生学习水平的提高也就有了可靠的保障。

4. 有利于培养学生优秀的品格和健康心态

班主任和科任教师之间形成"集体为先,他人为重;尊重他人,诚恳待人;心胸开阔,坦荡磊落"等和谐关系,那么科任教师就会以良好的态度对待集体与个人,以合理的标准对待自己和他人,以不凡的气度处事和为人,这些人格的力量都会在潜移默化中影响学生。当学生体会到班主任与科任教师心心相印地为班级操心和服务,是"对事业忠、对学生爱、对同事和自己严"的高尚人格的体现时,就会从教师良好的行为和高尚的人格中得到启发和教育,从而在潜移默化中自觉培养自己热爱集体、关心他人和与他人合作

第七章 与科任教师协作创新

多尊重,广协商,齐共管

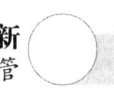

的优秀品格,健全他们乐观、正直、豁达的健康心态,从而克服孤芳自赏、狭隘封闭等不良心理疾病。

(二) 班主任与科任教师协作创新的基本内容

1. 理念上形成共识,行动上携手共进

班主任和任课教师之间由于对一些教育问题的观念不同而造成对班级具体的人和事上意见不一致,这是比较常见的。因此,班主任与科任教师协作创新首要之举,应该是使班主任和科任教师在理念上趋于一致,这是解决许多难题的关键。

由于学生的思想问题大部分是表现在学习过程中,班主任一人力量有限,所以要得到科任教师的配合和支持,才能随时掌握全班学生思想的变化情况,再运用行之有效的教育方法有的放矢地发挥指导作用。班主任平时应主动找科任教师了解情况,比如上课的要求、收发作业的形式、课堂秩序、作业情况、学习态度和该学科学习进度等。

班主任应和科任教师一起与时俱进,勤于学习,不断提高自己的教育理论素养,不断转变自己的教育教学观念,使得大家在分析和处理班级具体事情的时候,能在理念上达成共识,从尊重教育规律的角度切入,坚持用正确的观念和行动上的携手共进处理教育教学行为细节和具体问题,形成教育合力。

2. 主动听取科任教师对班级工作的意见和建议

一般来说,班主任比科任教师对班级情况掌握得更全面、具体一些,班主任应主动和各科任教师交换意见。比如新学期刚开始,学生的名单、班干部的组成人选、座位的排定、成绩的情况、贫困生的情况等,这些内容都要让科任教师心中有数。

对于平时班上发生的新问题、新情况,班主任都应及时和科任教师交流意见,对科任教师的建议与合理要求要重视,切忌表现出烦躁情绪。

班主任必须要认真倾听并及时回应科任教师对班级工作的意见和建议,这样科任教师才会体会到自己被尊重,对班集体的情况才会知无不言、言无不尽。这样做,有利于形成班级工作同抓、共管的局面,而不会形成班主任

孤军奋战的不利局面。

3. 班主任应向科任教师传达班级管理思路和发展方向

班主任通过主题班会、班干部会议等形式酝酿班级管理的基本思路，如班训、班规、班级奋斗目标等然后认真整理，交科任教师讨论，最终定稿后在科任教师会上传达。这样做有利于科任教师有清晰的思路配合班级管理。

4. 协调各科教学负担，平衡发展各学科

由于竞争激烈，每位科任教师都具有强烈的事业心、责任感，因而就会或多或少从本学科出发给学生布置过多的作业，利用一切可利用的时间进行辅导。另外，还容易发生测验集中，尤其是在考前，经常会出现同一课时会有几位教师抢着去上课的"激动人心"的场面。

在赞扬保护科任教师积极性的同时，班主任应及时了解各学科教学进度，进行合理调整，使各科学习负担与学生的承受力维持平衡，安排好各科辅导、练习时间。

5. 经常沟通，融洽感情

一般情况下，班级的所有工作多由班主任直接组织，而往往忽略了科任教师参与的重要性。这样就容易导致学生与科任教师之间关系生疏，甚至感情上存在隔阂，不利于科任教师对学生的全面了解和合理的评价，科任教师对学生的看法和班主任意见不一致也就在所难免。因此，要解决班主任和科任教师对学生看法不一致的难题，班主任就要经常邀请科任教师参与班级活动，参与班级管理，让学生在活动中亲近教师、融洽关系；让科任教师在活动中更多地接触学生，了解学生，发现学生的"另一面"。这样做，也有利于提高学生的听课效率，提高学生的学习成绩，并且使很多棘手的问题在不知不觉中迎刃而解。

班主任要充分利用班级活动来融洽学生和科任教师之间的关系，同时，还要多和科任教师进行多层面的接触与沟通。科任教师与班主任相比，与学生之间的交流一般不够充分，所以对学生的了解也不够全面，更不用说对学生的动态研究了。那么，作为班主任，就有义务也有责任将班级学生的基本情况主动向科任教师作介绍，使科任教师对学生的学习态度、学习方法、行为习惯和家庭情况等有一个整体的了解，便于科任教师在教学工作中对学生

第七章 与科任教师协作创新
多尊重，广协商，齐共管

提出切合实际的、相互协调的要求。

班主任还要把自己工作上的设想与科任教师沟通，多听听他们对班级各方面情况的看法和意见，以期和科任教师达成共识，从而增进了解、增进情谊。

以上这些做法，都有利于解决科任教师对学生的看法和班主任不一致的难题。

6. 主动协助，帮科任教师化解难题

作为班主任，切忌把科任教师在教学中遇到或发生的问题，简单而又片面地以为那是他们自己的事，应由他们自己去解决，或因与己无关或袖手旁观，或有意回避。班主任要理解和明白，协助科任教师解决教学中出现和遇到的困难，与解决班级工作中存在的问题有密切关系。

苏联教育家马卡连柯指出："如果五个能力较弱的教师团结在一个集体里，受一种思想、一种原则、一种作风的鼓舞，能齐心一致地工作的话，那就比十个各随己愿地单独行动的优良教师要好得多。"

所以班主任应该主动协助科任教师开展工作，使科任教师的工作得以顺利开展。例如，当科任教师找班主任调课，班主任也没办法帮他上课时，就要主动找其他科任教师协助。一个班集体的兴衰荣辱要靠全体教师团结协作、共同努力才行。

7. 多宣传，为科任教师树立威信

有些学生对班主任和科任教师采取不同的态度，一方面是因为两者的约束权力不同；另一方面是对科任教师缺乏了解。班主任应向学生多介绍科任教师的优势，在学生心目中树立科任教师完美的形象，切忌对科任教师评头论足。不仅如此，对学生中间有损教师形象的流言蜚语也要及时制止，以维护教师尊严，并向学生说明尊重教师是每个学生应具备的基本素质。

8. 在方法上要不断切磋，求同存异

班级管理是一件复杂的工作，更是仁者见仁、智者见智的艺术性的工作。因此，作为班主任，要发挥集体的优势，整合班级全体科任教师的力量和智慧。班主任要发挥科任教师积极的参谋作用，遇事多和科任教师切磋，提出解决问题的方法，多分析其利弊。如果意见不统一，班主任和科任教师

都要有一种积极的心态，要顾全大局，从有利于班集体建设和学生发展高度的角度来思考问题，既求同存异，又择善而从。只有这样，班主任与科任教师之间才能建立起健康、积极、协调的交往关系。

（三）个别班主任与科任教师协作创新不到位的原因

尽管很多班主任在与科任教师协作创新上做出了很大的努力，但还是有个别班主任有做的不到位的地方，具体原因有以下几种。

1. 忙智育，忽视沟通协调

个别班主任总是沉浸在繁忙的班务中，而对学生真正意义上的班级德育却很少顾及，也因此忽略了科任教师在班级管理中的辅助作用。班主任不能及时从教学上、学生思想上与科任教师沟通，也没有抽取时间了解和协调科任教师的工作，使科任教师成为单纯的上课出现、下课"消失"的"教书匠"，结果，班级管理成了纯班主任化，而淡化了由学生、科任教师和班主任组成的班集体这个大家庭应有的沟通与协调，致使彼此步调不一致。

2. 护短，不允许科任教师批评学生

个别班主任听不得科任教师对班级学生的半句批评，并把护短当作自己爱学生的表现。当科任教师批评学生后，有的班主任就会去找科任教师理论、要说法，甚至怀疑科任教师是在诋毁自己。这样质问的结果，常常会导致班主任与科任教师关系紧张，甚至水火不相容。

3. 高高在上，以领导者自居

个别班主任缺乏对自己的确切定位，在科任教师面前高高在上，以领导者自居，令科任教师很反感，也就不愿意向班主任建言献策。这种各自为战的后果，常常导致信息不通畅，严重影响班集体的健康发展。

4. 科任教师没履行教育责任

科任教师未理解或未执行好教书育人的宗旨，工作不主动，也是班主任与科任教师协作创新的一大障碍。教师，包括科任教师，应以教书育人为天职，在教给学生知识之余，更应强调育人的重要意义。从某种意义上讲，先育人后教书，更是教育的关键步骤。如果科任教师不能很好地履行育人的责任，那么也就很难给学科教学创造良好的育人环境，对培养全面性、多能性

第七章 与科任教师协作创新
多尊重，广协商，齐共管

的人才也会造成不良影响。

5. 班主任未实施好管理职能

班主任工作是一个情感工程，倘若把教师与学生之间、班主任与科任教师之间的关系理解成一个管理与被管理的关系，班级工作势必会越来越孤立。因此，班主任作为班级管理的负责人，不但要管理学生，也要协调科任教师，还要引导科任教师参与班级管理，为班级出谋划策。

二、班主任与科任教师协作创新案例及养成策略

（一）尊重在前，让科任教师感受感动

威海市古寨小学的张新秋老师，在与科任教师协作创新上有自己独特的理解：让科任教师感受到被尊重，既要化解学生与科任教师的矛盾，又不能让科任教师对班主任产生误解，还要和科任教师成为知心人。

张老师用案例分析的方式，讲述了如何化解科任教师与学生的矛盾。

初一学生小娇，做作业比较慢，一般情况下都能完成作业，但要到晚上10点多才能写完，属于书写作业比较认真的一类学生。

一次，小娇因为英语单词没有背熟，书写有错误，英语老师就责令她写50遍。当她看到班主任时，就像见了自己的亲人一样，放声大哭，一边哭一边说自己成了坏孩子，以后天天完不成作业了。班主任估算了一下，一共50个单词，50遍，就是2500个，要完成英语作业，其他科目的作业就很可能完不成，如果其他科目的教师也都是罚写作业，就会演变成恶性循环。

张老师分析：班主任是学生成长道路上的指导者和引路人，任重而道远。有些学生可能因为不喜欢学某一门功课而不喜欢某一位教师；有的学生可能因为某位教师某件事情处理不当对教师心生不满。而情感又左右着学生的学习效果，这就需要班主任有一双慧眼，能及时发现学生情绪上的问题，帮助学生解开心结，尽早消除学生和教师之间的隔阂，让学生以愉快的心情投入到学习生活之中。

案例中的小娇做事认真，但动作稍慢，面对英语老师的责罚，她很难接

受，更觉委屈，这时就需要班主任与学生、英语老师做好沟通，化解学生心中的症结。张老师认为以下的一些步骤可以化解这一难题。

一、与生沟通，抚慰心灵

面对学生的困惑，面对学生的委屈，需要班主任走近学生，倾心交流，让学生走出精神低谷。

1. 倾心交谈，化解矛盾

倾心交谈能够消除教师与学生之间的隔阂，消除学生的心理障碍，帮助学生健康快乐成长。

案例中的小娇是一个极其认真的学生，对待老师的责罚她肯定是非常认真来对待的。但本来正常情况下作业都要写到10点，如果再加上这些罚写的作业，小娇肯定会通宵难眠。面对满腹委屈的她，作为班主任，此时首先要静下心来与她沟通交流，缓解她烦躁的心理。班主任可以将小娇领到办公室，给她搬把椅子、倒杯水，让她心情平静下来；再用一些诙谐幽默的语言做开场白，让她暂时忘却心中的烦恼；然后再设法化解她与英语老师的矛盾。

小娇性格比较认真，做事情容易钻牛角尖，如果班主任与她的谈话不够理智，不仅会伤害到她的自尊心，而且可能会加深她与英语老师的矛盾。所以，班主任在缓解了她的心理压力之后，可以和小娇玩一分钟记英语单词的游戏，让小娇在轻松的环境下掌握所学的英语单词，接着可以如法炮制，进行英语听力小游戏。在小娇轻松掌握了英语单词之后，班主任就要充当和事佬，为英语老师游说，让小娇了解英语老师也是恨铁不成钢，才会这么做，其实只要她掌握了单词，英语老师就不会责难了。

2. 精心呵护，激发斗志

学生的心灵是比较脆弱的，需要班主任以阳光般的温暖去呵护学生充满希望、充满幻想但脆弱的心灵，让他们在精彩的少年时代快乐、自信地成长。哲人说，爱是一种深刻的情感，它给黑暗的世界带来光明；诗人说，爱是人类最美丽的语言。班主任应该用博大的爱来关心呵护学生受伤的心灵，激发他们学习的斗志。

面对小娇这样的学生，班主任处理好这件事情之后，还要多关注她的成长，多和她促膝谈心，了解她的学习、生活状况，对于优点多鼓励表扬，树

第七章 与科任教师协作创新

多尊重，广协商，齐共管

立她奋发向上的志气。

二、与师交流，营建和谐

班主任是沟通各科任教师和学生的桥梁。与科任教师沟通交流，对于营建和谐向上的班集体起着重要的作用。

案例中英语老师责罚小娇可能消减了自己心头的烦恼，但是带给小娇的却是莫大的伤害，还会引起小娇对教师的不认可甚至是抵触，为了不让事态恶化，就需要班主任和英语老师及时沟通交流。

1. 沟通交流，了解实情

和谐融洽的同事关系会让学生从中受益，但是面对此时可能火冒三丈的英语老师，班主任也需要先为英语老师消消火气，真诚的关心、幽默的语言都会让彼此的关系更加融洽。这时，班主任再耐心询问自己班级英语课上学生的表现，了解学生的学习态度是否端正、学习任务能否按时完成。和英语老师进行坦诚的交流，既能够及时了解班级英语的最新动向，又能够有针对性地开展好班级工作，还能够从英语老师口中了解小娇的情况，为劝解英语老师做好铺垫。

2. 劝解疏导，营造生机

通过前边的交谈，班主任对小娇事件会有更清晰的了解，为了融洽师生关系，化解小娇与英语老师的矛盾，班主任此时应本着尊重教师的原则，先替小娇向英语老师道歉，求得英语老师的谅解，然后向英语老师承诺，小娇的英语单词能够记熟，请英语老师放心，最后再为小娇说情，希望英语老师能法外开恩，手下留情，免除小娇的罚写作业。在班主任的这番真诚、尊重的劝解下，英语老师也会感觉不好意思，就会顺水推舟，解除对小娇的惩罚。

班主任和小娇、英语老师交谈之后，更重要的是要用心经营自己班级的英语课堂，班主任可以用独有的魅力和独特的方法激发学生学习英语的兴趣，从而掌握英语知识，完成自己在英语老师面前的承诺，让自己班级的英语学习呈现出勃勃生机。

张老师认为，随着年级的升高，学生的作业量会越来越大。而每位教师在布置作业的时候，可能都觉得自己的作业量布置最适合，而没有考虑其他学科。作为班主任，应该有一个通盘的考虑，要平衡一下学生的作业量。如

果当某位科任教师抓得特别紧,作业布置得特别多时,班主任一方面可通过适当方式婉转劝告;另一方面也可以请课代表将当天的作业写在黑板上,并写明预计完成的时间,让该科任教师全面了解学生的作业量,然后再根据实际情况适量布置作业。

与科任教师协作创新的途径很多,但尊重是第一要务,不管是来自学生的,还是来自班主任的,尊重都是科任教师参与班级管理、教育学生、提高学生学习水平的强大动力。

上面案例里的张老师从尊重出发,化解学生与科任教师矛盾的办法,应该能给很多班主任以有益的启迪。

一个班级的教学人员组成后,班主任在拟定班级工作计划、班规,选拔班干部与科代表、优生培养、后进生转化等工作中,要让科任教师参与进来,给与尊重、参考、采纳科任教师提出的宝贵意见和建议,并迅速实施,如可以让科任教师自己选择本学科的科代表,分派后进生转化任务,请科任教师协助班主任培养班级拔尖人才等。

班主任要管理好一个班级不是一件容易的事情,因此,学校给每个班级都配备了一位副班主任,这位副班主任通常由本班的主科教师担任,一方面有利于教学工作的开展,另一方面,当正班主任需要外出听课、学习、开会时,班级的工作就可以全权交给副班主任,避免了正班主任有后顾之忧。如果班级在校内外组织大型活动,如班级间进行的篮球赛、足球赛,班主任要真诚地邀请科任教师和自己一道参加,给学生加油打气,这样不仅能激发科任教师关心班级工作的热情,同时还能消除人与人之间原有的种种顾虑,互相配合,同舟共济。

班主任用尊重赢得科任教师协作的策略如下。

1. 摆正心态,换位思考

有一些班主任常在背地里抱怨科任教师上课管不了学生,反找班主任提意见,很不耐烦。尽管这些班主任大都只是发牢骚,该怎样做学生的思想工作,还是会去做。但带着这种对科任教师的抱怨心理,肯定会影响做工作。实际上,班主任可以换个角度看待这一问题,正因为科任教师相信班主任,才会找班主任反映学生情况,如果不是自己的班级出了问题,科任教师也不会找班主任,这恰是班主任进一步做好学生思想工作的一个契机。如果班主

第七章　与科任教师协作创新

多尊重，广协商，齐共管

任怀着这样的心态对待科任教师提的意见，可能更加有利于问题的解决。

2. 正确定位自己，与科任教师平等相待

当科任教师和学生出现矛盾时，班主任一定要有正确的角色定位：班主任是科任教师的同事，不是领导，工作关系是平等的，是教育教学的合作者。出现问题就应该认真听取科任教师的意见，共同商量解决问题，而不能以领导自居，把位置摆错了。

班主任不是班级的"保护神"。有的班主任听不得科任教师对班里学生的任何批评，并且认为学生可能也存在问题，但主要问题还是出在科任教师身上。这就是对学生的一种偏袒，没有体现班主任应有作用，是十分危险的，必须坚决摒弃。

3. 及时化解矛盾，拉进师生距离

科任教师是成年人，他们的思想已经成熟，对问题的认识、态度不是轻易就能改变的；学生个性开始显露，他们对周围的人、事有一定的判断能力，但思想还不够成熟，有明显的情绪化倾向，可塑性很强。如果科任教师与学生有了矛盾，班主任适当适时地进行处理，将有利于学生的进步、班级的发展。

（1）暂时矛盾激化的处置。

当师生之间产生矛盾并都有情绪时，班主任就需要冷静处理。如果班主任和科任教师意见不能统一，发生争吵，或者班主任气冲冲地进教室斥责甚至体罚学生，最后的结果只能是加剧学生与科任教师的矛盾，科任教师也会对班主任不满。

遇到师生之间暂时矛盾激化的情况时，班主任对科任教师的意见要认真倾听、耐心交流，真诚与其进行商讨事情的处理办法；对于情绪激动中的学生，班主任也要进行冷处理，等学生心平气和了，思想工作才容易水到渠成。

（2）长期矛盾的处置。

对于师生长期形成的不和情绪，班主任一味地说教不一定能见效，而运用合适的时机进行教育，可能反而容易收到更好的效果。如果遇到学生对个别科任教师有不满的情绪，经过班主任多次调解，效果并不明显时，班主任可利用适当的时机做思想工作，比如，教师节到了，班主任可以让学生为科任教师献上节日的贺卡，还可以让学生组织联欢晚会，热情地邀请科任教师参加，通过活动增进师生的理解，加强沟通；班主任还可以利用学校各部门组织感恩征文比赛，建起师生沟通的桥梁，将学生写的关于教师的文章，如"老师，我想对你说""老师，我理解你"等，送给科任教师阅读。另外，班主任还可以利用班会课给学生讲科任教师刻苦学习的学生时代，也讲他们现在取得了什么样的成绩，让学生信服科任教师，为有这样的老师而自豪。

4. 在学生中间树立科任教师的威信

首先，在日常的班级管理中，班主任要经常告诫学生，要学好功课，就必须喜欢上课的教师，并且让上课的教师喜欢你；教育学生要重视副科的学习，要全面地发展。班主任还要自觉地起模范带头作用。假如学生不完成作业，班主任应根据科任教师的反映，与该生的家长取得联系，汇报情况。如果科代表或科任教师反映最近班级课堂纪律不大好，班主任要及时抽空去巡视课堂。遇到科任教师组织活动，班主任要积极配合，或动员学生认真对待，或从旁协助指导。

其次，要让科任教师的特长得到发挥，树立他们多才多艺的形象。班主任积极主动宣传科任教师的长处、优点和劳动成果，会使学生从内心产生对科任教师的敬佩之情。例如，班主任可以请擅长跳舞的音乐老师指导班里学生的舞蹈，请擅长写作的老师指导写作小组的学生，请擅长朗诵的老师指导学生朗诵，请美术老师指导参加小报设计的学生等。在这些活动中，既让学生看到了科任教师的才能，树立了科任教师的威信，又沟通了师生之间的感情，为今后班级工作的开展注入润滑剂。

班主任还可以利用一些生活小事树立科任教师的威信，培养师生之间的感情。例如，班主任在与科任教师交流情况时得知某个学生的进步，便及时地以科任教师的语气来表扬他，让他知道科任教师时时关注他的进步，并在别的老师面前夸他；当某个学生生病了，班主任在探望或打电话问候时，也可以顺便带上科任教师的问候等。

5. 班主任应恰当反映、慎重转达学生对科任教师的意见

每位科任教师的教学工作有长处，自然也有短处。这一点，学生的感觉是灵敏的，他们会及时而又毫无保留地反映到班主任处。作为中枢站站长的

第七章 与科任教师协作创新
多尊重，广协商，齐共管

班主任，如果不及时向科任教师转达学生的意见，不仅存在的问题得不到迅速解决，也不利于科任教师改进教学方法，提高教学水平。但如果在转达意见时，场合不恰当，言语不委婉，不仅达不到预期的目的，还会影响科任教师的工作情绪，影响师生关系。所以，班主任应选择合适的场合、采用恰当的方式将学生的信息反馈给科任教师。

（二）做学生思想工作，给科任教师营造良好施教环境

班主任工作是一项特别繁琐的工作，除了要处理班级和学生的事情，有时还要处理学生与科任教师之间的矛盾，这个矛盾要是处理得不好，要么会得罪科任教师，影响科任教师的情绪和威信；要么会伤害学生的自尊心，影响学生的学习积极性。

经验丰富的老教师一般都能自行处理好与学生之间的矛盾，但对一些初出茅庐的年轻教师，很多时候与学生在课堂上产生矛盾后，由于经验不足，会使问题激化而下不了台，最终还得由班主任或者学校出面解决。

负责高二某班的班主任张老师就经历了这样一件事：

在上生物（是一个年轻的女教师）课时，张老师班上的物理科代表小斌与同桌"讲话"（后来经过证实，小斌与同桌实际上是在小声地讨论问题），被老师发现，老师就点名批评他。结果小斌不服气，与老师顶撞了几句。这位老师就火了，大声说道："说你还不服气？"

小斌大声地嚷嚷："我对你就是不服气！"

老师："你哪一点不服气？"

王斌："我对你哪点都不服气！"

……

老师和小斌你一句我一句吵个不停，结果老师更加生气，课也上不下去了。下课后生物老师气鼓鼓地跑来告状，要张老师处理这件事。

小斌平时学习非常努力，物理成绩是班上最棒的，各科总成绩也是班上的前几名，由于家境贫寒，张老师平时对他在生活等方面都特别关照。想不到他这次竟然跟科任教师发生如此大的冲突，出乎张老师的意料。但为了维护课堂纪律和这位科任教师的威信，张老师表示要对小斌进行严肃的处理。

小斌的家离学校有半天的路程，张老师无法与家长及时取得联系，但张

老师非常了解小斌的性格，于是就大胆罚他回家反省（这只是口头上说的），想清楚自己的错误后再把家长叫来。

小斌回到家中，他母亲很诧异："今天又不是星期六，你怎么回来了呢？你是不是在学校犯了什么错，被学校开除了？"

看着母亲焦急的样子，小斌只好把事情经过告诉了母亲，还后悔地说："唉！其实我们的班主任平时对我可好了，处处关心我，照顾我，这次我一时冲动给他惹了这么大的麻烦，实在是对不起他了……"

母亲："那你知道错了吗？"

小斌："我早就知道了。"

母亲："那你打算改不改？"

小斌："一定改！"

第二天，小斌的母亲就急忙带着小斌赶到了学校，与张老师交换了意见，然后又找到了生物老师，向她真诚道了歉。

在学生来道歉之前，张老师已单独找这位老师交换了意见，并说明了小斌在课堂上实际是在与同桌小声地讨论你所讲的问题，但我还是罚他回家反省的事，最后这位老师也感到很惭愧。

通过这件事的处理，科任教师的气消了，全班学生也得到了教育。从那以后，班上的课堂纪律变得非常好，再也没有发生过类似的事。

在高三下学期，因有一个教重点班的化学老师出了点问题，学校就把张老师班的化学老师换走了，另外换了一个教学能力稍差一点的年轻女教师来代课。这位老师才上了几堂课，班上的很多学生都跑来向张老师反映："这是什么化学老师，给我们讲题时，她自己都讲得不耐烦了，还是没有给我们讲懂，而且脾气还很不好，我们强烈要求换老师！"

张老师告诉他们，这是绝对不可能的。

学生感到很失望，他们说："我们马上就要毕业高考了，换个这样差的老师来，我们还怎么考大学？"

张老师说："读书是你们自己的事，你们自己要去适应老师，而不是老师来适应你们，老师只是给你们解决疑难问题的，化学老师只是经验差一点而已，其实专业水平是很高的，你们有什么问题可以尽管去问，而不要有什么情绪。"

第七章　与科任教师协作创新

多尊重，广协商，齐共管

张老师私下也很快找了这位老师交换了一些意见，并鼓励她不要担心其他的事，只管放心教学生就好了，其他事情自己会帮她处理。

过后，学生也想试探一下化学老师的专业知识究竟如何，于是找了很多问题去问，结果他们不但弄懂了很多以前没懂的问题，而且渐渐地喜欢上了这位化学老师。最后高考时，张老师班的理科综合成绩不仅不比其他班差，平均分反而高出平行班 10 分左右。

今年张老师又接手了一个新班，刚开始时科任教师配得很强，当年被评为县级优秀教师的 4 个教师中就有 3 人教他们班。可是刚上了一周多课，就有两个老师就都不能再教他们班了，其中英语老师因离职进修走了，另一位语文老师因工作量过重就不再教他们班了，而这两位都是非常受学生欢迎的中年教师。

新换的语文老师是个年纪稍大一点的高级教师，可算是一个非常典型的传统型的教师，他不怎么喜欢太活跃的课堂，学生稍微活跃一点就会认为不遵守纪律，个别学生因此被罚站，还会挨一顿批评，结果学生一下子不适应。

新换的英语老师是刚从区乡中学选调上来的，学生认为他教书肯定不行，所以，学生也不怎么喜欢，班上很多学生跑到张老师这里来诉苦。张老师想，这下又该怎么说服学生呢？

第二天张老师上物理课时，对学生说："同学们，我们班换了两位老师，大家心里面总是有点情绪，其实，你们并不了解这两位老师。我们的语文老师是一个实力型老师，你们今后要面临的是高考，要高考就得有实力强的老师，语文老师的教学能力非常强，在省级以上刊物发表过多篇教学论文，在我们附近这十几个县都是很有名气的。你们的英语老师也是从各个区乡中学里面百里挑一选调上来的，他的水平并不比我们原高级中学的老师差，你们应该知足了。"从那以后，就再也没有学生跑来说不喜欢某个老师的事了。

通过这些事，张老师意识到，一个班主任在遇到上面这些类似的事情时，一定要冷静、艺术地处理好学生与科任教师的关系，既不能伤害学生的自尊心，又要让学生受到教育；要让学生充分信赖自己的老师，从而树立起老师在学生心目中的威信；要让科任教师教得舒心，让学生学得开心。只有这样才能将班上的学生和科任教师凝聚成一个完美、和谐的整体，提高班级

的教学质量。

上面案例里的班主任,通过化解学生对科任教师的意见、偏见,既达到了科任教师与学生的关系融洽,也促进了自身与科任教师的友好协作,对班级管理产生了事半功倍的效果。

很多事实证明,班主任与科任教师的关系不够融洽,大部分是因为处理班级学生的意见不同造成的。如何化解这一矛盾,在与科任教师协作创新上有哪些策略呢?

1. 多介绍,让学生及家长庆幸遇到了好老师

科任教师第一次上课前,班主任一是应向学生详细介绍科任教师,多讲他们身上的优点,在学生心中树立其威信;二是应多向家长介绍科任教师的优点,建立起家长对科任教师的信任。比如,可以对学生这样讲:"新数学老师比我还年轻,她讲的数学课非常有趣,你们真是幸运!"告诉家长:"我们的数学老师年轻、活泼、热情,能调动起学生的积极性,积极性调动起来了,成绩肯定能上去!"

班主任在学生乃至家长心目中的地位是至高无上的,这样的夸奖会对他们产生直接的影响,学生及家长会很庆幸遇到了好老师。尤其是学生有了这样的心理,科任教师的地位会明显提高。

2. 多咨询,请科任教师参与班级管理

制订班级工作计划时,班主任应主动征求科任教师的意见和建议,请他们参与班级管理,以求得科任教师的积极配合。如评选各类优秀学生时,就可以参照科任教师的意见,评选单科奖。平时,班主任要多向科任教师询问学生各科学习情况、在学习中的表现,以便及时了解班级或学生情况,在管理时对症下药。

3. 多学习,向科任教师求取真经

班主任征求科任教师的同意后,要多主动听听他们的课,学习他们教育教学方法的长处。另外,在茶余饭后、课间课后多与科任教师交流,从交流中学习他们班级管理的妙招。

4. 多协调,形成合力

班主任不能只教好自己的课,还要协调各科任教师,让学生成绩全面提

第七章 与科任教师协作创新

多尊重，广协商，齐共管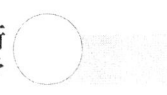

高。有的学生各科成绩不平衡，有的学生各科成绩都不好，班主任要及时与科任教师联系，请他们合理安排时间，做好培优补差工作。

5. 多理解，争取形成共识

在科任教师课上，个别学生会与教师发生一些摩擦，班主任对此类问题要冷静，要耐心听取科任教师的陈述和意见，要设身处地地理解科任教师，力争在共同教育学生上求得一致，特别是要教育学生尊敬科任教师。

6. 多信任，少抱怨

班主任都希望本班管理工作和教学成绩名列前茅，即使有的学科成绩不好，班主任也要信赖科任教师能改进，并且在行动上予以协助，而不应抱怨科任教师教学水平低，拖学生的后腿，从而影响与科任教师的关系。

7. 多宣传，不贪功

班主任在总结班务工作时，要避免出现只谈自己如何教育学生，取得多少成绩，而不谈或很少谈科任教师的功劳的不良倾向，要实事求是、公平客观地宣传赞扬科任教师的贡献。在与家长交流时，班主任更应适时向他们反映科任教师对学生耐心的教育以及付出的爱心。

（三）主动沟通，联合科任教师为学生减负

一个班级的各科教师在布置作业时很少相互沟通，甚至是各自为政、互不相让，唯恐自己的作业布置得少了，影响到学生对本学科的学习。不可否认，这些教师的出发点是好的，都是想让自己的学生多学点知识，把知识学到家，记得更牢固。但是，每科都布置许多作业，已经超出了学生的承受能力。更有甚者，有些教师布置重复性作业，既无趣味又无思考价值，更是加重了学生的课业负担，引起了学生对作业的反感。有的学生为了完成作业不惜说谎、让别人替写，或者干脆不做，等到了学校，任凭教师怎么处罚，他们都无所谓。而教师每次遇到这种问题，也总是叫苦不迭。

小华是我们班上的一个小美女，活泼、聪明、爱美、要强。一次，由于家庭的原因，她没有按时完成英语老师布置的作业。老师很生气，也很失望，因为英语老师觉得小华是一位不该不完成作业的好学生。因此，在课堂上，英语老师严厉地批评了小华。

经过这一次事情，小华觉得受了莫大的屈辱，对英语老师也产生了抵触情绪，作业开始不是晚交就是不交，有时干脆不带到学校或是干脆不做。无论老师怎么批评，小华就是不能按时完成作业。刚开始时还只是一科，发展到后来是几科作业都完不成，最后小华的作业都成了只有开头没有结尾的情况。每次老师对小华进行教育，小华总是说不会或是没时间，科任教师也没辙。

班主任李老师也多次问小华原因，小华的理由不是忘记写了，就是写完了没带来。刚开始李老师也没太在意，一个班 50 多人，有一个两个完不成作业的，也不算什么，相信在自己的批评教育下就会改正过来。于是李老师对小华进行了批评、鼓励、诱导、感染，但小华根本就不予理睬，好像根本就不是对她说的，她只是一个忠实的听众，是一个毫不相干的旁观者。近两个月了，不管李老师怎么批评教育，小华都没有认认真真完成过一次作业，偶尔做完一次也是很潦草，应付了事。

李老师意识到了事情的严重性。考虑再三，李老师决定家访，找家长细致地了解小华前一阶段放学后在家的表现，以及回家后的语言和行为有怎样的变化等。通过跟家长的谈话，李老师顿开茅塞，原来是因为各科任教师布置的作业太多，小华即便每天做到很晚，也完成不了作业。

李老师进行反思：作为老师，我们在布置作业的时候有没有考虑到学生的承受能力？有没有考虑到学生的休息时间？过多的作业强加于学生幼小稚嫩的身上，他们将如何承受？又如何应付？他们只会消极怠学、机械重复，这是毫无疑义的。这也可以看出，我们实施的是机械制造，决不是育人之道。学生智力的开发、人才潜能的挖掘又如何实施？为国家培养跨世纪的全能型人才又从何谈起？自己该怎样跟科任教师沟通这些事情呢？如果弄不好，反而会打消科任教师对班级学生教学的积极性。

经过仔细考虑，李老师把五年级所有科任教师召集到一起商量："各位老师，你们辛苦了，作为你们的同事，作为咱们集体中的一员，我很感激大家对学生的严格管教以及对学业的常抓不懈。大家的这些做法，让本班的学习成绩有了明显的提升。今天请大家来，是想从开发学生智力、引导思考、挖掘潜能、增加趣味性、提高学生兴趣的角度出发，就压缩布置作业的数量、增加作业的趣味性和思考难度进行一下探讨。因为最近我发现，一些学

第七章　与科任教师协作创新

多尊重，广协商，齐共管

生出现了厌学情绪，我调查了一下原因，学生普遍反映老师布置的作业太多。请大家帮我想想办法，看看在布置作业上，咱们怎么协调一下才好。"

听了李老师的话，各科任教师都很受触动，没想到自己只顾把本科成绩提高起来，而给学生造成了那么大的负担。于是，各位科任教师决定，在布置作业的时候要共同商量、互相沟通一下，适量定时布置作业。

通过跟科任教师有效沟通后，学生的家庭作业数量大大减少，小华又恢复了以往的活力，上课专心致志听讲，课后还认真帮助学习基础差的同学，所做作业不但认真清晰、一丝不苟，而且方式多变、独出心裁、举一反三、解答灵活。经过一个学期的减负学习，小华的各科学习成绩达到了全优。

事实证明，减轻学生的课业负担不但没有降低教师的教学质量和教学效果，而且还提高了学生的学习兴趣，拓宽了学生的学习面，扩展了学生学习文化知识的视野和掌握知识的灵活性，最大限度地开发学生的智力，挖掘学生的潜能，达到了最佳育人效果。

像上面案例那样，在强力推进素质教育的今天，随着学生在校时间的减少，各科任教师不再像以前那样靠加班加点来完成教学任务了，这也意味着，在教学时间相对减少，而课程总量不变的情况下，教师要想保证以往那样的教学质量，就必须充分利用学生的课外时间，加强学生的课外作业量。而各科教师在布置作业时又缺乏沟通，结果就出现了学生课业负担过重的现象，也出现了小华那样对作业干脆置之不理的学生。

班主任面对这一问题时，应该向学生、家长了解其在家的学习、生活情况，并到班中了解学生每天的作业情况，特别是要与小华这样的学生积极沟通，充分了解他们每天安排的学习时间、学习方法是否正确。然后，班主任要召集各科任教师开关于如何合理给学生布置作业的座谈会。对于某些学习有困难的学生，教师要适当减少作业量或降低作业的难度，让他们做一些简单、有趣味的作业；对于学习能力较强的学生，教师则可以适当拔高要求。布置作业也要因人而异，要尽可能做到既让学生吃得饱，又不让学生感到学习负担重，力争让每一位学生在适合自己的作业中轻松快乐地学习。

如何让学生有效减负，又不打消科任教师的积极性，是班主任与科任教师协作创新的一大难题。具体的操作策略如下。

1. 提升教学水平，增强课堂实效

班主任应设法和科任教师达成共识，努力提高教学水平和教学效果，具备教学创新能力、获取和驾驭知识的能力、了解和分析学生心理的能力；提升自身的教学组织能力、语言表达能力，努力把"应试教育"改变成"素质教育"；承认学生之间的差距，多亲近、尊重、关心、帮助他们，把自己真挚的情感投到学生身上，做学生的良师益友，为学生减负，让学生有充足的课余时间做快乐的事情。

2. 和科任教师一起研究如何提升学生的学习兴趣

成功的教学不能是强制性的，而是要激发学生的兴趣。学习兴趣是学习的最好动力，兴趣能引起注意，激发情感。在教学中，不只是灵活多样的教法、生动形象地讲解能激发学生的兴趣，利用知识本身的魅力也能很好地激发学生的兴趣。

因此，班主任要和科任教师一起探讨该如何提高学生亲身参与掌握知识的情感，唤起学生对知识的兴趣，以便让他们自觉地积极开动脑筋主动学习，而不是靠重复机械作业的方式去记忆知识。

3. 合理布置作业是减负的有效途径

课外作业数量与学习成绩并不完全是相关的，有些学生作业少，学习成绩并不差。班主任和科任教师可以组成科研小组，研究如何优选作业，保证作业的质量和科学性。例如，教师可以给学生布置当堂作业。当堂完成作业，一是有利于学生趁热打铁，巩固所学；二是有利于学生质疑解难；三是有利于教师督促学生迅速完成作业，并可养成良好的学习习惯；四是增加了学生的课外活动时间，有助于学生的身心健康和个性发展。作业在课堂上及时有效地完成了，减负问题也就迎刃而解。

另外，班主任和科任教师布置的作业最好采用分层的方法，精心设计学生作业一环，适量布置家庭作业，同时要减少重复的、可做可不做的作业，努力实施分层作业。设计灵活多样的作业，重视作业的计划性。

例如，多设计实践性、活动性作业，给学生提供活动机会；多设计自主性作业，给学生提供自由选择的权利；个性化特长作业自设，给学生张扬个性提供机会；设计作业超市，给学生提供享受成功喜悦的体验，等等。

第七章　与科任教师协作创新

多尊重，广协商，齐共管

4. 理解科任教师的难处，加强科任教师在作业量上的沟通

为学生减负是好事，但班主任不能急于求成，更不能搞一刀切，而要和科任教师紧密沟通，从作业总量、学生的课余时间、承受能力等方面进行综合考量；不能用命令的方式，对科任教师下达硬性指令，以免破坏科任教师的积极性，而应推心置腹地和科任教师协商，以求找到最佳平衡点。

第八章　自身发展行为创新
重基础，擅科研

班主任是保证学校教育教学工作稳定和健康发展的关键，是班集体的组织者、教育者和指导者，是学校实施教育教学工作的得力助手。班主任思想品德的好坏，业务水平和工作能力的高低，即班主任自身发展水平的高低，以及是否具有创新行为和精神，对学生个人的健康发展，对坚强的学生集体的形成，对整个学校的教学效率和质量起着重要作用。因此，班主任要不断提高自我、完善自我，努力提升自己的专业发展素养。

第八章 自身发展行为创新

重基础，擅科研

某班主任已经对班级管理失去兴趣，对待工作也越来越缺乏热情和创新力，而且易烦躁、易怒、过敏、情绪紧张，早晨去上班常常感到畏惧。到了学校，对学生态度消极，见到学生也不愿理睬，同时对学生也没有耐心和爱心，甚至以一种冷漠疏远的态度对待学生。他对自己的职业没有成就感，感觉工作付出不少，但成绩不大，对事业追求失去信心；在工作上安于现状，不思进取，得过且过，甚至产生了放弃教师职业的消极想法。

"老师这是怎么了？"学生很纳闷。

"我这是怎么了？"班主任自己也很纳闷。

上面案例里的班主任，从表面上看，是出现了严重的职业倦怠，其根源在哪里呢？原因就在于他对自身发展没有规划，没有职业目标就容易丧失作为班主任应有的责任感、使命感，也就很难再有追求进取的信心和动力，便会出现上述种种消极反应，这不但对心理造成了不良影响，而且影响了生命质量。

振兴民族的希望在教育，振兴教育的希望在教师，在班主任。建立一支数量足够、素质优良、合格稳定的班主任队伍，是实施素质教育，推进基础教育课程改革，提高基础教育质量的根本大计。作为对学生负有主要责任的班主任，要完成教育后代的光荣使命，就必须全面提高自身的素质。

班主任要想提升自身素质，就必须注重自身发展和行为创新，并把它当作刻不容缓的大事、要事来做，做到以理性影响理性、以信仰影响信仰、以道德影响道德、以性格影响性格、以意志影响意志，促进自身职业生涯积极、健康、全面的发展。

班主任是教学工作中的崇高职业，是教书育人的最前线，是保证学校教育教学工作稳定和健康发展的关键，是班集体的组织者、教育者和指导者，

是学校实施教育教学工作的得力助手。

班级是学校总体构成的基层组织，学校的各项教育工作主要是以教学班为单位进行的。一个班有几十名学生，要把他们培养成一个坚强的集体，使每个人都得到全面健康的发展，就需要各科教师协调一致的教育，需要团队、组织的影响，需要家庭的支持，需要社会有关方面的配合。而要协调统一这些教育力量，必须有一位专门的教师来负责，这位教师就是班主任。

一个班级离开了班主任的工作，就难以发展成为一个坚强的集体；一所学校离开了班主任队伍的工作，就会成为几十个难以驾驭的学生群。

班主任是对学生进行思想品德教育的骨干力量，是联系班级各科任教师的纽带，是沟通学校教育、家庭教育和社会教育的桥梁，是学校领导对学生进行教导工作的有力助手，是学生德、智、体、美、劳全面发展的引路人。

班主任思想品德的好坏，业务水平和工作能力的高低，即班主任自身发展水平的高低，以及是否具有创新行为和精神，对学生个人的健康发展，对坚强的学生集体的形成，对整个学校的教学效率和质量起着重要作用。

一、班主任自身发展行为创新概述

班主任自身发展行为创新之所以这么重要，是和班主任肩负的使命、工作性质分不开的。

（1）肩负使命，责任重大。

班级是学校教育管理的基层单位，学校各项工作的落实，党的教育方针的具体贯彻，都是通过班主任来进行的。班主任是全面贯彻落实党的教育方针和其他方针政策的具体执行者，是社会政治、经济制度的维护者，是社会理想和社会意识形态的宣传者，是政治工作者。

党的教育方针能否全面贯彻落实，国家的教育目标能否达到，同班主任工作的好坏直接相关。

学校、教师的全部责任在于教书育人，而班主任的主要职责在于育人。班级是学校政治工作的主要阵地，学校对学生进行思想政治教育主要是通过班主任来进行的，班主任是学校对学生进行思想政治教育的骨干力量，这在

第八章 自身发展行为创新
重基础，擅科研

当前尤为重要。能否按党的要求把广大学生培养成热爱党、热爱社会主义祖国、具有共产主义理想的德、智、体、美、劳全面发展的接班人，与班主任工作有着直接的关系。

（2）对学生全面负责的舵手。

自从夸美纽斯提出班级授课制配备班主任以来，班主任便成为班级这个教育实体的组织者、领导者，成为对班级几十名学生全面负责的舵手。

班主任自接班之日起．就负有把班级组织好、领导好的责任，就承接了把全班几十名学生培养成德、智、体、美、劳全面发展的人才的使命。能否把这个班组织好、领导好，尽快把全班学生组织、团结到班集体中，并形成具有较强的凝聚力和向心力，既团结紧张又轻松活泼，既有集体的统一意志又有个人的个性飞扬的班集体；能否使全班每个学生目标一致、共同进步、身心得到健康发展，同班主任工作的好坏直接相关。

班主任如能卓有成效地开展工作，就能提高教育管理效益，很快地组织、领导好一个班集体，在优秀班主任的精心管理下，乱班也能在较短的时间内扭转混乱局面，成为好的班集体，一些"双差"生也能得到迅速转化。如果班主任工作做不好，那么也就谈不上教育管理效益，班集体也会成为一盘散沙式的乌合之众。

（3）知识的传播者。

班主任是人类科学文化知识的启蒙者、传播者，是社会精神文明和真理的播种人，是人类智慧的代表，同时又是迷信、愚昧和落后的反对者。

学生正处在长身体、学知识的阶段，他们上进心强，求知欲旺盛，有着广泛的兴趣和爱好。除课本上的知识外，学生还希望了解与认识世界、社会与人生，了解、认识人类的过去、现在和未来，了解一切领域的科学文化知识及其新理论、新科技和新信息。

一个好的班主任，除传授专业的知识外，应能尽量满足学生对知识的渴求，成为手持金钥匙的人，把学生引入知识的殿堂。

学生年龄小，思想单纯，辨别是非的能力较差，在求知的过程中，很可能分辨不清真理和谬误、科学与愚昧、进步与落后的界线，班主任应是真理的守护神，做学生探索真理、追求真理的引路人。

一个班级的学生学习态度端正与否，掌握科学文化知识的多少以及知识

面的宽窄等，均与班主任工作的好坏直接相关。一个优秀的班主任总能随时满足学生对知识的追求，不仅能教给学生丰富的知识，而且能使全班学生始终保持强烈的求知欲和高涨的学习热忱，使班集体呈现浓厚的学习气氛。

（4）心灵美的塑造者，健康个性的培养者。

教师被誉为"人类灵魂的工程师"，这既说明教师工作的高尚、光荣，更说明教师的工作职责是塑造人的灵魂。班主任尤其如此。学生的世界观尚未形成，可塑性极大，能否把全班几十个学生塑造成具有广阔的胸怀和高尚的情操，能辨真假、美丑、善恶，正直诚实、不损人利己、不弄虚作假、富有同情心的一代，能否使他们成为有健康个性、健全人格的一代，与班主任工作的好坏直接相关。一个优秀的班主任总是能以满腔的工作热情、以慈母般的爱心、以敏锐的观察力、以润物细无声的精神，陶冶学生的情操，净化学生的心灵，把美输入学生的心田，使全班学生具有美的理想、美的情操、美的品格、美的素质。

（5）学生的楷模。

善于模仿是学生的显著特点。学生在校与班主任接触最多，最尊重、信任、亲近班主任，也乐于把班主任作为自己学习模仿的对象。因而班主任的政治观点、精神风貌、工作作风、生活态度以及一言一行、一颦一笑都很可能被学生所仿效，给学生产生深刻而长远的影响。越是有威信的班主任影响越大。教师的世界观、品性、生活、对每一现象的态度等都会对学生产生这样或那样的影响。

一个优秀的班主任总是能在各方面为学生树立榜样，做出示范，用无声的行为影响教育学生，使学生受到潜移默化的教育。而一个不能身体力行、以身作则的班主任，是不能成为学生人格的榜样、道德行为的示范者的。因此，一个班的学生能否有健全的人格、良好的道德，均与班主任能否为人师表、言传身教直接相关。

（6）形成教育合力的纽带和桥梁。

班级是一种社会组织形式，和方方面面都有着千丝万缕的联系，再加上班级工作本身具有的社会性、整体性、复杂性，使得班主任必须处理好多方面的关系。

就集体而言，有班级与学校行政各部门，如教导处、德育办公室、总务

第八章 自身发展行为创新

重基础，擅科研

处之间的关系；有班级与团队、学生会等组织之间的关系；有班级与科任教师之间的关系；有班级与上下届班主任之间的关系；有兄弟班级之间的关系等。

就个体而言，有学生与班集体之间的关系、学生与学生干部之间的关系、学生之间的关系等，这些都必须由班主任加以协调和处理。

此外，还有学校教育与社区、家庭的配合和联系。

一个优秀的班主任，总能协调好班级与学校行政各部门之间的关系，使学校意志得以贯彻，保持教育目标的一致性、行为的同步性；总能协调好班级与团队、学生会等组织的关系，使各项组织活动得以顺利开展，保持教育内容的多样性、活动的整体性；总能协调好班级与科任教师、上下届班主任之间的关系，使教师之间融洽和谐，保持教育力量的群体性、教育的连续性；总能使学校教育与社会、家庭密切配合，取得家长和全社会的关心和支持，使社会、家庭、学校这三大影响学生发展的因素发挥好各自的教育作用，共同担负起培养"四化"接班人的神圣职责。

班主任工作如此重要，每一个热爱教育事业的人民教师，尤其是青年教师，都应该把班主任工作作为自己的一项光荣而高尚的任务和责任，加强思想品德修养，热爱学生，乐于为学生服务，学会做学生工作的本领，争做一名优秀的班主任。

（一）班主任自身发展行为创新的重要意义

2006年6月4日，《教育部关于进一步加强中小学班主任工作的意见》明确指出，"班主任岗位是具有较高素质和人格要求的重要专业性岗位"，"班主任队伍建设与任课教师队伍建设同等重要"。这一提法对于加强班主任队伍的专业化建设具有十分重要的意义。基础教育要体现教育的未来性、社会性和生命性，要促进人的全面发展，要使学生学会认知、学会做事、学会合作、学会生存。

现代教育意义上的班主任专业素养主要包括较好的教学技能、充足的教育方法理论、较强的组织能力和策划能力、对所在班级有充分认识与研究。随着社会经济的迅猛发展，班主任在学生素质发展中的地位与作用日益受到人们的关注，素质教育背景下的班主任角色与功能正在经历深刻的变化，体现出多元性特征：合格的"科任老师"、班集体建设的"策划者、管理者"、学生的"精神关怀者"等，以"重要他人"的形象、"平行、平等"的身份存在的一个"模范"。

教育是事业，事业的意义在于奉献；教育是科学，科学的价值在于求真；教育是艺术，艺术的生命在于创造；教育是人生，人生的真谛在于发展。

在"以学生发展为本"的新形势下，班主任更要不断提高自我、完善自我，努力提升自己的专业发展素养。

班主任注重自身发展行为创新的重要意义有以下几个方面。

1. 有利于提高班主任的社会地位和学术地位

班主任社会地位和学术地位的提高，与党和政府的重视，与社会、家庭的信赖有关。但是，仅靠改善待遇和提高声誉是远远不够的。班主任只有自己行动起来，努力提高专业知识和专业能力水平，使自己从经验型的班主任向研究型的班主任发展，使自己的专业成熟程度不断提高，真正成为训练有素的不可替代的角色，才能从根本上改变班主任的职业形象，提高其社会地位和学术地位，使班主任工作成为令人尊敬和羡慕的职业。

班主任要提高自己的社会地位和学术地位，就要树立终身学习的思想和教育科研意识，彻底改变专家学者搞科研、班主任搞实践的传统观念。班主任必须持之以恒地参与进修学习和教育科学研究，把自己的一切教育行为作为批判和反思的对象，不断改进自己的教育方法，"融专业服务与专业研究于一体"。班主任要表现出"实践者即研究者"的特征，把班主任工作理论与自己的实践有机结合起来。学习和科研对于班主任来说意味着确信自己有能力构建知识体系，改进实践方法，成为教育文化的创造者。

2. 有利于提高班级德育和班集体建设的水平

影响班级德育和班集体发展水平的因素有很多，有学校校风的影响，有班级实际水平的制约，有学生自身素质的限制，有班级教师群体合作程度的推动，等等。但是，班主任工作才是班集体建设的关键因素。

班级德育和班集体建设与管理是一项极其复杂、专业性很强的工作，不仅需要先进的教育观念的先导作用和班主任人格力量的支撑，而且更需要班

第八章　自身发展行为创新
重基础，擅科研

主任的教育智慧和专业能力。学生要成为合格的人才，班集体要由"松散群体"朝着"成熟班集体"发展，班主任必须处理好班主任"教育主体"与学生"学习主体"的关系，"刚性管理"与"柔性管理"的关系，以及"物化环境"与"心理环境"的关系，只有这样，学生的思想品德和班集体发展水平才能得到迅速提升，即班主任的专业成熟程度与学生思想品德提高和班集体发展速度、发展水平成正比。

3. 有利于促进学生"全面发展基础上的个性发展"

"全面发展基础上的个性发展"是素质教育追求的目标，也准确地体现了素质教育的要求，即以德育为核心，培养学生的创新精神和实践能力。

无数实践证明，班主任的专业素质越高，学生素质提高的速度就会越快。素质教育本来就是以人格育人格、以素质育素质、以能力育能力的事业。班主任不仅要通过自己的教学工作体现教书育人，通过自己对班级的组织管理体现管理育人，而且要在为学生发展服务中体现服务育人。但要为学生服务好，班主任就必须让自身行为有长足的发展。

4. 有利于推动教育改革

随着经济社会的深刻变化、教育改革的不断深化，班主任在工作中不断涌现出的新问题、新情况，给当今班主任工作带来了前所未有的新挑战，同时也给班主任工作提出了更高的要求。

作为一名合格的班主任，应该具备怎样的专业素养才能适应当今教育改革的发展需求，适应有效开展学生思想道德教育的需求，是当前应着手解决的关键问题。只有班主任的观念更新了，综合水平提高了，能力增强了，这样的改革才会得以持续发展。

（二）班主任自身发展行为创新的基本内容

1. 修炼崇高的职业道德

为师先做人，育人先正己。班主任的道德素养，是指班主任根据社会的要求和教育工作的需要，通过自觉学习和参加社会实践，提高自己的思想认识水平和理论水平。一个品德高尚的班主任可以在教学工作中通过自己的行动，把奋发向上、乐观无畏的进取精神，勤奋刻苦、严谨求实的治学作风，

正直诚实、任劳任怨的高尚品德传授给学生。因此，古今中外教育家都主张"以德立教""师德为先"。良好的道德修养，有利于全面塑造班主任的形象，发挥班主任道德的育人功能，从而促进学校教育教学工作的顺利进行，实现学校的教育目标。

2. 坚持终身学习，不断完善自己的知识结构

未来的文盲不仅是指没有知识的人，还包括不会学习的人。未来社会唯一持久的优势是能比竞争对手学习得更快更多。面对知识呈指数激增的时代，面对信息浩如烟海的时代，面对知识更新速度日益加快的时代，不会学习的人就会落伍，甚至被淘汰。

班主任作为教育管理学生的骨干力量，只有终身学习，不断完善自己的知识结构，才能准确把握现代社会的人才观，才能准确把握当代中小学生的身心发展规律，才能把握来自不同家庭的学生的个性差异、学习差异和发展差异，从而做到有的放矢、因材施教，适应不断变化的教育、社会和时代，创新教育方法，做好班主任工作。

对于班主任而言，完善的知识结构应包括以下几个方面。

（1）基本的政治理论知识。

《中共中央国务院关于深化教育改革，全面推进素质教育的决定》中指出："思想政治素质是最重要的素质。"而加强政治理论知识的学习是提高班主任思想政治素质的重要环节。

班主任应努力学习马克思主义哲学、邓小平理论等重要思想及科学发展观理论，学会用辩证唯物主义的立场、观点和方法分析问题、解决问题，指导自己的教育教学和班级管理实践。此外，还要加强近几年颁布的教育文献和法规的学习，如《中国教育改革和发展纲要》《中华人民共和国教育法》《中华人民共和国教师法》《中华人民共和国未成年人保护法》《中华人民共和国预防未成年人犯罪法》等，提高自己的政治理论知识水平。

（2）精深的学科专业知识。

中小学班主任一般都要承担一定的教学任务，因此，班主任在专业知识方面要有很好的基础，要确有真才实学，真正做到全面、系统掌握所教学科的知识。正如苏霍姆林斯基所说："应当在你所教的那门学科领域里，使学校教科书里包含的那点科学基础知识，对你来说只不过是入门的常识。在你科学知识的大海里,你所教给学生的教科书里的那些基础知识,应当只是沧海之一粟。"厚积才能薄发,知识背景越雄厚,越能精要而深入浅出地教授学生知识。当前处于科技高速发展的时代,各门学科的专业知识的发展和更新速度都很快。现在许多学生知识视野广阔,常常向教师提出许多没有涉猎的知识问题,这对教师的专业知识就是一种挑战。因此,班主任不仅要自觉学习掌握所教学科最前沿的知识信息,还要了解最边缘学科的相关知识,以不断增加自己的专业知识储备。

(3) 广博的科学文化知识。

马卡连柯说过:"学生可以原谅教师的严厉、刻板甚至吹毛求疵,但不能原谅他的不学无术。"

新时代的学生,思维活跃、求知欲强,接受新事物特别快。班主任如果能在专业以外的其他方面给他们以指导、影响或支持,就更容易沟通彼此之间的心灵,从而赢得学生的信赖和敬重,促进素质教育的发展。从某种意义上讲,没有全面发展的班主任,就很难培养出全面发展的学生。

(4) 切实的管理科学知识。

班级是现代学校开展教育、教学和管理活动的基层组织,班级管理工作是学校管理工作的基础。班主任是学校班级的直接管理者,要做好这项工作,除了需要丰富的班级管理经验,还必须掌握一定的管理科学知识,并把它们运用在班级管理上。只有这样,才能在班级管理工作中少走弯路、少犯错误,加强班级管理的主动性、科学性,克服班级管理的盲目性。

3. 具备现代教育观念

班主任要遵循"德育为首,教学为主,素质为本,全面发展"的原则,打破按部就班、照本宣科、封闭落后的教育模式,向开放型、高新型、创造型特色教育迈进,立足提高全民族的素质,面向全体学生,促进学生的全面发展。

(1) 把教育学生做人放在首要位置。

班主任要把德育放在首要位置,树立育人为本的思想。坚持教会学生做人比教会做学问更重要的原则,引导学生先学做人,再学做学问,让学生学会做文明人、做中国人、做现代人、做一个人格健全的人。

(2) 树立所有学生都是能够教育好的信念。

传统的观念认为，学生的成绩有优秀的、中等的、差的，这是很自然的，而且有的班主任认为学生成绩的好坏与学生的天赋有关，成绩不好的学生脑袋"笨"。但很多实验结果证明，学生成绩的好坏与学生的智力因素没有太大的关系，而与班主任的教育是否得法以及学生的学习环境有很大的关系。

因此，班主任要改变传统的教育观念，把所有学生都看成是优秀的学生，只是潜力还没有被挖掘出来。只要帮助学生端正学习态度，促使他们认真努力学习，他们照样可以在各方面做得优秀。

(3) 树立师生平等的观念。

在传统的教育观念中，班主任是真理的化身，是权威，是班级的主宰者，学生是知识和道理的容器，乖乖听教师的话才行。在这样的班级氛围中，学生怎能有健全的人格？现在的学生独立性、自主性明显地增强，对人格自由发展充满渴望，充满热情。因此，班主任不应以唯我独尊的姿态俯视学生，操纵班级的一切活动，而应从指挥者变为引导者，以激励取代训斥、扶持取代包办、民主取代操纵。班主任要尊重学生的人格和自尊心，要平等地对待每一个学生，这样才能使学生在学习和生活中有愉悦感、安全感、尊严感，在这样的环境里，人的潜能、智力才能得到充分的发展。

(4) 具备包容心。

班主任对后进生要有一颗宽容心。教育的重要任务是挖掘学生的潜能，而每个学生的潜能是不一样的，因此班主任对学生要因材施教，让他们各展其长。在这方面，班主任要把握好两点：一是要求学生德、智、体、美全面发展，但不能要求学生平均发展，要求学生每门课都要得高分，这是不现实的；二是要教好每个学生，但不能要求每个学生都按照一个模式去发展，而是要开发学生不同的潜能，发展每个学生不同的长处。

4. 修炼、提升多种能力

班主任工作的特殊性和重要性决定了班主任除了具备普通教师的有关能力之外，还要具备较强的组织管理能力等。具体地说，班主任在专业发展行为创新上，还要修炼以下几种能力。

第八章 自身发展行为创新

重基础，擅科研

（1）组织能力。

即组织集体开展各项活动，充分发挥每位学生尤其是班委会的先锋模范作用，发挥班集体的自我教育功能。班干部是班主任和学生之间的桥梁和纽带，是班主任的得力助手，他们身处学生之中，对学生之间的任何信息了解得最直接、最清楚。所以，要培养和使用学习优秀、处事能力强、整体素质高、在学生心目中威信高和对班主任非常知心的学生担任班干部，并给他们一定的职权。但是，班主任对班干部一定要严格，不能因为是班干部，就另眼看待，否则班级中的其他学生对班主任就会有意见。班主任要让学生明白，班干部对班级的管理是为了自己的班级的整体荣誉，而不是为了自己的利益。

（2）个别教育能力。

班主任工作的对象是全班学生，班主任尤其要具备转化后进生和失足学生的能力。因为这些学生同样是班级中的一分子，他们转化得是否成功从某种程度上直接影响整个班级管理水平。

（3）创新能力。

新形势会产生许多新情况、新问题，班主任要能够结合学生实际、班级实际，富有创意和成效地开展工作。班主任要既能独当一面，又能审时度势、科学、高效地拓宽创新思路，形成班级品牌特色。这种创新主要体现在育人观念、管理手段、班级特色等方面，班主任要既能创造性地执行学校决策，又能创新自己的班主任工作。

（4）协调能力。

班主任特殊的角色决定了班主任还必须具备协调能力，即协调自己与班干部、学生的关系，协调科任教师与学生的关系，协调学生与学校的关系，协调自己与其他科任教师的关系，等等。在实际工作中，班主任对各方面关系协调得好不好会在很大程度上影响到班集体教育的水平。

（5）调研能力。

调查研究是最基本，也是最有效的工作方法。班主任深入细致地走入班级，了解学生，研究学生并及时总结工作得失，同时不断反思，思考提炼，整理成文，有助于提高自身素质，提高班级管理水平。班主任的专业化发展是一个目标，是一种追求，也是一项事业，需要班主任在教育教学调研、实

践中体会和感悟。

(6) 亲和力。

班主任应具备营造一种和谐、融洽关系的能力。亲，就是做到平易近人，能够走进学生的内心世界，同时又要保持一定距离，做到亲而不腻、敬而不随；和，就是要宽恕、包容，给人一种长者、智者的印象。

班主任工作的对象是有感情、有思想、有自身行为能力的人，在处理好与学生关系的同时，班主任还要和学校领导、学生家长处理好相应的关系。班主任处在一个巨大的关系网中，人与人之间是靠一种关系维系的。师生关系是班主任需要处理的最重要的关系，如何处理好这种关系，需要班主任在思想、道德、心理、性格等方面站得高、看得远，又具备融入其中、合为一体的亲和力，并且让学生乐于接受教导。

(7) 执行能力。

是指班主任理解、贯彻、执行、完成各项工作任务的能力。要求班主任能够做到理解到位、表达清晰、措施有效、效率很高、达成目标。学校的工作是从全局利益出发布置的，有时不一定能照顾到方方面面的情况，这个时候就需要班主任保留意见，坚决执行学校的任务，就才是最佳选择。

(8) 掌控能力。

班主任要具备预测、应变、处突和自控的能力。预测，就是要根据学生身心发展规律能够提前预知可能发生的事情。自控，就是"喜怒不形于色"，或者喜怒掩盖本色。在管理过程中，随时都可能出现难以预料的事情，班主任要应变、处突，避免事态进一步发展，这是班主任的必备能力。

5. 要掌握和运用现代教育技术

班主任必须改变"一支粉笔一本书，一间教室一班娃"的教育模式。高科技的发展，必将为教育带来先进的教学设备和科学的教育手段。因此，班主任要认真学习现代教育技术，学会使用先进的教育设备和仪器，掌握现代化的教育手段和瞬息万变的教育信息。

(三) 个别班主任自身发展行为创新不到位的原因

个别班主任自身发展行为创新不到位的原因大致有以下几种。

第八章 自身发展行为创新

重基础，擅科研

1. 少数班主任对自身发展行为创新认识和理解不到位

有的班主任把专业发展等同于专业学习，认为教师专业发展已在职前完成，职后学习并不重要；有的班主任认为自己的专业发展水平已经比较高了，没有再发展的必要；有的班主任认为教师专业化作用不大，并不能提升自己的教学水平和业务能力；有的班主任甚至认为班主任专业发展行为创新是增加自己的负担，是瞎折腾等。

这些错误的理解与认识极大地阻碍了班主任的专业发展，也因此决定了班主任对自身专业发展态度的各不相同。有的消极对待，不积极参加有关专业发展的学习与实践，怀疑教育理念的科学性、正确性；有的应付，对专业发展学习不重视，别人参加我参加，别人学习我学习，到底为什么学习、怎样学习，他们很少关心；有的叶公好龙，表面上热情，实际上冷漠，只做样子给别人看，说起来重要，做起来次要，忙起来不要。

2. 对自身发展行为创新有排斥心理

个别班主任不是不重视专业发展，而是不具备专业发展行为创新的能力。长期规范重复的生活方式使个别班主任成为制度和规范的仆人，在这种生存方式下，他们逐渐失去了创新精神和进取心，认为诸多的理论难以指导自己的实践，对学习有抵触情绪。有的学习能力低，不能有效掌握现代教育理念；有的实践能力低，不能把所学的理论用于教育教学实践；有的不能有效地进行教学反思，教育实践只停留在经验阶段，对丰富多彩的教育现象不能抽象概括，对教学实践缺乏总结提炼，对教育行为缺乏理论思维，对名家缺乏审视批判，不能成为真正的教育家。

3. 职业倦怠的制约

班主任的职业倦怠通常表现为精神疲惫、体力透支、无成就感、无教师职业荣誉感，工作上不思进取，情绪上焦躁不安，人际关系紧张。

职业倦怠是班主任在多年的工作中一点点地积累起来的，是多种因素综合作用的结果，是班主任在工作过程中很难避免的一种现象，它与班主任个人素质没有必然联系，但却是教师发展的大敌。

4. 存在师德缺失

个别班主任的职业道德出现了缺失，他们或进行有偿家教，或不秉持公

平公正，或体罚、变相体罚学生。班主任的这些行为不但造成了恶劣影响，还在这种错误思想的支配下，严重阻碍了自身发展的进步。

5. 社会环境因素的制约

班主任的社会经济地位、全社会对学校以及班主任的认可程度、教育行政部门和学校对班主任专业发展的政策导向、奖励制度等，都会影响班主任个体的成长。

（1）经济待遇低下。

班主任待遇是其专业发展的物质基础。一些地区对班主任的职业待遇较低，既不能吸引优秀人才从事教育工作，也阻止不了优秀和比较优秀的班主任跳槽或流向沿海经济比较发达、收入较高的学校和地区。这种现象还会对在岗的班主任造成冲击，使他们难以安心本职工作，或得过且过，或兼职其他工作。

（2）社会地位低下。

近几年来，由于一些地区生源的减少，学生成了学校争夺的对象。一些学校为了生存，不得不要求教师放下架子到学生家里招生，而家长则往往把走访班主任视同保险公司的业务员，个别素质低的家长甚至不让走访班主任进门，根本不把班主任当回事，让一些班主任行事时越来越尴尬，加之某些新闻媒体对班主任教育的某些消极现象肆意夸大，以偏概全，恶意炒作，使不少班主任在管理学生时不知所措，顾虑重重，生怕一不小心成了曝光的对象。

有的家长甚至把因家庭原因造成的学生出走也归过于班主任，甚至一些责骂班主任的事也时有发生。面对气势汹汹的家长，班主任有理无处讲，有苦无处诉，成了需要保护的弱势群众。他们开始对自身价值甚至对自己从事的职业产生怀疑甚至否定，自信心、职业自豪感和工作积极性普遍下降。一个没有职业自豪感的班主任又如何来发展自己呢？

6. 学校管理因素的制约

学校是班主任进行教育教学工作的主要场所，更是教师专业发展的主阵地。学校的工作氛围、管理机制、制度建设等，对班主任的专业发展起着重大影响作用，学校是教师专业发展的生存土壤。

第八章　自身发展行为创新

重基础，擅科研

(1) 学校人文环境不乐观。

一些学校的管理者一味以冷冰冰的数字和管理制度去约束、监督、评价班主任的工作，挫伤了班主任的工作积极性。班主任常常处在惶惶不可终日的高压环境中，心理压抑，工作缺乏积极性、创造性。

教师之间的互相猜疑、单打独斗、各自为政，也让班主任感到心灰意冷，丧失了继续发展的激情与动力。

(2) 工作负担过重。

随着一批批老教师的退休，新的教师队伍缺乏必要的补充，一些学校只得让班主任分担教学任务，使相当一部分班主任超负荷工作。但人的精力是有限的，长期的超负荷工作，使很多班主任心力交瘁，处于亚健康状况，正常的教学工作都做不完，也顾不上其他，何谈专业发展。过重的负担，不仅透支了教师的身心健康，而且透支了教师的工作热情和奉献精神，透支了教育可持续性发展的潜力。

二、班主任自身发展行为创新案例及养成策略

(一) 提升思想素养，修炼崇高师德

她从教33年，任班主任33年。她爱教如命，爱校如家，爱生如子。她从一个中师毕业生，成长为中学高级教师；在普通教师岗位上，摘取了全国优秀教师殊荣。她微笑面对生活的艰难，在丈夫患严重精神疾病10多年里，只身扛起家庭重担，帮助丈夫治病康复，把儿子培养成中科院研究生。

她就是董晓荣，全国优秀教师、武汉市第二届功勋班主任等殊荣的获得者。她用生命烛光，照亮莘莘学子成长道路；她用爱的奉献，谱写了一曲新时代的师魂颂歌。

1. 她用母性的光辉温暖每一个孩子的星空

2013年6月，53岁的董晓荣老师因患胰腺癌在武汉同济医院住院治疗。在手术前后一个星期里，有300多名学生闻讯赶到医院探望，他们中的许多人是乘飞机、坐高铁从外地赶回的。有的学生为了看望老师，推迟出国。

一束束鲜花，一声声祝福，学生们含泪发誓，要用爱的回报传递正能量，帮助他们的老师战胜病魔，早日重返校园。因为他们知道，这位被他们在心底称为妈妈的老师，离不开她所热爱的教育事业，她的生命属于教育，她一刻也不能离开她的学生。

1985年，董晓荣老师从汉阳师范毕业留校任教，这个在汉江边长大的农家女孩终于实现了自己儿时的梦想。从教的第一天，她在日记里写道："我要珍惜教师岗位，把我的生命融入我热爱教育事业，我要做一名学生喜欢的合格老师。"

在董晓荣老师33年的教学生涯里，她把对人民教育事业的热爱融入到自己生命里，融入到自己教育教学的具体工作中，融入到对孩子们无微不至的关爱上，她用生命践行了自己的诺言，她用热爱实现了自己的梦想。

她深信，没有爱就没有教育。她把热爱每一位学生当作是自己的天职，也是对职业道德的基本要求。

董老师说："我对教育的理解就是一个字：爱。"

她真心实意地去爱每一位学生，把特别的"偏爱"奉献给特别需要关注的那些所谓的后进生。从学习指导到生活帮助，从不良习惯纠正到良好品行养成，她给有梦想的学生以梦想；她给缺少自信的学生以自信；她给需要帮助的学生以帮助，她像母亲一样无微不至地关怀她的学生，她用母性的光辉温暖孩子们稚嫩心灵。

2009年春节，董老师突然发现小沫同学不在家过年，一个人跑到学校寝室看书。家庭贫寒的小沫学习勤奋，董老师知道这孩子是不愿让"过年"影响自己学习。她就把小沫接到自己家中，腾出一个房间供她学习。那个寒假，小沫吃住在董老师家里，那年高考，她以全年级第一名的成绩考上重点大学。毕业后来看望老师时，小沫同学搂着董老师哭泣着说道："董老师，请您允许我今后喊您妈妈。"

在董老师教过的学生中，他们在心底用妈妈代替老师称呼她，他们像敬重自己的母亲一样敬重她。小攀同学在作文中写道："董老师是我读书十多年来遇到的最善良、最负责的老师，她像妈妈！"

2010年，董老师接手高二（10）班，发现小攀一开学就接连三天迟到早退。董老师没有简单地责怪这名调皮学生。星期天，她来到小攀家走访，得

第八章 自身发展行为创新
重基础，擅科研

知小攀的父亲是个盲人，脾气粗暴，母亲没有多少文化，一个人承担着全家的生活重担，小攀从小就缺少家庭温暖和良好教育。

回校后，董老师多次找小攀谈心，鼓励他克服困难，通过知识改变命运。董老师不仅帮助他分析学习情况，教授他学习方法，还指派一名学习成绩优秀的学生与他同桌。在生活上，董老师对他更是细心关照。很快，小攀的组织纪律性增强了，学习兴趣逐渐提高，学习成绩也有了很大提升。一天早晨，小攀刚要去吃早点，上课铃响了，他掉头就向教室跑。这一幕让董老师看到了他的转变。下课后，董老师把一碗水饺、两个包子送到小攀手中。小攀说："每每想起那一碗水饺和两个包子，心里就会莫名升腾起一股暖流，在心里悄悄喊一声董妈妈。"

爱，是一份责任。这份责任沉甸甸。

高一新生染网瘾的多，常翻墙出校泡网吧，这是让老师和家长最头疼的事情。董老师就每天早早到校，很晚回家，采用盯守战术，不给学生一次逃课出校机会，帮助他们慢慢戒掉网瘾。还有学生出现抽烟、早恋等坏毛病，董老师也是通过盯守战术，早发现，掐苗头，未雨绸缪，防患于未然。很多家长发自内心地说："我们家长做不到的事情董老师做到了，她的责任心真了不起！"

爱，是一份信任。这份信任同样沉甸甸。

2009年，学校分配董老师本科升学指标的任务是6个，而她所带的班最终却有42人考上本科。董老师就是有这种点石成金的本领。很多调皮学生，到了董老师班可以慢慢变成优秀生；很多升学无望的学生，到了董老师班升学机会大增。正因如此，只要董老师带高一，打招呼、开后门，想把孩子送她班上的人最多。曾经有一年申请到董老师班上的新生达到180多名，结果，董老师班的学生达到了86人。

2. 她用全部的热情守望一份爱的事业

2010年暑假，湖北省重点示范高中赤壁一中经省教育厅推荐，邀请董老师到该校传授班主任工作经验。董老师呵护学生自尊、帮助学生建立自信、引导学生自立的"三自"育人模式，引发同行共鸣，得到他们肯定，在2个多小时的演讲结束时，200多名教师以长达5分钟的掌声，向董老师表达敬意。

在武汉蔡甸区实验高中，董老师是一个爱琢磨、肯钻研，在教育教学研究领域永不满足、不断创新的老师。"三自"育人模式就是她几十年摸索并不断更新的教育教学研究成果，在区很多学校得到推广。

蔡甸区实验高中是一所普通高中，学生在家庭经济收入、学习成绩、性格、品行等各方面差距都很大。董老师在重视个体差异、因材施教的同时，以师者胸怀，用人人都可以成才的眼光看待每一个学生，帮助每一个学生。她努力发现学生优点，激发学生潜能，调动学生学习主动性，千方百计保护学生自尊心，使她的学生人人受爱护，人人有自信，人人求上进，人人有进步。董晓荣老师的教学词典里没有差生这个概念，她绝不让一个学生掉队，不让一个学生受到伤害。她让所有学生共享阳光，让所有学生幸福成长。

2007年，董晓荣老师所带班级准备学校一年一度的体操比赛。在生理和智力方面存在缺陷的借读学生小李因反应迟钝、动作不协调，在训练中拖了全班的后腿，着急的班干部建议不让小李参加比赛。董老师对学生们说："生理和智力的缺陷是他的不幸，不是我们放弃他的理由，作为我们中的一员，我们不仅不能歧视他，抛弃他，反而要帮助他和我们一样做好操。没有他参加比赛，那是对他自尊心的伤害，也是对我们集体荣誉感的羞辱，即使得了第一，也不会带给我们骄傲。"

董老师不仅坚持让小李参加训练，还专门为他开小灶，陪他训练。一个月后，董老师的班获得了体操比赛冠军。通过这次比赛，自尊心得到呵护的小李在以后的学习中异常刻苦，被家长担心能否拿到毕业证的他，奇迹般地考上了一所本科学校。

还有一次，学校举行演讲比赛，同学们踊跃报名，董老师却挑选了两名学习成绩一般、口头表达能力较强的学生代表班集体参赛。同学们议论纷纷，两名学生怕表现不好给班集体丢脸，也提出换人。董老师坚定地说："你们一定行，我不会看错人的！"

董老师不仅鼓励他们坚定必胜信心，还细心指导他们做充分准备。比赛结果出来，两名学生在演讲比赛中获得了第一、第三的好成绩，为班集体争得荣誉。通过比赛，董老师帮助这两名学生发现自我、建立自信，使他们的学习成绩也飞速上进，双双考取了一本大学。

董老师是一个言行低调的人，与人和气，从不争强好胜。但是她在实验

第八章　自身发展行为创新
重基础，擅科研

高中的 15 年里，只要是她所带的班级，在学校举行的各项文体比赛中总是能拔得头筹或位居前列，之所以能取得如此骄人的成绩，关键就在于董老师十分重视培养学生的自立能力。她通过组织学生参加学校的文体活动，培养学生的集体荣誉感，锻炼学生的自我管理能力。

被称为董氏教育法的"三自"育人模式，有极高的学术成就，有很大的推广价值。但要在推广中收到良好的教育效果，需要教育者付出比常人更多的艰辛，需要教育者具有无私奉献的精神。它需要用尊重呵护学生的自尊，它需要用信任培养学生的自信，它更需要通过教师的示范，帮助学生培养自立能力。

董老师在学生教育和管理上，十分注重示范效应，在纪律上以"严"示范，在学习上以"勤"示范，在困难面前以"韧"示范，在人际交往中以"谦"示范。董老师的家离学校很远，但一年四季，她几乎总是第一个到学校。她说："我不是做给学校领导看的，我是暗示学生，老师很早到校，你不能迟到。"

学校公共卫生，董老师带的班做得最好，那是因为董老师一直坚持和学生一起做，给学生做示范。她说："我这样做也是暗示学生，老师在干，你不能看。言传身教，言传很重要，身教也很重要。"

董老师在对年轻教师的传帮带上，在学校的师风师德建设上都善于言传身教。2011 年，陈玲老师第一次带高三语文课。一次，区教研室指定的诗歌鉴赏专题公开课的任务落在了陈老师身上，这让陈老师很紧张。董老师通过察言观色，发现了陈老师的不安，就主动把自己多年积累的教学资料借给陈老师作参考，并和她一起备课。陈老师顺利通过公开课后找到董老师，主动拜她为师。几年来，在董老师的指导下，陈老师进步很快，成了学校的骨干教师。

董老师在工作上不拈轻怕重，不讲条件，不怕吃苦。2011 年，同事尹老师骑自行车上班时不小心摔成骨折，所带高三一个班的语文课需要找人顶班，教务处找到了董老师。董老师二话没说、坦然接受。这一年，身高不足一米六，体重不足 40 公斤的董老师带一个高三班主任，教两个高三班语文，需要她付出的辛劳可想而知。

3. 她用生命的纯洁谱写一曲师魂的颂歌

2009年，是作为高三班主任兼语文老师的董老师最艰难的一年。患精神疾病的丈夫又一次病发住进武汉精神病医院，需要她看望；在武汉外语学校上学的儿子面临高考冲刺，需要她关照，而高三迎考备战阶段也是最消耗老师精力的关键时刻。每周只有周六董老师可以抽出半天时间去看望丈夫和关照儿子。

一大早，董老师就开始煨排骨汤，接着，她要赶头班车到武汉外校，让孩子上早自习前喝上热热的排骨汤，这带着母亲体温的排骨汤，让小小少年很小就体会母亲的艰辛、坚强和爱。再接着，董老师转车到武汉精神病医院，看望丈夫，为他清洗衣物，陪他聊天。能给她自主的时间真的不多，半天时间过去了，她重新回到学校。

有一次，学生们发现董老师脸上有青一块紫一块的瘀伤，很是关切但不敢问。原来，那天董老师看望丈夫时，丈夫不肯吃药，她就偷偷把药磨成粉放进饭里，结果丈夫发现后揪着她的头发就是一顿猛打。其实在丈夫犯病的10多年里，董老师不知道被丈夫打过多少回，她从不责怪丈夫，她知道丈夫是病人，正承受着病魔折磨。她也从不因家事耽误工作，影响学生的前程。

丈夫要看病，孩子要读书，董老师的家庭经济并不宽裕，甚至有时还很拮据。但她从不向学校申请帮助，相反，她还尽一切可能帮助需要她帮助的学生。冬天，她为贫困学生买棉鞋；夏天，她为住宿学生买蚊帐；班上有学生到武汉学习美术，她亲自送到学校，并给他们买竹席、水桶；学生生病住院，她带上慰问品上医院看望；学生缺少学习资料，她及时帮学生购买并送到学生手中。

被评为武汉功勋班主任后，她把1万块钱奖金捐给学校，用于奖励优秀学生。在实验高中的15年里，她先后资助学生3万多元，100多位学生得到董老师爱的关怀。

2013年高考，作为监考老师的董晓荣感到身体非常不适，出现呕吐现象。在坚持完成监考工作后，她到市区几所医院做检查。最后武汉同济医院确诊为胰腺癌。

董晓荣是一个非常热爱生活、珍惜生命的人。每天晚自习，学生在课堂复习，她就到操场慢跑。不带高三的假期里，她买回很多光碟学习楚剧。她

第八章　自身发展行为创新

重基础，擅科研

爱唱歌，在办公室也能经常听到她的歌唱。她阳光，她微笑，但阳光没能驱散疾病的雾霾，微笑没有赢取上天额外的关照，她终于病倒了。

一个坚强的人，疾病是打不倒的。面对绝症，她笑着对看望她的学生说："这次我可能真的给专家教授出了一道难题，他们也许找不到答案。"她的坚强和乐观感动了在场的每一个人。在进手术室前，她给儿子交代了几件事情："让学校领导找人代课，不要影响学生学习；班上有两位学生没有领上校服，请学校解决；如果我没能走下手术台，好好照顾你爸爸，这辈子他很不容易。另外把看望我的朋友、亲戚、学生送的慰问金退还给大家。"

一个大爱的人，在身患重病的时候，想到的还是别人，不是自己。她心里装着大家，唯独没有自己。

董老师在医院接受治疗期间，区委、区政府指示区教育局要不惜一切代价挽救董老师的生命，帮助她早日康复。区教育局党委作出决定，在全区中小学校开展向董晓荣同志学习的活动，一个学先进、铸师魂的热潮在知音故里掀起。

人生有爱，事业如歌。对教育的热爱，成就董老师如歌的事业，也带给班主任们一些宝贵启示：我们都是中国梦的追梦人，圆梦者，我们需要把个人梦想融入到中华民族复兴的伟大梦想之中；我们需要仰望天空，脚踏实地，在平凡的岗位建功立业；我们需要用我们全部的热情和爱去拥抱这个伟大的时代，与梦同行，事业如歌。

作为一名教师，首先是要用品德的修养和情操的高尚约束自己的行为、作风要检点，约束自己的道德、品质要正直，约束自己的生活作风要正派，即可以立于讲台的品德修养之人，才可以成为教师。教师师德的主要内涵为爱岗敬业、关爱学生、教书育人、为人师表。

上面案例里的董老师用自己的行动和生命做到了这一点，可谓是师德典范、班主任的楷模。

师德是班主任和一切教育工作者从事教育活动必须遵守的道德规范和行为准则，以及与之相适应的道德观念、情操和品质。优良的师德师风建设是一所学校发展的重要思想动力，也是班主任自身职业发展行为创新的关键。

班主任提升自身师德水平的策略主要有以下几种方式。

1. 要热爱自己的学生

爱学生，才会真正关心学生，如果班主任只是把学生当成自己评优树先的工具，就缺乏与学生交流的平台，最终也就无法从教育的角度去培养班里的学生。

2. 要有良好的素养

学生毕竟是未成年人，他们接受的家庭教育各不相同，所以对于同一件事的反应也会各不相同。对那些不能很快接受班级氛围的学生，班主任应该给他们机会让他们赶上来，而不能呵斥和打击，使他们与我们的教育目的背道而驰。

3. 要有敏锐的洞察力

每个学生作为一个个体，每天都在变化之中，作为一名合格的班主任，必须时刻关注学生的变化，及时作出教育方式的适应性调整，而不能等到事情超出了自己的控制范围才采取行动。

4. 要有足够的耐心

教育不是一时半刻就能完成的，所以教育的效果也不会在短时间内显现出来，这就需要班主任付出相当的精力和耐心，来帮助学生逐渐取得进步。即使是学生一个小小的进步也是值得班主任肯定的。当然，如果学生反复犯错也不稀奇，作为班主任，要帮助他们减少犯同样错误的几率，使他们逐渐成为合格的人才。

5. 要学习和具备足够的教育心理学知识

生长在信息化时代的学生，了解的信息五花八门，他们的心理状况也变得越来越复杂。班主任要想从教育的角度帮助学生成长，不了解学生的内心，就无法取得效果。因此，班主任要通过多种途径，加强对学生心理方面的研究，才能有的放矢对学生进行教育。

(二) 搞好职业规划，奠定坚实从教基础

案例一：从自身找差距，制订提升规划

班主任这个职业，社会、家庭、学校和学生都赋予了它太多的责任和期

第八章 自身发展行为创新

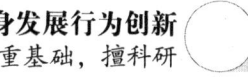
重基础,擅科研

盼,也承载了太多的压力,人们用很多美好的词来修饰它,像红烛、春蚕、园丁,增加了很多神圣的光环,也多了很多苛责。

很多班主任都在默默无闻地努力奋斗,而功成名就的寥寥无几,某班主任就常常思考:自己的教育生涯该如何度过呢?

通过分析、反思,他认为,要让自己的职业发展行为更具创新性,就要先为自己制订科学的规划。因为,凡事预则立,不预则废。机遇总垂青于那些有准备的人。

为此,他根据自己目前的状况,制订了一个3年计划,并决定按照计划,终身学习,不断提高,不断进步,不让班主任的职业生涯变得碌碌无为。

一、对外部环境进行分析

1. 关于教育。

胡锦涛同志曾对教师提出四点希望:爱岗敬业,关爱学生;刻苦钻研,严谨笃学;勇于创新,奋发进取;淡泊名利,志存高远。这对班主任无论是在专业技能上,还是在道德修养上都提出了很高的要求。自己处于一个教育大变革的时代,一个学习的时代,班主任的职业、岗位,以及所需知识、理念、能力等都处于不断变化中,而且更新速度快。为了适应并超越这种不断加快的变化,终身学习已经成了每个班主任生存发展的必然过程。

2. 关于学校。

学生素质的提升,各类大型活动的承办,各种奖项的获得,各类成绩的辉煌都见证了学校的飞速发展,因此,自己也必须拿出非凡的干劲,任劳任怨、无怨无悔地提升自己。

二、对自身素质进行分析

自己从事英语教学20年,英语口语好,教学技能高,并多次在技能大赛中获得名次,所培养的学生多次在全国奥赛中获奖,英语教学方面的科研课题结题三个。当班主任以来,所带班级纪律严明,文化建设突出,学习成绩突出,几乎年年是优秀班集体,因此也获得优秀班主任称号。

从所读书籍来看,英语和汉语言文学方面的要多一些,关于教育理论、教育法规方面的专著读得较少。下一步要多读一读这些方面的书籍,同时应该对最新知识动态有所了解,这样才能紧跟时代步伐。

自己的性格沉稳、谨慎,善于交流,做事认真、执着,能坚持自己做人

的原则，独立性强，不随波逐流。与学生相处融洽而有感情，经常教育学生要有信仰、善良、热情、健康、阳光、有正义感。

三、进行成长历程回顾

做教师20年，担任班主任也有10多年，我很喜欢这个职业，因为在大多数时间里，我都能体会到学生带给我的快乐，体会着学生由不会到会的心情，我感受到了太阳底下最光辉灿烂的事业的成就感。

在英语专业方面，我经常出去参加一些技能大赛，每次都能获得名次；无论是课堂教学还是带班，学生、家长、同事、领导、教研员等都很认可；每年中考，无论是单科成绩还是班级成绩都很辉煌，最辉煌的是2003年3300名考生仅有两名满分的情况下，我带的班级不但有一名学生获得了满分，同时还有一个状元。

四、为自己制订自我定位和成长目标

这3年是我向专业领域进军、发挥自己潜能、形成教学风格和人格魅力，并逐渐成为教育科研能手、教学骨干的时期。虽已过不惑之年，但我坚信，岁月虽能使容颜变老，激情却能让自己永远年轻。年龄不是拒绝进步的借口，懒惰才是造成平庸的祸首；蠢人总是眺望远方，智者却在脚下播种幸福。我要将远大的蓝图分解成一个个小目标，全力以赴，一个个实现它们，做自己生命的主角，享受教育人生的幸福。

五、制订具体措施和周期

1. 2011—2013年为一个周期，具体措施如下。

（1）进一步研究英语课堂教学，提高教学技能，让每一节课都成为精品，让学生感兴趣的同时，把真正有用的东西教给学生，成为当仁不让的学科带头人；对初中英语课程的发展、中考命题都有独到的见解和成就，成为课程与教学专家；在班级管理、学生辅导、补救教学、融洽师生关系、提升学习效果等方面形成专长，成为良好的班级管理者。

（2）加强自身业务学习，加强教育理论学习，进入全天候教师行列。

（3）写三篇专业论文并发表，继续在全国中学生英语奥赛中指导学生取得优异成绩。

（4）做好班主任烦琐的日常工作，业余时间完成三部班级管理方面专著的阅读。做一名优秀班主任，争取在班主任工作室成为星级博客。

第八章 自身发展行为创新
重基础，擅科研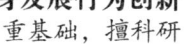

2. 2013—2014为第二周期，具体措施如下。

(1) 继续保持一流的英语教学。成为优秀教师，有自己的作品和成果。

(2) 班主任工作炉火纯青。可以做有关教育方面的报告。

班主任的工作对象是人，所以我坚信有规划的班主任工作会有无穷的乐趣和无限的可能，心动不如行动，制订一个切实可行的计划是走向成功的第一步。接下来，我将按既定的计划逐步实施，通过计划的落实来实现人生目标。

另外，还要树立职业形象，使自己有目的地、积极主动并快乐地投入到教学生涯中，做自己生命的设计师、领航员，真正对学生和自己负责。

遇到困难不要牢骚满腹，怨天尤人，要以积极的心态去化解烦恼，让工作成为自己喜欢的事情，不断追求自我完善。

面对既定的目标自己不会只有三分钟的热情，而是要保持永久的激情，因为热情只萌动希望，激情却可以点燃梦想，坚持才能铸就辉煌。

告诫自己，不要在繁杂琐碎中产生倦怠，不要消极麻木、迟缓敷衍，要始终坚守自己的追求，坚守对事业的真爱，始终如一，向一个又一个目标迈进。

案例二：制订自身发展规划，让职业生涯如鱼得水

泓口小学三(3)班的班主任认为，现代教育意义上的班主任，其角色内涵是丰富的，班主任不再仅仅是"学科专家"，而且是"活动组织者""班级管理者""模范公民""学生的朋友与知己""学生人际交往的指导者""学生心理健康发展的咨询者"，等等。所有这些内涵对新时期的班主任提出了新的要求，班主任要学会倾听学生，重视学生的内心世界，让学生有话敢说，消除师生间的心理紧张气氛，将学生不同的观点联系起来，积极地与学生的想法共舞，让学生从自己的经验里悟得知识和道理。只有这样，班主任才能摆正位置，转变好角色，使班集体走向成熟、走向成功。

她做了如下感悟：

一个教师不经过班主任的打造和锤炼，就很难走向成熟。班主任设计自己的职业生涯可以减少自我发展的盲目性，在自我发展的路途上少走弯路，提高班主任自我发展的效能感、成就感和幸福感。苏格拉底曾说："没有反思的生活，是不值得过的生活。"对一个班主任而言，没有规划的职业生活，

是不应该过的生活。"凡事预则立，不预则废。"实践证明，一个班主任如果没有科学有效的职业生涯规划，其专业成长就会处于盲目状态，不仅成长速度很慢，而且会走很多弯路，其职业原动力和职业成效感、职业幸福感都会受到影响。

她做了如下反思：

踏上工作岗位已经10个年头。初为人师的兴奋与激动、第一次站上讲台的紧张与不安仍然历历在目，一切仿佛就发生在昨天。而今天，经过多年的实践与锻炼，我已经体验到了教师这一职业的诸多滋味：有工作的艰辛与压力，也有收获的喜悦与欣慰；有求索的痛苦，也有成长的快乐。这些犹如一串串音符谱写着我的青春之歌。而我也清楚地知道，这仅仅是一个序曲。为了更好地完成后面的乐章，我要做的还有很多。

一、个人现状分析

1. 自身优势。

（1）思想素质方面：热爱教育事业，有着很强的上进心和责任心。对工作孜孜不倦、任劳任怨、脚踏实地；对学生以身作则、为人师表；对同事真诚相待、团结协作；对家长善于沟通、善于帮助。

（2）教学特长方面：在教学中，能根据新课标的理念钻研教材；课堂上，积极调动学生学习的积极性，让学生学得容易、学得轻松、学得愉快，并且能够运用现代信息技术，灵活有效地服务教学。

（3）科研能力方面：乐于接受新事物和新观点，能够积极参与教育教学规划重点、研究课题。

（4）班级管理方面：自参加工作以来，一直担任班主任工作，在工作实践中摸索出了一些管理经验。对待学生能做到一视同仁、公平、公正，用真情去感化，用榜样去激励，用人格去熏陶。

2. 不足之处。

（1）新课程的精神和目标要落实到教育教学实践当中时，有时会走老路子，运用得不够得心应手。

（2）理论功底薄弱，面对课堂教学深入反思得较少，个人专业素养和理论水平均有待进一步提高。

（3）对待学困生、特殊生，在教育时还是缺少教育智慧，有时甚至不够

第八章　自身发展行为创新
重基础，擅科研

冷静。

（4）在班主任工作中遇到的一些困惑仍不能很好地解决。

二、确立自我发展目标

在工作中树立终身学习的观念，抓紧分分秒秒学习充电，使学习成为自己的一种内需，通过学习提升师德修养、丰富知识结构、增强理论底蕴；在工作中积极投入教育教学的改革与实践，从学生生命发展的高度积极探索新的课堂教学；在实践中不断探索、感悟、反思，时刻提醒自己用脑子工作。

近期目标：

向优秀班主任学习带班方法与经验，培养班级干部的能力，调节并解决班级的各种问题，做一名优秀的班主任。在学习中关注班主任工作中存在的问题，合作解决心中的困惑，从而努力培养自己的爱心、耐心、细心，不断锤炼自己的专业水平和业务能力。

三、具体做法

1. **在师德方面要立德为师、身正为范、为人师表。** 平时要有意识、有计划地进行师德方面的系统性学习，认真学习《教师职业道德规范》《师德七条禁令》等。同时，更要立足于课堂，注意自己的言行举止，关爱每个学生，关爱每个学生的长足发展。

2. **增强上课技能，提高教学质量。** 在备课方面，要注重备学生，对学生的学习情况进行认真的分析与预测，力求做到在学生已有的认知基础上，使学生经历知识的形成过程，变"要我学"为"我要学""我乐学"。同时，在每一节课上还要充分考虑每一个层次学生的学习需求和学习能力，让各个层次的学生都得到提高，获得成功的喜悦。

3. **提优补差、互学互进。** 对学习能力相对较强、自觉性较高的学生，要求他们以更高的标准来要求自己，最大限度地挖掘他们的潜能，张扬他们的个性；对学习自觉性较差、学习意识不强的学生，则要给予更多的鼓励、帮助，多与他们交心，共同探讨，找出存在的问题，采取手拉手的形式，实行一帮一。

4. **虚心请教，坚持教学相长。** 在师师、师生的交往中获得自我发展。勤听课、勤质疑，提出自己的问题或不同观点，在共同探索中达到共同进步。不断完善自我，促进个人专业知识的提升，让自己与新课程同成长。

5. 按时参加学校和年级组织的教研学习、听课、评课、交流、讨论、座谈等活动，集思广益，博采众长。每学期推出一节优质公开课。

6. 勤写文章，在总结经验中历练自我，及时反思自己的教学行为，充分利用课余时间多读书，认真阅读教育名著，将所得所感记录下来。在"读"的基础上，学会"想"和"写"，经常性地把自己的思想写出来，争取在市一级的刊物上发表。

7. 科研方面，积极参与课题研究实践，把课堂作为课题研究的主阵地，力争年末完成。

8. 积极使用信息技术，充分利用网络优势，学习教育教学方面的新思路，掌握新方式，运用新理论，提高教学效果。利用业余时间，向电脑能手学习，提高自己的计算机水平。

四、班级发展目标

1. 抓常规教育，强化自主管理，培养学生良好的行为习惯，争取获得每一周的流动红旗。

2. 建立一支有进取心、能力较强的班干部队伍，充分发挥榜样的作用。

3. 正班风、浓学风，围绕"培优拔尖、扶弱帮困"的原则，提高学习质量。

4. 创特色，加强班级文化建设，增强集体意识，力争再次获得"优秀班集体"称号。

五、主要措施

1. 没有规矩不成方圆。好习惯一定要从最常规的管理开始，从细节抓起。充分利用班队会及晨会的时间向学生贯彻《一日常规》《小学生守则》《小学生日常行为规范》，在班级设立"小小监督岗"，以小组为单位展开竞争，每周评出"学习小博士""行为小绅士""卫生小卫士"。为了让学生养成良好的行为习惯，我还将在班级开展"路队小标兵"评比活动，每个路队设立一个小队长，每天定时向班级汇报路队情况，及时监督，及时管理。

2. 班级管理光靠班主任一个人是不够的，班干部是班级管理的小助手，要充分发挥班干部的领导和带头作用。为了使班级管理再上一个新台阶，我将设立班级自制管理委员会，让学生全员参与、共同管理、自主教育，做到"事事有人做，人人有事做"，让每一个学生的潜能都能得到充分的发展，培

第八章 自身发展行为创新
重基础，擅科研

养集体中每一个成员的主人翁意识。

3. 针对特殊学生，开展特殊教育。通过观察、与学生谈心、听取各方意见，建立起丰富的信息网络，随时掌握与调控特殊学生的心理健康状况和思想、行为动向。力争和科任教师及家长对学生有一致的要求和态度，并时常同他们交换意见，特别要充分调动家长的积极性，取得共识，配合学校教育好学生。

4. 结合学校每月活动主题，积极开展丰富多彩的班级活动。班会要务实，不流于形式，至少推出一节精品班会在全校进行公开展示。鼓励学生踊跃参加学校各项活动，精心设计黑板报和布置文化墙，继续抓好班级特色文化——读书沙龙。

总之，在教育教学的道路上，只有始终怀着激情去实践、反思和自我发展创新，才能尽快跟上时代发展的步伐，做一名新时期的合格的教育工作者。

在打破传统的管理、教育、教学模式的形势下，班主任应把自己的工作看作一门专业，追求个人专业结构的不断改进，有对自己过去专业发展历程的总结意识、对自己目前专业发展水平的把握意识和对自己未来专业发展方向的规划意识，能根据新的班主任发展特点，与时俱进地根据自身特点制订个人专业发展计划，自觉追求专业发展，提高专业水平。

第一，有利于班主任认清自我。

班主任自主发展规划的制订与实施的过程也是自我教育的过程，能帮助班主任认识自我——充分认识自己成长中的优势和劣势，诊断自己所存在的问题，寻找自己的专业发展方向；能帮助班主任引领自我——"凡事预则立，不预则废"。"预"则将自己的职业生涯置于理性的思考之上，从而有了发展的目标，对发展具有引领和指导作用；能帮助教师监控自我——有了目标，就有了反思的标准，也才有了真正的自我监控；能帮助班主任激励自我——克服困难，一步一个脚印，朝着自己预定的目标努力前进。

第二，有利于消除职业倦怠。

班主任的职业倦怠大多来自没有前进的目标，而职业规划的制订与实施则会为班主任提供奋斗目标和广阔前景。它能让班主任有的放矢地修炼思想品德、提升专业水平，会更加干劲十足、积极乐观，且精力充沛地投入到教育教学中去。

第三,有利于自身发展。

班主任制订了自身发展创新规划,非常有利于自身发展。有了规划,班主任就会主动以名师为榜样,以苦为乐,坚信教育理念和理想抱负,以终身学习为强大动力,与时俱进,在教育战线上越走越远,越走越顺畅。

班主任通过制订规划来促使自身发展行为创新的策略有以下几种。

1. 发展规划化

自我认识是班主任制订专业发展计划的第一步。每个人都是一个复杂的个体,随着年龄的增长、时空环境的变迁,每个人都在不断地发生着变化。因此,通过不断的自我认识来掌握自我,是制订专业发展计划的必要手段。

2. 确立发展目标与行动策略

班主任的发展目标代表的是个人在工作上所努力追求的理想。在确立发展的整体目标后,班主任对自我未来的发展就有了一个清楚的轮廓,然后再设定近期、中期和远期的具体目标。近期目标通常是短期内所能完成的发展目标;中期的发展目标是整个发展计划的中途目标;远期目标是最终追求的结果。

当发展目标制订后,班主任就应制订行动策略。在选择行动策略时,应多参考过来人的意见,选择最适合自己的行动。一个好的行动策略不只是一个活动项目,还应包含许多活动的组合与统合。一项目标的达成,也可以经过许多不同的途径来实现。因此,在制订行动策略时,应注意整体的配合和灵活应用。

3. 按目标逐步执行

班主任要达到目标,应把握关键的要素,制订行动策略,全心全力地达成。针对各行动策略,可再细分为小的行动方案。在努力过程中,还要不断地配合外在的情境因素做适当的调整和修正。

4. 评价发展计划

发展活动陆续展开与完成时,班主任还需要对活动的效果进行评价,了解是否达到了预定的目标,在发展过程中是否有不理想、欠周到的地方。然后,可以针对问题和不足加以反思,并设法改善与补救。

通过对每一个步骤与目标实现状况进行相关评价,可以对活动过程进行及时的审视,不时地加以调整和修正。这样才能获得最适合的发展,使发展目标更有效率地达成。

参考文献

1. 邓宇香. 班级文化建设创新初探 [OB/OL]. http://blog.sina.com.cn/s/blog_8a4b6eef01013o85.html.

2. 李镇西. 正直·团结·勤奋·创造——关于"未来班"的实验报告 [J]. 班主任, 1990（2）.

3. 郑立平. 用文化经营班级, 构建思想和灵魂的家园 [OB/OL]. http://zhanchigaofei66.blog.163.com/blog/static/4497771320123117011336/.

4. 楼全莉. 创新交流模式 聆听家长心声——"专家门诊"式家长会探微 [OB/OL]. http://www.shaoxing.gov.cn/jytyj/xxjl/xxgl/bjgl/201212/t20121210_314086.shtml.

5. 许志阳. 转变家庭教育观念 提高家庭教育水平——"做合格家长, 育合格人才"家长会案例 [OB/OL]. http://www.hyedu.gov.cn/contents/399/3570.html.

6. 戴彦勋, 黎自然. 创新型社区家长会的实践与探索 [J]. 广东教育（综合版）, 2012（11）.

7. 杨光喜. 班主任应如何处理好学生与任课教师之间的矛盾 [OB/OL]. http://jcjykc.cersp.com/Post/ShowArticle.asp?ArticleID=5816.

8. 彭兴顺. 班主任如何提升自身素质 [J]. 基础教育参考, 2008（4）.

9. 郭美红. 定位班主任角色功能 提升班主任专业素养 [J]. 教育家, 2009（6）.

江苏凤凰教育出版社
《行知工程》系列丛书目录

系列	序号	书　　名	主编	定价
教师软实力系列	1	《教师人际沟通力》	黄爱华　夏丽娟	38.00
	2	《班主任教导力》	黄爱华　戴诗银	38.00
	3	《教师执业道德力》	黄爱华　夏丽娟	38.00
教育思想者系列	4	《品鉴教育文化盛宴——陶继新序跋屯集》	陶继新	45.00
	5	《为什么而出发——一位研究者对教育本质的沉思》	齐　健	35.00
	6	《高效教学的道与术——陶继新教育讲演录》	陶继新	30.00
	7	《铸造一流教育品质——陶继新区域教育巡礼》	陶继新	35.00
	8	《名校之道——陶继新对话名校长（1）》	陶继新	30.00
	9	《名校之道——陶继新对话名校长（2）》	陶继新	35.00
	10	《教育，一切从孩子出发》	黄　俭	30.00
精彩课堂系列	11	《基于核心素养的数学教学》	赵红婷	35.00
	12	《中学生核心写作能力培养》	陶　波	36.00
	13	《给孩子更好的数学课堂》	易增加	30.00
	14	《小学生阅读素养的提升策略》	邵巧治	35.00
	15	《从语文素养走向生命成长——小学语文读写课堂教学密码》	曾海玲	30.00
	16	《真实的品德课》	朱淑秀	30.00
	17	《英语课堂学习共同体——新型的师生交互学习场》	杨延从	30.00
	18	《指导自主学习——初中数学学与教的研究与实践》	刘其武	30.00
	19	《玩出精彩的课堂——小学低年级教与学方式转变研究》	陶红松	30.00
	20	《让生命之花自主绽放——语文个性化教学建构策略》	商德远	30.00
	21	《让学生亲历知识——主体参与下体验式学习的实施策略》	何世祥	30.00
名校系列	22	《从校本课程走向学校课程——锡山高中课程探索之路》	唐江澎等	35.00
	23	《让每个孩子都成志——清华附小主题阅读课程的实施探索》	窦桂梅	30.00
	24	《让每个孩子都成志——清华附小主题实践课程的实施探索》	窦桂梅	35.00
	25	《向着朝阳走去——清华附小合作办学实践探索》	窦桂梅	30.00
教育求索系列	26	《学科建设与教师发展——中学数学》	杨志文	30.00
	27	《欣说教育那"一亩三分地"——一位一线教师的教育微思考》	王庆欣	30.00
	28	《爱的守望——一位一线教师对教育的坚守》	林卫红	30.00
	29	《思政教学的人文力量》	戴晓华	30.00
	30	《师道新说——给教育者的30条箴言》	徐　卫	30.00

系列	序号	书　　　名	主编	定价
创新教学探索系列	31	《基于核心素养的体育与健康校本课程建设》	赵卫新	35.00
	32	《把古文教活——激活文言文课堂的教学策略》	刘小华	35.00
	33	《做童年面前最合适的人——我和孩子们的"童化语文"》	曹丽秋	30.00
	34	《品世界名画，学精彩作文 　　——特级教师的"名画"作文教学法》	李日芳	36.00
	35	《玩出精彩作文——张化万活动作文教学经典策略》	张化万	35.00
	36	《〈红楼梦〉里的语文课》	李日芳	30.00
	37	《让学生把母语用精彩——"语用课堂"的探索与实践》	佘小红	30.00
	38	《"备"出课堂精彩——备学式教学的课堂实践与思考》	张旭兰	30.00
	39	《神奇的阅读教室——带学生踏上美妙的阅读之旅》	李祖文	30.00
	40	《打造有生命力的课堂 　　——"两步八环节"教学模式探索与实践》	查联智	30.00
	41	《最能培养学生探究能力的课堂 　　——小学科学与信息技术单元整体课程实施与评价》	李怀源	30.00
	42	《最能激发学生运动天赋的课堂 　　——小学体育单元整体课程实施与评价》	李怀源	30.00
	43	《最能提升学生艺术素养的课堂 　　——小学艺术单元整体课程实施与评价》	李怀源	30.00
	44	《"生命语文"探索——焕发语文生命力的思考与实践》	王自成	30.00
	45	《粘连作文教学：让习作成为有个性的自我建构》	黄瑞夷	30.00
	46	《备学式教学——在体验中建构数学思维》	单广红　范雪梅	30.00
	47	《向着自主进发——自主教育的创新实施智慧》	朱亚红	30.00
	48	《写中学——让学习更有效的学科写作教学》	钟传祎	30.00
	49	《小学科学实验总动员——大科学课堂有效提升学生创新力》	江美华	30.00
	50	《小学语文单元整体课程实施与评价》	李怀源	30.00
	51	《小学英语单元整体课程实施与评价》	李怀源	30.00
	52	《小学数学单元整体课程实施与评价》	李怀源	30.00
	53	《让教学更能激发智慧——"思维碰撞"课堂的建构与实施》	程和方	30.00
名师成长系列	54	《情怀·智慧·境界——教育名家演讲录（1）》	钟惠河　李韫琬	30.00
校长领导力系列	55	《学校细节管理的执行力》	林文明　王林发	30.00
	56	《校长智慧统筹的领导力》	谢耀丰　蔡丽姗 　　王林发	30.00
	57	《学校持续发展的研究力》	林文智　宋佳敏 　　王林发	30.00
	58	《学校和谐融洽的协作力》	陈一平　郭雪莹 　　王林发	30.00

系列	序号	书　　名	主编	定价
校长领导力系列	59	《学校教育提升的引领力》	谢文东　关敏华　王林发	30.00
	60	《学校团队成长的学习力》	黄纪　蔡美静　王林发	30.00
	61	《学校高效管理的创新力》	张旭	30.00
	62	《学校成功管理的决策力》	邱黎明	30.00
	63	《高品质学校生长要素》	王益民	30.00
	64	《校长高效教学领导力提升策略》	徐世贵　郭文奇	30.00
新思维系列	65	《让后进生学习有后劲之36计》	严育洪	30.00
	66	《教育中的"不一定"——打破教育的19种思维惯式》	严育洪	30.00
教师修炼系列	67	《如何炼就课堂好声音——教师美嗓保健实用宝典》	薛建洲	30.00
	68	《与学生一起成长——90后教师的心路反思》	王晗	30.00
	69	《教育，爱与宽容——教师心灵礼仪修炼》	许力争	30.00
教育家核心思想系列	70	《叶圣陶论写作》	叶圣陶 著　李怀源 选编	30.00
	71	《叶圣陶谈阅读》	叶圣陶 著　李怀源 选编	30.00
	72	《多元智能理论的本土化应用》	刘治富	30.00
	73	《大教育家最具施教力的教学思想》	白刚勋	30.00
解码学生心理系列	74	《在人生的春天播种——十四岁，写给青春的一封信》	白宏宽	30.00
	75	《孩子问题行为一点通——只有好老师才知道的学生心理谜底》	严育洪	30.00
校本研修系列	76	《徜徉语文教研》	肖俊宇	35.00
	77	《校本研修资源的开发与利用》	陈朝林	30.00
	78	《校本研修与教师专业成长》	吴积军	30.00
	79	《卓越教师经典研修成长策略》	刘天宝等	30.00
	80	《特色校本课程开发范例解读》	刘永平　李秀伟　张雪梅	30.00
	81	《高效校本研修模型构建艺术》	刘素雁	30.00
	82	《走向实践的教研——中小学教育科研引领与应用》	江敏	30.00

系列	序号	书　名	主编	定价
教育管理力系列	83	《缔造唯美教育——延奎小学素质教育实施策略》	易增加	30.00
	84	《让普通学校崛起的20个细节——"生命为本"教育团队成长密码》	李其玉	30.00
	85	《"走"出教育的精彩：走动式学校管理文化构建》	罗　军	30.00
	86	《校长兵法：学校管理四十六计》	皮大鹏	30.00
班级文化系列	87	《活力班级的文化建设》	胡　珏	30.00
	88	《做幸福的班主任》	吕　丽	26.00
高效能教学系列	89	《高效能教师的10个好习惯（中学卷）》	张　瑾	30.00
	90	《让作文落地生根——提高写作实效的教学策略》	黄桂林	30.00
	91	《高效能作文教学5项修炼》	陈步华	30.00
	92	《高效能校长的10个好习惯》	张　勤	30.00
	93	《高效能教师的10个好习惯（小学卷）》	谢　英	30.00
	94	《高效能语文教学5项修炼》	王其华	30.00
新课程探索系列	95	《语文新课程的批判与重建》	葛桂斌	30.00
美国名师教学译丛	96	《美国名师游戏教学本土化应用：幼儿园》	（美）玛西娅 L. 泰特 著　胡珍　瞿菁　编译	30.00
	97	《美国名师游戏教学本土化应用：小学英语》	（美）玛西娅 L. 泰特 著　杨永华　张心影　编译	30.00
	98	《美国名师游戏教学本土化应用：小学数学》	（美）玛西娅 L. 泰特 著　谢艳红　编译	30.00
	99	《美国名师游戏教学本土化应用：小学科学》	（美）玛西娅 L. 泰特 著　刘丽萍　编译	30.00
	100	《美国名师游戏教学本土化应用：小学社会》	（美）玛西娅 L. 泰特 著　姜梅芳　编译	30.00
	101	《美国名师游戏教学本土化应用：小学音体美》	（美）玛西娅 L. 泰特 著　尹立志　编译	30.00
鲁派名师名校探索者系列·教育	102	《悦读立人——校园阅读文化体系构建策略》	杨世臣	30.00
	103	《教育智慧何处来——一位特级教师的思考手记》	付立金	30.00
	104	《和雅文化——校本课程的创新构建》	汤善香	30.00
	105	《让个性绽放精彩——学校课程体系整合与创生》	谢建伟　徐淑萍	30.00
	106	《让每个学生都幸福——最能润泽生命的学校文化建设》	谢建伟　张新喜	30.00

系列	序号	书　　　名	主编	定价
校园生态化系列	107	《文化管理——构建生态和谐校园的必由之路》	付全新	30.00
	108	《点燃学习的激情——构建校园生态化学习型组织》	杨树岳	30.00
	109	《课改突围——构建学校生态化教学体系》	杨树岳	30.00
教育新思考系列	110	《语文教育向何处去》	王　丛	26.00
	111	《教育，就是做好普通的事》	孙志毅	27.00
	112	《走出语文的偏见——让学生体悟文本的原义》	丛智芳	30.00
	113	《让语文教学更高效——批注式阅读教学探索》	韩中凌	30.00
	114	《读写互促——探寻学以致用的语文教学》	曹　龙	30.00
	115	《跳出数学教数学——用文化融通数学教学》	马建秀	27.00
名师感悟系列	116	《让心灵伴着歌声成长——22位音乐名师的教育智慧》	陈　璞	30.00
	117	《超越自我的教师——32位名师的成长感悟》	李卫东　李秀伟	35.00
	118	《心灵的守护者——19位名班主任的教育智慧》	王晓松　曲文弘	30.00
	119	《名师感悟班主任有效工作艺术90例》	符礼科	30.00
	120	《名师感悟有效教学90例》	林高明　徐玉烟	30.00
教学信息化系列	121	《巧用白板教语文——信息技术与语文教学操作指南》	蒋丽清	30.00
	122	《跨越式实现高效课堂——信息技术与课程整合高效教学方案评析》	陈　玲　刘　禹	30.00
教师必读系列	123	《教师必学的16堂修养课》	武宏伟	30.00
	124	《教师不可不知的教学心理效应》	叶勇军	30.00
	125	《班主任不可不知的管理效应》	奚一琴	30.00
	126	《教师不可不知的教育心理效应》	孙　媛	30.00
	127	《校长不可不知的管理效应》	谢申刚　张金豹	30.00
	128	《成为好教师的7项修炼》	王福强　李维华	30.00
	129	《如何让学生会学习》	龙　冰	30.00
	130	《如何让学生爱学习》	周震宇　许小燕	30.00
核心教学主张系列	131	《新生代语文名师核心教学主张》	许友兰	30.00
行思讲坛系列	132	《灵动而朴素地教语文——潘文彬的微格教育生活》	潘文彬	30.00
	133	《师爱无疆——润泽学生心灵的教育故事》	侯忠彦	30.00
	134	《怎样反思更有效——促进教师专业发展的反思策略》	诸贝贝	30.00

系列	序号	书　　名	主编	定价
行思讲坛系列	135	《成为高度自觉的教育者——写给后课标时代的数学教师》	许卫兵	30.00
	136	《哲思数学课》	刘全祥	30.00
	137	《智慧数学课——黄爱华教学思维的实践策略》	黄爱华	30.00
	138	《童趣数学课》	徐芳	30.00
	139	《把学生教聪明》	严育洪	30.00
	140	《教师最应该规避的教育误区》	杨坤道	30.00
	141	《用语文的方式教语文——潘文彬教学主张与实践智慧》	潘文彬	30.00
	142	《怎样让阅读教学更有效——提升教学能力的十种读诵模式》	汪秀梅	28.00
	143	《让生命在润泽中起舞——当代小学生最需要的主题班会》	吴联星　罗琳　冯卫东	30.00
	144	《让生命欢快拔节——当代中学生最需要的主题班会》	冯卫东　吴联星	30.00
	145	《课堂因生成而精彩——高效教学的生成智慧》	张文质	30.00
	146	《回到每一个人的生命化教育——张文质二甲中学教育行动录》	张文质	30.00
中国教育变革之路丛书	147	《百年树人师何为——教师队伍建设困顿与出路》	将丽珠　李玉向	30.00
	148	《入园何时不再难——学前教育困惑与抉择》	曾晓东　范昕　周慧	30.00
	149	《三尺书桌何处寻——流动人口子女教育困难与破解》	范先佐	30.00
	150	《苦旅何以得纾解——高考改革困境与突破》	郑若玲	30.00
	151	《择校纠结何时了——择校问题困局与治理》	曾晓东　周文海　曾娅琴	30.00
创新教学思想系列	152	《"大问题"教学的形与神》	黄爱华　张文质	30.00
教育漫笔系列	153	《课堂，诗意地栖居》	吴书华	30.00
教学提升系列	154	《有思想地教阅读——让学生学会品读文字真意》	王学东	30.00

系列	序号	书　　名	主编	定价
教育艺术提升系列	155	《藏在师生体态语言里的教学智慧》	张　宇　廖生波	30.00
教学全手册系列	156	《小学习作教学全手册》	郭家海	30.00
	157	《中学写作教学全手册》	郭家海	30.00
	158	《情境教学操作全手册》	冯卫东	35.00
	159	《合作教学操作全手册》	李春华	35.00
	160	《探究教学操作全手册》	周新桂	35.00
	161	《自主教学操作全手册》	诸葛彪	35.00
	162	《创新教学操作全手册》	王　玮	35.00
	163	《班主任工作全手册》	刘沛华	35.00
	164	《新教师工作全手册》	周震宇	35.00
	165	《学生心理健康教育全手册》	刘海莉　刘春杰	35.00
	166	《高效教学操作全手册》	马友平	35.00
创新人才培养系列	167	《创新人才培养校园科普精品课程开发与指导——人大附中创新人才培养》	罗　滨	30.00
	168	《创新人才培养特色校本课程开发与创新人才培养——清华附中"国际安全下的科学技术"课程构建与实施》	王殿军　方　研　赵宏雁	30.00
	169	《创新人才培养：学校实验室建设与管理》	刘克文　杨发丽　杨　平	30.00
	170	《创新人才培养：数学探究活动开发与指导》	马云朋　韩继伟	30.00
	171	《创新人才培养：化学研究活动开发与指导》	王　磊	30.00
	172	《创新人才培养：物理探究活动开发与指导》	廖伯琴	30.00
	173	《创新人才培养：地理探究活动开发与指导》	张建珍　陈　澄	30.00
	174	《创新人才培养：生物探究活动开发与指导》	张迎春	30.00
	175	《创新人才培养：理念探索与思维突破》	王晶莹	30.00
新生代通派名师系列	176	《简约数学教学》	许卫兵	30.00
	177	《语文教学的本真——情意课堂展现母语之美》	吴建英	30.00
	178	《语文课堂的理想追求——欢快达成三维目标》	董一红	30.00
	179	《阅读教学的真髓——意象建构读出文学的真美》	祝　禧	30.00

系列	序号	书　名	主编	定价
新生代通派名师系列	180	《美术教育的真谛——审美人生教育让生命绚丽成长》	陈铁梅	30.00
	181	《语文教学的理想境界——无痕教学润泽生命》	李　凤	30.00
	182	《儿童作文的本义——嬉乐作文让儿童乐并成长着》	王笑梅	30.00
	183	《名师是怎样炼成的》	王建明　王笑君	35.00
幼师成长系列	184	《幼儿行为背后——教师如何读懂幼儿的心思》	吴亚英	30.00
	185	《最具教育力的22种幼儿教育思想》	杨　达	30.00
	186	《幼儿教师必知的安全应急措施》	杨　达	30.00
	187	《幼儿教师必备的教育技能》	李　玲	30.00
	188	《卓越园长21条幼儿园管理策略》	周　丹　江东秋	30.00